AIの政治哲学

The Political Philosophy of AI

M. クーケルバーク
Mark Coeckelbergh

直江清隆【訳者代表】

金光秀和
鈴木俊洋
二瓶真理子
古賀高雄
菅原宏道
【訳】

丸善出版

The Political Philosophy of AI

An Introduction

by

Mark Coeckelbergh

本書は THE POLITICAL PHILOSOPHY OF AI: AN INTRODUCTION (1st Edition) by Mark Coeckelbergh の翻訳版である.

First published in 2022 by Polity Press

This edition is published by arrangement with Polity Press Ltd., Cambridge through Japan UNI Agency, Inc., Tokyo

訳者まえがき

　チャット GPT をはじめとするジェネレーティブ AI（生成 AI）についての議論がにわかに沸騰してきた。これまで画像認識、音声認識、自然言語処理などで用いられてきたデータ駆動型の AI と違って、ジェネレーティブ AI は、少ないサンプルデータから創造的かつ現実的なまったく新しいアウトプットを生み出す機械学習の手法である。社会構造を根本的に覆す可能性をもつとも言われている。この技術に関してさまざまなことが言われている。いくつか拾ってみると、「社会を大きく変革する」「スマートフォン以来の技術革新」「人手不足やコスト削減期待」「知識が不要でアクセスできるので民主化につながる」「便利な一方で、正確性などに課題が残る」「自分で考える力が身につかない恐れ」「個人情報や企業機密などの情報漏洩」「著名作家と似た文章が生成された場合、著作権侵害になる」「著名作家や報道機関の記事と似た文章が生成された場合、著作権侵害に当たる恐れがある」「『意識』が宿るかもしれない」などなどである。

　ジェネレーティブ AI が文字通り期を画する技術であることもあり、なかには、『AI の倫理学』で「AI に対する過大視（ハイプ）」と呼ばれた発言もみられる。しかし、重要なのは、「仮定の話としての汎用 AI によって生じる哲学的問題や、遠い将来のスーパーインテリジェンスにまつわるリスクの話ではなく、既に働きはじめている AI の現実の姿である」（p.53）。折しも、先の G7 のデジタル・技術相会合で、「責任ある AI と AI ガバナンスの推進」が宣言されたが、「AI の活用と規制のバランス」や「進化する AI との共存」といった人受けのよい言葉で停止することなく、その内実に踏み込んで検討していくことがますます必要となってきている。本書

は政治哲学に焦点を当て、こうした現実の問題をより深く掘り下げるための本である。

『AIの倫理学』に寄せられたコメントの1つに、AIが法律や政治を介して倫理や意思決定に関与することはより中心的に論じられるべきものではないだろうか、というものがあった。たしかに同書のなかでも問題の所在は示されていて、アルゴリズムによる行動修正が私たちの意思形成を歪めたり、既存の差別意識を再生産したりしている現実への言及もなされていた。しかし、現実の意思決定やその原理、原則にフォーカスしたものとは言いがたかった。本書では、狭い意味での倫理に話しを限定するのではなく、政治哲学に視野を広げることによって、議論を深めていくための道しるべとなる議論が紹介される。副題にintroductionとあるように本書は入門書であるが、AIの政治哲学として、自由、平等と正義、民主主義、権力、そして環境やポストヒューマニズムめぐる政治といったテーマに則して、広く議論が構築され、必要に応じて背景となる理論が紹介される。

本書では、特別な予備知識は必要とされないようになっている。しかし政治哲学についての体系だった解説がされるわけではない。たしかに近年は、サンデルの正義論の白熱教室が取り上げられたりしてきたが、やはりとくに理工系の読者のなかには政治哲学ということでハードルを感じる人がいないわけではないだろう。幾分なりとも取っ付きやすくするために、煩雑との非難が出るかもしれないが、訳出に当たりやや詳しめに訳註を差し挟むことにした。また、読書案内には、よりまとまった入門書や関連文献も挙げておいた。耳慣れない議論がなされる箇所も1、2あるかもしれないが、これらを手がかりに、ぜひとも先へと読み進めていただきたい。現在進行中の事象の意義や背景、そして未来について、必ずや新たな展望が開けることになるであろう。

2023年5月

訳者代表　直江清隆

●訳者一覧●

【訳者代表】

直江清隆　　東北大学大学院文学研究科教授　　　　　〔第2章、第7章〕

【訳者】

金光秀和　　法政大学人間環境学部教授　　　　　　　〔第6章〕

鈴木俊洋　　崇城大学総合教育センター教授　　　　　〔第4章〕

二瓶真理子　岩手大学人文社会科学部准教授　　　　　〔第3章〕

古賀高雄　　東北大学知の創出センター特任助教　　　〔第5章〕

菅原宏道　　東北大学大学院文学研究科学術研究員　　〔第1章、第2章〕

（※〔　〕内は翻訳担当章）

目　　次

謝　　辞

　本書の企画を成功に導くサポートをしてくれた編集者のメアリー・ザヴィガー、行き届いた編集をしてくれたジャスティン・ダイアー、原稿の提出に関わる構成面に力を貸してくれたザチャリー・シュトルムに感謝を申し上げたい。また、原稿の推敲に役立つコメントしてくれた匿名の方々にも感謝を申し上げる。ユージニア・スタンボリエフには、本書のための文献調査を手伝ってくれたことに、とりわけ感謝している。最後に、この二年の困難なあいだ、私を支えてくれた遠近の家族と友人たちに心から感謝を申し上げる。

第 1 章

序　論

「コンピュータが間違えたんだな」：21世紀のジョセフ・K

> 誰かがジョセフ・K を中傷したに違いなかった。彼は、悪いことは何もしていなかったのに、ある朝、逮捕されたからである（Kafka 2009, p. 5）。

　フランツ・カフカの『審判』はこうしたくだりではじまっている。この小説は 1925 年に出版され、20 世紀の最も重要な長編小説の一つとしてよく知られている。主人公ジョセフ・K は逮捕されて起訴されるが、彼にはその理由が分からない。その理由は読者にも知らされない。審理と接見が重ねられても、不可解さは増すばかりであった。不当な審判がなされた後、ジョセフ・K は肉切り包丁で処刑され、最期に「犬のようだ！」と叫ぶことになる（p. 165）。この小説はさまざまに解されてきた。一つの政治的な解釈によると、それは、制度とはこれほどまでに抑圧的になりうるということを伝えているのだという。しかも、その描写は、現代の官僚制が増長するさまを映し出しているだけでなく、10 年後に台頭することになるナチス政権という恐怖を予告してもいるというのである。何ら罪を犯していない人びとが捕らえられて収容所へ送られ、種々の苦難を被り、多くの人びとが殺されるという恐怖である。T・アドルノが述べているように、カフカは「のちに現実のものになる恐怖と苦難を予言」しているのである（Adorno 1983, p. 259）。
　カフカのストーリーには、残念ながら今日にも通じるものがある。それは、正当な理由なく、時には審理を経ずに人びとを拘束す

る不可解な官僚制と抑圧的な政治体制が今なお存在することや、（H・アレント［1943］やG・アガンベン［1998］がすでに指摘したように）難民たちがたいてい同じような運命を辿っていることだけによるのではない。今日では、いわゆる「先進的な」社会においてすら、そうしたことすべてを生じさせうる、いや実際にすでに生じさせている新しい手段が存在するようになったからでもある。そうした手段は、技術、とりわけ人工知能（AI）に関係している。

2020年1月のある木曜日の午後、ロバート・ジュリアン=ボーチャック・ウィリアムズは職場でデトロイト市警察から掛かってきた電話に出た。身柄を拘束するから警察署まで出頭するようにというのである。何も悪いことをしていなかったので、彼は出頭しなかった。その1時間後、彼は家の前の芝生において妻と子どもたちの目の前で逮捕された。ニューヨーク・タイムズによると「警官たちは理由を口に出そうとはしていなかった」（Hill 2020）。その後、取調室で捜査官は、高級ブティックから万引きをする一人の黒人が映っている監視ビデオの静止画像を彼に見せて、「これはお前か？」と尋ねた。アフリカ系アメリカ人であるウィリアムズは、「いや、私じゃないね。あんたたちは黒人がみんな同じような顔をしているとでも思っているのかい？」と返した。しばらくして彼は釈放され、結局は検察官が謝罪したのである。

いったい何が起きていたのか。ニューヨーク・タイムズの記者および見解を問われた専門家たちは、「ウィリアムズ氏の一件は、顔認証アルゴリズムの欠陥のせいでアメリカ人が誤認逮捕されたことを報じるはじめての記事なのではないか」と考えた。顔認証システムは、AIに機械学習させて用いるので間違いを犯すこともあるが、それは多分にバイアスのためでもある。つまり、他の人口統計学的な特性を持つ人びとよりも、白人男性をよく認識するのである。そのため、このシステムは、ウィリアムズ氏の一件のように見当違いな被疑者を仕立て上げてしまうのであり、そのことが警察の不手際と結びつくと、無実の人びとが逮捕されてしまうのである。「コン

ピュータが間違えたんだな」と警官の一人は言った。21世紀のアメリカにおけるジョセフ・Kは黒人であり、説明もなしにアルゴリズムによって誤った嫌疑がかけられてしまうのである。

このストーリーの教訓は、コンピュータが間違いを犯し、間違いが特定の人びととその家族に深刻な結果をもたらす可能性があるということだけではない。AIを用いることで、いま社会全体に浸透している不正義と不平等をいっそう悪化させることもありうる。また、ウィリアムズ氏のようなケースに対応して、あらゆる市民は自分たちに関する決定について説明を求める権利を持っているはずだと主張することもできよう。しかも、これはAIがときには意図的に、しかしたいていは意図されずに、政治的な意義と影響を持ち得る数多くの仕方のほんの一例にすぎない。まさにこの事例は、人種主義と正義（ないし不正義）という二つの今日的な問題を提起しているのである。しかし、AIの政治学とそれに関連する技術については、さらに多くのことを述べなければならない。

この本の意図、目的、アプローチ

今日、AIおよび関連するロボティクスや自動制御といった技術の倫理的な問題に多くの注目が集まっている（Bartneck et al. 2021; Boddington 2017; Bostrom 2014; Coeckelbergh 2020; Dignum 2019; Dubber, Pasquale, and Das 2020; Gunkel 2018; Liao 2020; Lin, Abney, and Jenkins 2017; Nyholm 2020; Wallach and Allen 2009）。しかし、この問題に対して政治哲学的な視点からアプローチしている研究はほとんどない。これは残念なことである。というのは、AIとその関連する技術がまさに政治哲学的な研究が扱うに相応しい問題であるのに、この問題に政治哲学の伝統が持つ価値ある知的資源が使われないままになっているからである。政治哲学の内部では、ほとんどの政治哲学者はAIに関する政治的な問題に関心を持ってこなかった（例外はBenjamin 2019a; Binns 2018; Eubanks

2018; Zimmermann, Di Rosa, and Kim 2020）。しかし、広い領域で
この問題への関心が増している。たとえば、アルゴリズムとビッグ
データが、どのように人種主義やさまざまな形態の不平等と不正義
を助長するために利用されているのか（たとえば、Bartoletti 2020;
Criado Perez 2019; Noble 2018; O'Neil 2016）、また、それらがどの
ように地球の資源の採取や消費のために利用されているのか
（Crawford 2021）、といった問題に対してである。

　さらに、現在の政治的な文脈において、自由、奴隷制、人種主
義、植民地主義、民主主義、専門知、権力、気候といった問題には
一般の人びとから強い関心が寄せられている。しかし、たいていの
場合、あたかもそれらの問題が技術とほとんど関わっておらず、技
術もまたそれらの問題に関わっていないかのように議論がなされて
いる。AIとロボティクスは技術的な主題とみなされ、たとえ政治
と何らかの関連が見いだされるとしても、技術は、政治的な操作や
管理のための手段だと考えられている。意図せざる影響に対する取
り組みは、なされないのが常である。これに対して、AI、データ
サイエンス、ロボティクスに従事する開発者や科学者は、自分たち
の仕事における倫理的な問題を積極的に考慮に入れることが多い。
しかしながら、彼らはそれらの問題に関連する複雑な政治的、社会
的問題に気づいておらず、ましてやそれらの問題を定式化して対処
するためになされる高度な政治哲学的な議論などを知っているわけ
でもない。その上彼らは、技術それ自体は価値中立的であり、すべ
ては技術を開発する人と技術を使う人次第なのだと考える傾向があ
る。この点は、技術と社会について体系的に思考することに不慣れ
な多くの人びとと同様である。

　技術に関するそのような素朴な考えを疑問に付すのが技術哲学と
いう専門分野である。この分野では、近年、技術を手段としない理
解が展開されてきている。技術は目的を達成するための単なる手段
ではなく、そうした目的を形成するものと考えられている（若干の
理論の概要は Coeckelberg 2019a 参照）。しかし、技術を規範的に

評価するために哲学的な枠組みと概念的な基盤を用いる段になると、技術哲学者たちはおおむね倫理学に向かっている（たとえば、Gunkel 2014; Vallor 2016）。政治哲学はたいてい無視され、わずか数人の哲学者が政治哲学と技術を関連させているにすぎない。たとえば、1980年代と1990年代ではL・ウィナー（1986）とA・フィーンバーグ（1999）、今日では、F・サッタロフ（2019）とH・S・セートラ（2020）といった人びとである。技術哲学と政治哲学と結びつけるためのより一層の研究が必要とされているのである。

このような結びつきは学問上の隔たりに関するものであるが、社会的な要望でもある。もし私たちが、気候変動、世界規模の不平等、高齢化、新たな形態の排外、戦争、権威主義、伝染病とパンデミックといった21世紀の最も差し迫ったグローバルな問題やローカルな問題のいくばくかに取り組む必要があり、そして、それぞれの問題が政治的に重要なだけでなく、さまざまな点で技術と関連しているならば、大切なのは、政治についての思考と、技術について思考との間で対話を図ることなのである。

本書は、以下にあげることによってこれらの隔たりを埋め、こうした意図に答えるものである。

- AIとロボティクスに関する規範的な問いを、政治哲学の歴史と近年の研究を用いて、政治哲学の主要な議論と結びつけること。
- 政治的な注目を集めている論争中の問題に取り組み、それらをAIとロボティクスに関する問いに結びつけること。
- このような実践が応用政治哲学の演習問題にすぎないのではなく、現代技術における、たいていは隠されているがより深い政治的な側面に対して興味深い洞察をもたらすことを示すこと。
- AIやロボティクスの技術がいかにして意図した政治的影響と意図せざる政治的影響とを持つのかについて、また、そうした問いが政治哲学を用いることで有益に議論され得ることを説明すること。

●以上の結果、技術哲学と応用政治哲学の両方に独自の貢献すること。

　このように、本書は、(1)AIやロボティクスで生じる規範的な問いを十分に理解する、(2)差し迫った政治的問題と、それらの問題がこれらの新しい技術の適用といかにして深く関わっているかを解明する、という二つの目的のために、技術哲学と倫理学に加えて政治哲学を取り扱う。私がここで用いる「深く関わる」という言葉は、政治的な問題とAIの問題との密接な結びつきを表している。AIの問題はすでに政治の問題と考えられるからである。この本を貫くコンセプトは、AIが単なる技術の問題や、単に知能に関するものではないというものである。政治と権力の点から観れば、AIは中立ではない。AIはあらゆる点で政治的なのある。以下の各章では、AIに政治性があることを示すとともに、その政治性について議論することになる。

　本書は、AIの政治全般について議論をするよりも、現代の政治哲学における特定の問題をクローズアップすることで、AIの全般的なテーマにアプローチするという方法をとろうと思う。各章では、政治哲学的な特定のテーマに焦点を定める。自由、操作、搾取、および奴隷制。平等、正義、人種主義、性差別主義、ならびに他の形態のバイアスと差別。民主主義、専門知、参与、および全体主義。権力、懲罰、監視、そして自己構成。動物、環境、そしてポストヒューマニズムとトランスヒューマニズム*1に応じた気候変動である。それぞれのテーマについては、AIやデータサイエンス、さらにはロボティクスのような関連技術がもたらす、意図した影響と意図せざる影響の点から議論してゆくことになる。

---

*1　トランスヒューマニズムは、新たな科学や技術を用いて、人間のさまざまな能力を増強し、生物学的な限界を超越する必要性を説く立場。論者たちは、人間が病気をしないように、可能であれば、死なないようにさえしようと考える。

読者は、問題と概念に基づいたこの分類がいささか作為的なことに気づくだろう。しかし、概念どうし、それゆえ問題どうしや章どうしが互いに結び付き、相互作用する仕方が多様であることが次第に明らかになるであろう。たとえば、自由の原理と平等の原理は相容れないだろうし、民主主義と AI について権力に触れず語ることはできない。本書を読み進む中で、そうした結びつきのいくつかがはっきりすることになろう。しかし、いくつかは読者に委ねられることになるだろう。すべての章において、AI がこれらの主要な政治学的問題にどのような影響を与え、AI がどのような政治性を持っているのかが明らかにされる。

　しかし、本書は AI だけでなく、政治哲学的な考え方それ自体も扱う。AI に関する上のような政治学的な議論は、応用哲学上の、より限定して言えば応用政治哲学上での練習問題であるばかりでなく、政治哲学的な概念それ自体にフィードバックするものでもある。そうした議論によって、新たな技術が、私たちがまさに用いている自由、平等、民主主義、権力などの概念をどのようにして問題とするかが明らかになるのである。これらの政治的な原理と政治哲学的な概念は、AI とロボティクスの時代に何を意味しているのだろうか。

本書の構成と各章の概略

　本書は 7 つの章から構成されている。

　第 2 章においては、自由という政治的原理に関連する問いを投げかける。私たちの意思決定や、それに対する操作や影響の行使に対して AI が新たな方法を提供するとき、自由とはいったい何を意味するのだろうか。強大な力を持つ大企業でデジタル労働に従事するとき、私たちはどのぐらい自由なのだろうか、ロボットが労働者に取って代わることは、奴隷思想を継続することになるのだろうか。本章は、自由に関するさまざまな概念にしたがって構成されてい

る。つまり、政治哲学における自由（消極的自由と積極的自由）について長年交わされてきた議論やナッジ理論と関連させることで、アルゴリズムの意思決定や影響力によってもたらされる可能性が議論されることになる。また本章では、AIのレコメンデーション（おすすめ）に依拠することで、いかなる仕方で消極的自由が奪われ得るのかを指摘し、AIを用いたリバタリアン的なナッジング[*2]が実際にどのようなものであるかを問い、そして、ロボットの意味や使用が、奴隷化と資本主義的搾取の歴史と現状と結びついたままでいることのリスクをいかにして負っているのかを示すことで、G・W・F・ヘーゲルとK・マルクスに基づく批判的な問いを投げかける。この章は、政治参加と言論の自由といったAIと自由に関する議論で締めくくられるが、この議論は民主主義を扱う第4章に引き継がれる。

　第3章では、平等と正義の観点からみたAIとロボティクスの政治的な影響（たいていは意図的でないが）が何であるのかについて問う。ロボティクスによって可能となった自動化とデジタル化は社会に不平等を増やしているのだろうか。R・ベンジャミン（2019a）、S・U・ノーブル（2018）、C・クリアド＝ペレス（2019）が主張したように、AIによる自動化された意思決定は、正義に反する差別、性差別主義、人種主義を生み出しているのだろうか。もし、生み出しているのなら、どうしてなのだろうか。ロボットにジェンダーの区別を持たせることに問題はあるのだろうか。もし問題があるのなら、どのような問題なのだろうか。これらの議論において用いられる正義と公正とはいったい何を意味しているのだろうか。本章は、AIとロボティクスによる自動化と差別についての議論を、リベラルな哲学的伝統（たとえばJ・ロールズやF・ハイエク）における公正としての平等（ないし不平等）や正義（ないし不正義）についての古典的な政治哲学の議論の文脈に位置づける。ま

＊2　ナッジングについては、p. 25 訳注＊14 を参照。

た、それらの議論をマルクス主義、批判的フェミニズム、反人種主義、反植民地思想とも結びつける。さらに、普遍的正義という概念と、集団的アイデンティティや積極的差別に依拠する正義という概念との間の緊張に関する問いを提起し、世代間の正義とグローバルな正義に関する諸問題を論じることになる。本章は、AIのアルゴリズムが政治的に決して中立ではないというテーゼをもって閉じられる。

　第4章においては、民主主義に対するAIの影響を論じる。AIは有権者や選挙を操作するために用いられる可能性がある。AIによる監視は民主主義を破壊しないのだろうか。S・ズボフ（2019）が論じているように、AIによる監視は資本主義に都合のよいものなのだろうか。そして、私たちは一種の「データ・ファシズム」や「データ植民地主義」への途上にいるのだろうか。私たちは民主主義をそもそもどのような意味で用いているのだろうか。本章は、民主主義とAIに関する議論を、民主主義の理論、政治学における専門知の役割についての議論、そして全体主義の条件に関する考察の文脈に位置づける。第一に、AIがいかにして民主主義を脅かすことがあるのかは容易に理解できるが、私たちがどのような種類の民主主義を望み、民主主義における技術の役割が何であり、また何であるべきかを明確にすることは、はなはだむずかしいことを示す。この章では、政治に関するプラトン的なテクノクラシーの概念*3と、参加民主主義および熟議民主主義*4の理念（J・デューイおよびJ・ハーバーマス）との間の対立について概略を述べるが、（C・ムフやJ・ランシエールといった）後者への批判者についても取り

＊3　プラトン的なテクノクラシーとは、高度な専門的知識や行政の能力を持つ専門家（テクノクラート）が、政策決定において重要な地位を占め、実質的に強大な権力を行使する支配的な政体のこと。

＊4　熟議民主主義とは、熟慮して議論する民主主義の一形態であり、他者の意見に耳を傾けつつ、自らの意見を修正しようとする態度を大きな特徴とする。一般に、投票された量を重んじ、投票の理由を問わない集計民主主義と対比的に用いられる。

上げる。さらに、この議論をフィルターバブル*5、エコーチェンバー現象*6、AIを駆使したポピュリズムといった問題に関連させてゆく。第二に、本章は、技術を通じた全体主義という問題が、孤立（アレント）や信頼の欠如といった現代社会における深刻な積年の問題を提示していることを主張する。倫理的な議論は、個々人の危害に焦点を当てる限りでは、広大な社会的側面や歴史的側面を軽視してしまう。本章は、企業による操作や官僚による人びとの管理にAIが道具として用いられるときに、アレント（2006）が「悪の陳腐さ」と名づけた事態が現れる危険を指摘して終える。

第5章ではAIと権力について論じる。〔他者の〕規律化や自己規律化のために、AIをどのように用いることができるのだろうか。AIは知識にどのような影響を与え、また既存の権力関係、つまり人間と機械の権力関係や、人間どうし、さらには人間内での権力関係を、どのように変容させ、また形成してゆくのだろうか。このことで利益を得るのは誰だろうか。こうした問いを提起するため、本章は、民主主義、監視、そして監視資本主義についての議論に再び関わるとともに、制度、人間関係、身体を基準とする権力のミクロなメカニズムを強調するM・フーコーの複雑な権力論を紹介する。本章では、第一に、権力とAIの関係について考えるための概念的な枠組みを展開する。続いて、この関係のうちのいくつかをより明らかにするために、マルクス主義と批判理論、フーコーとJ・バトラー、そしてパフォーマンス志向的なアプローチという三つの権力論を適用する。これによって次のことに光を当てることができるようになる。AIの、あるいはAIによる誘惑と操作、AIが引き起こす搾取と自己搾取およびその資本主義的文脈、そして人びとを記号

*5　フィルターバブルとは、インターネットの利用履歴に基づいて、個々の利用者に最適化された情報のみが表示され、当の個人が好まない情報も含め、多様な情報に接する機会が失われた孤立的な状態のこと。

*6　エコーチェンバー現象とは、フィルターバブルという閉ざされた世界で、個々の利用者にとって好ましい考えや価値観にだけ触れ続けることで、考えや価値観が極端になったり、独断的になったりする現象のこと。

化し、分類し、監視するという観点からのデータサイエンスの歴史がそれである。しかし、本章はまた、AI が人びとに力を与え、ソーシャルメディアを通じて自己や主体性の構成に役割を果たし得るさまざまな方法を示す。さらには、AI と人間がこのとき何を行うのかをテクノパフォーマンスの観点から捉えることで、私たちが動作し、活動し、感じる仕方を組織化する際に技術が果たすいっそう指導的で手段以上の役割を指摘することができる。これら（技術）の力〔権力〕の行使には、AI と人間の両方を含む、能動的で社会的な側面が常にあることが示される。

第6章においては、人間以外の存在（non-humans）に関する問いを紹介する。たいていの AI の倫理学と同様に、古典的な政治的議論も人間中心的であるが、これには少なくとも二通りの仕方で疑問を唱えることができるし、また唱えられてきた。第一に、人間は政治的に重要な唯一の存在なのだろうか。人間以外の存在にとって、AI のもたらす影響は何なのだろうか。AI は気候変動に対処する際の脅威なのだろうか、それとも好機なのだろうか、あるいはその両方なのだろうか。第二に、AI のシステムやロボットそれ自体が、市民のような政治的な地位を持っているのだろうか。ポストヒューマニストたちは、政治に対する伝統的で人間中心的な考えに疑問を呈している。さらに、トランスヒューマニストたちは、人間はスーパーインテリジェントな人工的エージェントに取って代わられることになると主張している。スーパーインテリジェンス[7] が支配的になることの政治的な含意は何なのだろうか。人間の自由、正義、民主主義は終焉を迎えるのだろうか。本章では次のような分野の資料を手がかりとする。動物の権利と環境理論（P・シンガー、W・コクレーン、R・ガーナー、M・ローランズ、S・ドナルドソンと W・キムリッカ、B・キャリコット、H・ロルストン、A・レオポルドなど）、ポストヒューマニズム（D・ハラウェイ、

---

*7　スーパーインテリジェンスとは、これまでとは反対に、機械が人間の知能に勝り、私たちを支配するようになるという考えのこと。

C・ウルフ、R・ブライドッチ、B・マッスミ、B・ラトゥールなど)、AIの倫理学とロボティクス(L・フロリディ、N・ボストロム、D・グンケル、M・クーケルバークなど)、そしてトランスヒューマニズム(N・ボストロム、R・カーツワイル、H・モラベック、J・ヒューズなど)。そして、それらをもとに人間を超え出るAIの政治学の構想を探究する。そうした政治学は、自由、正義、民主主義といった概念を、人間以外の存在を含めるように再考する必要があるだろうし、AIやロボティクスに対する新たな問いを提起することにもなるであろう。本章の最後には、AIに関する非人間中心主義的な政治学が、人間-AI関係の両方の項を造り変えることが主張される。すなわち、人間はAIによって力が弱められたり、強められたりするばかりでなく、AIに力を与えると主張されることになる。

　最終章では、本書を要約して結論を述べる。(1)現在、私たちが政治的、社会的な議論において関心を寄せる自由、人種主義、正義、民主主義などの問題は、AIやロボティクスといった技術的な発展のもとで、新たな緊急性と重要性を持つようになっている。しかも、(2)AIやロボティクスの政治学を概念化して考えることは、政治哲学と政治理論における既存の概念を単に適用することではなく、当の概念それ自体(自由、平等、正義、民主主義等々)を精査し、政治学の本性および未来について、また人間としての私たち自身について興味深い問いをたてるよう私たちを促す。この章ではまた、技術が社会的、環境的、実存心理学的な変化や変容と分かちがたい絡み合いにあることを考慮するならば、21世紀の政治哲学はM・ハイデガー(1977)が「技術への問い」と呼んだものをもはや回避することはできないことも主張する。これゆえ本章は、この領域において引き受けざるを得ないいくつかのさらなる次の段階のあらましを述べる。私たちは、この領域に従事する多くの哲学者や、政治哲学と技術哲学の結びつきに関するより多くの研究を必要としており、政治学と技術をさらに「一緒に考える」ようになることが

期待されている。私たちは、AIの政治学がより参加的で、公共的で、民主的で、包摂的となり、グローバルな展開や文化的な差異にセンシティブなものとなるようさらに考えていく必要がある。本書は、私たちがそうした未来を形づくるために、どのような政治的技術が必要となるのかという問いで締めくくられる。

自由：AI による操作と
ロボットの奴隷

自由に関する歴史上の宣言と現代の奴隷制

　自由（freedom）や自由（liberty）（私はこれらの言葉を互換的に用いる）は、市民の基本的な自由の保護を目的とする政体であるリベラルな民主主義においてもっとも重要な政治的原理の一つと考えられている。たとえば、1791 年に権利章典の一部として採択されたアメリカ合衆国憲法の修正第一条は、信教の自由、言論の自由、集会の自由の保護を狙いとしている。1949 年に採択されたドイツの憲法である「基本法」は、個人の自由は侵すことができない（第二条）と定めている。歴史的には、1789 年のフランスの人権宣言（人間と市民の権利の宣言）の影響が大きい。この宣言は啓蒙思想（J・J・ルソーとモンテスキュー）に根ざすものであり、フランス革命の際にトマス・ジェファーソンとも協議して練り上げられた。彼はアメリカ合衆国の設立者の一人であるとともに、1776 年のアメリカ独立宣言の筆頭起草者であるが、すでにこの宣言の前文で「すべての人間は生まれながら平等である」、しかも人間には、「生命、自由、および幸福の追求」を含めた「不可侵の権利」が与えられていると宣言している。フランス人権宣言の第一条は、「人は生まれながらにして自由であり、権利において平等である」と述べている。この宣言は、依然として女性を除外し、奴隷制を禁じてはいなかった。しかし、権利と市民の自由の宣言に関する歴史——それは 1215 年のマグナ・カルタ（*Magna Carta Libertatum*：自由の大憲章）に始まり、「すべての人間は、生れながら自由であり、

尊厳と権利において平等である」(第一条) とし、「何人も、奴隷にされ、苦役に服することはない」(第四条) (UN 1948) とする1948 年 12 月の国際連合の総会で採択された世界人権宣言(UDHR) に至るのだが——において重要なものとなっている。

しかし、世界の多くの国々では、今なお人びとが自分たちの自由を脅かし侵害する圧制的で権威主義的な体制に苦しみ、これに抗議している。抗議は命を失う結果で終わることが多い。たとえば、現代のトルコ、ベラルーシ、ロシア、中国、ミャンマーで政治的な抗議がどのように扱われているかを考えてみてほしい。また、奴隷制が違法であるにも関わらず、新たな形態の奴隷制が今日も続いている。国際労働機関の見積もりによると、世界的には 4,000 万以上の人びとが、家業や性産業などにおいて、何らかの強制的な労働や性的搾取を強いられている (ILO 2017)。こうした奴隷制は各国内で人身売買を通じて行われ、とりわけ女性と子どもが被害を受けている。北朝鮮、エリトリア、ブルンジ、中央アフリカ共和国、アフガニスタン、パキスタン、イランでこうしたことが起きているが、加えて、アメリカやイギリスといった国でもそれは根強く残っている。国際奴隷指標によると、アメリカでは 2018 年に 403,000 人が強制労働に従事していたという (Walk Free Foundation 2018, p. 180)。欧米の国々も、製造現場で現代の奴隷制に関与したリスクのある製品やサービスを輸入している。

しかし、自由とは正確には何を意味するのだろうか。また、AIやロボティクスの発展に照らしたとき、政治的な自由は何を意味するのだろうか。これらの問いに答えるために、自由に対する数多くの脅威——いやむしろさまざまな種類の自由に対する脅威——に目を向けてゆくことにしよう。消極的自由、自律としての自由、自己実現や解放としての自由、政治参加としての自由、言論の自由といった、政治哲学者によって形成された自由に関するいくつかの主要な概念を考察することにしよう。

AI、監視、法の執行：消極的自由の剥奪

　第1章「序論」で見たように、AIは法の執行にしばしば用いられている。AIは国境警察や空港警備に用いられることもある。顔認証の技術や、指紋認証や虹彩認証といった他の生体認証技術は、空港やその他の国境検問所において世界中で採用されている。このことは、バイアスと差別のリスクや（第3章を参照）、プライバシーに対する脅威を招いてしまうだけでなく（UNICRI and INTERPOL 2019）、逮捕や投獄など個人の自由を侵害するあらゆる種類の介入につながる可能性がある。AI技術がエラー（たとえば、人物の識別の誤りや顔として認証しないエラー）を犯すと、人は、誤認逮捕、亡命拒否、公訴などされてしまうことがある。「小さな」誤差が何千人もの旅行者に影響を与える可能性があるのである（Israel 2020）。同様に、機械学習によって犯罪を「予測する」いわゆる予測的警察活動（予測的ポリシング）*8 では、誤認証の場合と同じように、差別を受けるだけではなく、不当に自由を奪われる司法判断が下されることもありうる。より一般的には、「カフカ的」な状況を招く可能性である。すなわち、意思決定が不明瞭なプロセスや、恣意的で正当性を欠く説明のつかない決定が、訴えられる側の人びとの生活に著しい影響を与え、法による支配を脅かすことになるかもしれないのである（Radavoi 2020, p.111-13; Hildebrandt 2015 も参照）。

　ここでは、政治哲学者たちが「消極的自由」と呼ぶ種類の自由が脅かされている。I・バーリン*9 が消極的自由を干渉からの自由と定義したことはよく知られている。この定義は次のような問いにか

---

*8　予測的警察活動（predictive policing）とは、アルゴリズムが過去の犯罪データを機械的に学習し、確率的に予測される犯罪が発生しやすい地区、日時、犯罪の種類などに基づいて警察が行う監視や重点的警備のこと。犯罪データは、更新および検証され続ける。

かわっている。「いかなる他人からも干渉されずに、自分がなしうることを行い、自分がありたいようにあることが、主体——人格であれ、人格の集団であれ——に委ねられている、あるいは委ねられるべき範囲とはどのようなものなのだろうか」（Berlin 1997, p. 194）。このように、消極的自由とは、他人や国家からの干渉、強制、妨害がないということである。この種の自由は、セキュリティ上のリスクをもたらす人びとや、移住や亡命の権利を持っていないと言われる人びとと、あるいは、罪を犯したことのある人びとを特定するのに AI が用いられる場合に問題となる。脅かされている自由とは、干渉がないという自由なのである。

　監視技術の点から見て、この自由の概念を拡張して、干渉のリス・クを負わない自由とすることもできよう。AI の技術が人びとを奴隷や搾取の状態に置き続けるための監視に用いられる場合には、この消極的自由が危うくなる。この技術は、目に見えない鎖と、非人間による絶え間ない監視とを生み出している。カメラやロボットが常にあるのである。しばしば言われてきたように、この状況はベンサムや、後にはフーコーがパノプティコンと呼んだものと類似している。囚人たちは監視されるが、看守を見ることはできない（第5章「権力」も参照）。旧来の形での監禁や奴隷状態に見られるような、身体的な拘束や直接的な監督はもはや必要ない。人びとを監視する技術がありさえすれば十分なのである。技術的な点から言えば、作動している必要すらない。このことをスピード違反監視カメラに喩えてみよう。スピード違反監視カメラは、実際に作動していようがいまいが、人間の行動に影響を与え、とりわけ行動を規律化・している。そして、このことがまさにカメラのデザインの一部なの

＊9　イギリスの哲学者バーリンは、論文「二つの自由概念」において、欲求の充足といった自己実現する上で、他人から干渉されないという消極的自由と、自分自身が主人として自律的に自己実現をしてゆく権利、能力、機会などがあるという積極的自由とを区別した。自由という概念のこの区別は、自由に関わる後の議論に大きな影響を及ぼしている。

である。自分が常に見張られている、あるいは見張られている可能性があるということを知っているだけで、自己の規律化には十分となる。干渉のリスクがあるというだけで十分なのであって、このリスクによって自分の消極的自由が奪い去られる恐れが生じるのである。カメラは牢獄や収容所で用いられるほか、職場で従業員の働きぶりを監視するためにも用いることができる。監視は人目につかないことが多く、私たちは、アルゴリズムやデータ、そしてデータを利用する人びとを目にすることはない。こうした隠された側面があるため、P・ブルーム（2019）は、ややミスリーディングではあるが、「バーチャルな権力」について語っているのである。しかし、この権力はリアルなものである。

　AIによる監視は、法の執行の場面や政府機関によって、あるいは企業環境や職場環境において使用されるだけではなく、私的な領域でも用いられている。たとえば、ソーシャルメディアでは、（国家やソーシャルメディア企業による）「垂直的な」監視だけでなく、仲間による監視、つまり「水平的な」監視もある。ソーシャルメディアの利用者は、アルゴリズムを介して互いに監視し合っているのである。また、起きている出来事を人びとが携帯デバイスを用いて記録する逆監視もある（Mann, Nolan, and Wellman 2002）。こうしたことにはさまざまな理由から問題があるが、その一つは自由を脅かしてしまうというものである。ここで言う自由は、個人的な領域への干渉からの自由という意味で、プライバシーを保持する消極的自由を意味することになろう。プライバシーは、リベラルな*10社会、つまり自由な社会における基本的な権利と見なされている。しかし、この権利は、共有の文化（culture of sharing）を受け入れ

---

*10　リベラル（リベラリズム）という語は多義的に用いられる。一般に、国家が、国民の自由な思想や活動を認め、政府によるそれらへの介入、強制、妨害などをできる限り排除するべきという考えをいう。歴史的には、西洋中世から近代にかけて、専制政治や封建制度からの脱却、あるいは信仰の自由を求める運動を擁護かつ鼓舞する考えに端を発している。

ることが求められる社会では危うくなるかもしれない。C・ヴェリス（2020）が述べているように、「リベラリズムは、個々人を保護し、健全な集団生活を営むために必要なこと以外は公の監視を受けないことを求める。晒しの文化（culture of exposure）では、あらゆることが共有され、公にすることが求められる」（Véliz 2020, p. 110）のである。それゆえ、完全なる透明化はリベラルな社会を脅かし、ビッグテック[*11]がそこで大きな役割を担うことになる。ソーシャルメディアを利用することで、私たちはあらゆる種類の詳細な個人情報を喜んで共有し、自ら進んで自分自身に関するデジタル調書を作成している。その際、国家のビッグブラザー（独裁者）が、情報を提供するよう私たちに強制したり、内密の方法で情報を取得するために腐心したりする必要はない。IT企業はそうしたことはせずに、公然と臆面もなくデータを取得しているのである。フェイスブックのようなプラットフォームは、権威主義的な政体にとっての夢のような現象であり、そればかりか資本家にとっての夢のような現象でもある。人びとは、たとえば社交（出会い）のために、さらには健康管理のために調書を作成して、自分たちの記録を残すのである。

　さらに、このような情報は、人びとに対して法を執行する際に用いることが可能であり、実際に利用されてきた。たとえば、アメリカの警察は、活動やヘルスデータを記録するフィットビット（Fitbit）というデバイスのデータを分析して、ある女性を強姦について虚偽の報告をした嫌疑で送検した（Kleeman 2015）。フィットビットのデータはアメリカで起きた殺人事件にも用いられた（BBC 2018）。ソーシャルメディアのサイトやスマートフォンのデータは予測的警察活動に用いることができるが、それは個人の自由に影響する可能性を孕んでいる。しかし、干渉からの自由に対する脅威がないとしても、この問題は社会レベルのものでもあり、自

---

*11　世界規模で支配的な影響力を持つ巨大IT企業群のこと。

律としての自由など、さまざまな種類の自由に影響を与える（次節を見よ）。D・J・ソロブ（2004）が述べているように、「この問題は、私たちに相応しい社会様式、私たちの思考のあり方、社会の秩序全般における私たちの位置、そして自分たちの生活に意味のある規制を課す私たちの能力に関わるものである」（Solove 2004, p. 35）。

そうではあるが、技術によって消極的自由が脅かされるとなると、問題がきわめて物理的なものとなる可能性がある。ロボットは、たとえば、セキュリティや法の執行、また「人びと自身の利益」や安全も目的とし、人びとを身体的に拘束するために用いることができる。小さな子どもや認知機能障害を持つ高齢者が危険な道路を注意せずに渡ったり、窓から落下したりするおそれがある状況を考えてみよう。そのような場合、そうした人びとが部屋や家から出ることを阻止するために、機械を用いてその人を拘束することもできるだろう。これはパターナリズム（詳しくは次節）の一形態であり、監視とそれに続く物理的なかたちでの干渉によって消極的自由を制限している。A・シャーキーとN・シャーキー（2012）は、ロボットを用いて高齢者の行動を制限することに「権威主義的なロボティクスへ向かう滑り坂」さえ見いだしている。AIやロボティクスの技術によって人間を監視して縛りつけるという、いま垣間見てきたシナリオは、スーパーインテリジェントなAIが権力を握り、私たちの自由を剥奪することになるかも知れないという遠い未来のSF的なシナリオよりもずっと現実的であるように思われる。

AIやロボティクスを使って人びとの消極的自由を制限する人びととは、そもそもなぜそうした基本的な自由を侵害する必要があるのかを、正当化しなければならない。J・S・ミル（1963）が19世紀の中頃に主張したように、強制については、消極的自由を擁護する人びとではなく、制限や禁止を求めて主張する人びとが立証責任を負うべきである。プライバシーの侵害、法の執行、あるいはパターナリスティック*12な行動制限をする場合、その制限が全般的なも

のであれ個別的なものであれ、制限を課す側には、考慮すべき危害のリスクがあること（ミル）や、自由より重要な他の原理（たとえば正義）があることを示す責任がある。とはいえ、そのような行使や介入を正当化することは、技術がエラーを犯したり（第1章「序論」で述べた誤認のケース）、技術自体が危害を引き起こしたりするときには、いっそう困難となる。たとえば、顔認証が不当な逮捕や収監につながるかも知れないし、ロボットが誰かを拘束しているときに怪我をさせてしまうかも知れない。さらには、功利主義や、より包括的に帰結主義の枠組みを超えて、たとえば、国レベルないし国際的な宣言に謳われる自由に対する権利のように、義務論的な観点からその権利が強く説かれることもあろう。

　しかし、技術が（意図せざる）危害をもたらすこれらの事例を考慮すると、自由のみを扱う場合よりも多くの問題が存在していることが明確となる。自由と他の政治的原理や価値との間には対立とトレードオフの関係がある。消極的自由は非常に重要であるが、政治的、倫理的にとても重要で、特定の事例で役割を果たす（べき）原理もあり得る。どの原理が優先されるかは、必ずしも常に明らかなわけではない。たとえば、特定の危害（窓からの落下）を防ぐために小さな子どもの消極的自由を制限することが正当化されるのははっきりしているであろうが、認知症を患っている高齢者や、特定の国で「不法に」滞在しているとされる人の場合に、自由に対する同様の制限が正当化されるかどうかは明らかではない。また、ある人の消極的自由を制限する（たとえば、収監することで）ことは、他の人の消極的自由や政治的権利を守るためなら正当化されるのだろうか。

---

*12　パターナリスティック（パターナリズム）とは、親と子、上司と部下、医師と患者など、知識や能力などに関わる固定的な上下関係に基づき、上の者が、下の者の利益を想定して、あるいは下の者の意向を考慮しないで、判断や行為などに干渉して導くべきという考えをいう。父権主義などと訳される。

ミルの危害原理*13 の適用にも困難があることがよく知られている。特定のケースでいったい何が危害となるのだろうか。誰にどの危害が加えられているかを誰が特定するのだろうか。誰が受ける危害がより深刻なのか、そしていったい何をもって消極的自由の制限と見なすのだろうか。たとえば、新型コロナウイルス感染症が世界的に大流行するなかで、特定の場所でマスクを着用する義務を考えよう。このケースでは、誰が優先的に危害（のリスク）から守られる必要があるのか、マスクの着用は消極的自由を奪い去ることなのか、という問いに対する論争が起きた。これらの問いは AI の利用の問題とも関係がある。たとえば、特定の AI 技術が間違うことなく機能するとしても、スキャニングと顔認証それ自体を必要とする空港のセキュリティ検査の方法は、他人から干渉されないという私の自由を侵害することなのだろうか。手のひら静脈認証はそうした侵害の一つなのだろうか。もしそうなら、スキャナーによる顔認証よりも大きく侵害しているのだろうか。顔認証の誤りそれ自体が危害となるのだろうか。それとも、保安検査員の行動が潜在的にもちうる有害性に依存して危害となるのだろうか。また、もしテロリズムのリスクに言及することで、これらすべてが正当化されるならば、その蓋然性の低い（しかし影響が大きい）リスクは、私が国境を越える際に、私の消極的自由に干渉する措置を正当化するのだろうか。技術的なエラーによって私の消極的自由が奪い去られるリスクも含め、この技術がもたらす新たなリスクに私が曝されることを正当化するのだろうか。

---

*13　ミルが『自由論』において提起した、人びとの自由に関する基準であり、人びとは、他者に危害を加えない限り、自分たちが望む行為をなす自由が付与されるべきであるとされる。人びとの自由な幸福（快楽）の追求と、国家や社会の福祉との一致を念頭に置く原理である。

AIと人間行動の操縦：人間の自律の迂回

しかし、以上の問題が消極的自由に関わるとすれば、積極的自由とは何であろうか。積極的自由を定義する方法はいろいろとあるが、バーリンが定義した一つの中心的な意味は自律、つまり自己統制と関係している。ここで問題となるのは、自分の選択が、他の誰かの選択ではなく、本当に自分の選択であるかどうかということである。バーリン（1997）はこう述べている。

> 「自由」という言葉の「積極的」な意味は、自分自身の主人でありたいという個人の側の願望に由来する。私は、自分の生活やさまざまな決定を、何であれ外からの強制ではなく、私自身に依拠することを願う。……私は、とりわけ、自分が考え、意志を持ち、行為する存在であり、自分の選択に責任を持ち、それらを私自身の観念や目的に関連づけて説明することのできる存在でありたいと願う。（Berlin 1997, p.203）

この種の自由は、収監や妨害という意味の干渉と対比されるものではない。むしろ、自分にとってベストなことを他の誰かが決定するというパターナリズムと対比される自由である。バーリンは、権威主義的な統治者は、高次の自己と低次の自己を区別して、自分たちの高次の自己が本当に望むことを知るように人びとに迫り、そしてそうした高次の自己の権威のもとで人びとを抑圧する、と主張する。このような自由は、外的な拘束や身体的な規律化がないことではなく、欲求を抱いて選択する人びとの心理への干渉なのである。

このことはAIとどのように関係するのだろうか。これを理解するために、人びとの行動を変えることを目的として選択環境を変えるナッジ*14 の可能性を考えてみよう。ナッジの基本的発想は、人間の意思決定の心理、とりわけ人間が意思を決定する際のバイアス

を利用することにある。R・H・セイラーとC・サンスティーン（2009）は、人びとの意思決定が合理的であることが期待できず、それどころか発見法やバイアスに基づいているという問題に対する解決策としてナッジを提起している。彼らは、人びとの選択環境を望ましい方向に変えることで、人びとの意思決定に影響を与えるべきであると主張している。人びとを強制する代わりに、人びとの「選択アーキテクチャ」を変化させるのである（Thaler and Sunstein 2020, p. 6）。たとえば、ジャンクフードを禁止するのではなく、スーパーマーケットで目の高さの目立つ場所にフルーツを陳列しておくのである。干渉はこのように潜在意識に向けられており、トカゲと私たちで共通する脳の部位をターゲットにしている（p. 20）。さて、AIはこの種のナッジに利用できるし、これまでも利用されてきた。たとえば、アマゾンが私に商品をレコメンドする際には、私が購入したいはずだとされる商品をレコメンドしてくる。同様に、スポティファイ（Spotify）が私に特定の楽曲をレコメンドする際、私のことを私よりもよく知っていいかのようにレコメンドしてくるように見える。このようなレコメンドシステムは、私が選択する本や楽曲を制限するのではなく、アルゴリズムが提案する方向に向けて私が購入し、読み、聴くという行動を促すので、ナッジしているのだ。そして、政府は同じ技術を、たとえば、行動をより環境的に優しい方向に誘導するために利用したり、奨励したりすることができる。

この種の介入は、人びとの選択の自由や行動の自由を剥奪するものではない。いかなる強制も存しない。セイラーとサンスティーンがナッジを「リバタリアン・パターナリズム[*15]」（p. 5）の一形態と呼ぶのはこのためである。ナッジは人びとの意思に反することをするのではない。それゆえ、古典的なパターナリズムとは異なって

---

*14　ナッジ（ナッジング）は行動経済学や行動科学において用いられることが多い概念で、人間の行動を科学的に分析して、人間の行動を遠回しに論すように変えてしまう戦略的な方法のこと。原義は、肘で軽く突くこと。

いる。たとえば、R・ドゥオーキン（2020）はパターナリズムを
「国家や個人が、当人の意志に反して他者に介入することであり、
介入によってその人がよりよい状態になるとか、危害から保護され
るという主張によって擁護されるないし動機づけられるもの」と定
義していた。古典的なパターナリズムが明らかに消極的自由を侵害
するのに対し、ナッジは、ドゥオーキンが述べたような仕方で人び
との自由を制限することなく、人びとの選択を彼らにとって最大の
利益とみなされるものへと誘導する。バーリンの用語を用いて言う
なら、ナッジはいかなる外的な制限も課さないので、消極的自由を
侵害することはないのである。たとえば、国民の公衆衛生を促進し
ようとする政府は、タバコ会社に対して紙巻きタバコのパッケージ
に喫煙は命取りになるという警告を表記することや、スーパーマー
ケットに対してレジ前のような目立つ場所から紙巻きタバコを撤去
することを求めることができる。この政策は、タバコを禁止するの
ではなく、製造者や小売業者に対して、人びとが行う選択に影響を
及ぼす意図を持ったナッジを導入するよう求めるものである。同様
にAI駆動のレコメンドシステムは、特定の本の購入することや特
定の楽曲を聴くことを強制するのではなく、利用者の行動に影響を
与える可能性を持つのである。

　しかし、AIによるナッジングは、何かをするように、あるいは
何かを意思決定するように誰も強制されてはいないから消極的自由
に対する脅威ではないにしても、積極的自由への脅威ではある。
ナッジは、人びとの潜在意識的な心理に働きかけることによって、
彼らを自分自身で目的を設定しまた自分自身で選択を行うことを望

---

*15　リバタリアン（リバタリアニズム）は、人びとの自由を最優先して、国
　　家や他者からの介入を最小限に留めるべきという考え。他人の身体や財産
　　を侵害しない限りは、各人の判断や行為は原則的に自由とされる。国家権
　　力への不信や自治の優先が根本にある。先述したパターナリズムと相容れ
　　ないような考えであるが、法律や制度といった規範的なものが、人びとの
　　行動や選択の自由を阻害せず、同時に人びとに幸福などの価値を結果とし
　　てもたらすよう案出されるべきという考え。

む合理的な人格として尊重することなく、操作する。広告や宣伝のような潜在意識を操作するやり方は目新しいものではない。しかし、ナッジはリバタリアンであることを装っているし、またAIによって加速されることで、広範な影響を及ぼす可能性が高い。ナッジは企業の手で行われることがあるが、たとえば、望ましい社会を実現するために政府によって行われることもある。しかし、バーリン（1997）と同様に、社会改革を名目として積極的自由を侵害することは品位を欠いていると主張する人もいるだろう。「人びとを操作して、社会改革者のあなたには見えるが、操作される人びとには見えない目標へと駆り立てることは、人びとの人間的本質を否定して、自分自身の意志を持たない対象として扱うことであり、結果として人びとの尊厳を傷つけることになる」（Berlin 1997, p.209）。バーリンによると、パターナリズムは「人間としての自己に対する侮辱である」（p.228）。なぜなら、パターナリズムは、自分自身が選択して自分自身の人生を形成することを希望する自律的な存在としての自己を尊重しないからである。そしてこの批判は、ナッジといういわゆる「リバタリアン」パターナリズムにも当てはまるように思われる。たとえば、スーパーマーケットにおいて人びとは自分の選択が影響を受けていることさえ気づいていないのである。

このため、AIによるナッジは少なくとも非常に疑わしいものであり、消極的自由に対するすべての侵害と同様に、一見したところ正当化されない（他のしかたで証明されなければ正当化されない）。このような方法で技術を利用したいと考える人は、積極的自由よりも重要な原理や利益があることを主張しなければならない。たとえば、人の健康や生命は、その人の自律性を尊重することよりも重要だと主張することができるだろう。あるいは、人類や他の種の存続は、気候に対して自分が与えている影響に無知であったり、気候変動の問題の解決に貢献しようとしなかったりする人びとの積極的自由よりも重要だと主張することもできるだろう。しかし、おそらく積極的自由の侵害は消極的自由の侵害より論争を引き起こすことが

少ないように思われるが、ここで何が問題となっているかを理解することが重要である。それは、人びとの自律的な選択や合理的な意思決定の能力を軽視して、人びとを、自分自身や社会の利益（たとえば、肥満の予防）を目的にして操作できる対象ないし操作しなければならない対象として扱ったり、自分とは無関係のところで他の人びと（たとえば、政府や環境改革派）が考えた目的のための手段（たとえば、気候に関する目標を達成するための手段）として扱ったりすることのリスクの問題である。目的（たとえば、利益目標）が手段を正当化することがあるとしたら、それはいつ、そしてどのような理由からなのだろうか。そして、誰がその目標を決めるのだろうか。

　人びとを主として、あるいは基本的に非合理的で議論に開かれていないものとして理解することは、人間本性や人間社会に関するきわめて悲観的な見方でもある。それはT・ホッブズの政治哲学に合致している。17世紀中頃のイングランドで書かれたホッブズ（1996）の著作によると、自然状態とは争いと暴力のみが存在する荒んだ状態である。この状態を回避するためには、リヴァイアサンという政治的権威が必要であり、それが秩序をもたらすと彼は主張した。同様に、リバタリアン・パターナリズムも、自分たちにとっても社会にとっても良い社会秩序を構築する人びとの能力を悲観している。そうした社会秩序は、たとえばAIを用いた操作という手段によって上から強いられる必要がある。18世紀のルソー、20世紀のデューイやハーバーマスといった他の政治哲学者は、彼とは違って、人間本性に関してより楽観的な見解をとり、人びとは共通善*16に自発的に身を委ね、合理的に熟議し、合意に向けて議論す

---

*16　一般に、国家や社会などの共同体の構成員に共有される価値の一つ。構成員の合意を経て実現が目指される場合や、国家や社会の安寧を実現する普遍的価値として統治者によって要請（強制）される場合などがある。その概念の歴史は古く、アリストテレスの政治論、中世キリスト教世界などに辿ることができる。

るというデモクラティックなあり方の政治が存在することを信じていた。こうした見解によれば、人間はコントロールされるべきものでも（消極的自由の制限、専制政治）、操作されるべきものでもない（積極的自由の制限、パターナリズム）。人びとは自分たちの私利私欲に囚われず、自分たちを抑制し、合理的に思考し、社会にとって善いことについて議論を交わすに足る十分な能力がある。この見解において、社会は孤立した個人の集まりではなく、共通善の実現を目指す市民からなる共和国である。哲学的共和主義を擁護する他の人びとと同様に、ルソー（1997）は、古代ギリシアの都市国家を顧みて、共通善は能動的な市民意識と社会参加によって実現することができるであろうし、その市民は公平な共同体を形成するために「一般意志*17」に従うべきであると考えた。一方で、ルソーによる、人は自由であるように強制されるべきである、すなわち「自らの傾向性に耳を傾ける前に、自らの理性を参照し」、一般意思に従うことが強制されるという見解には、悪名高い問題点がある。だが、他方で、ルソーは専制政治を拒絶し、人間本性については、自然状態は善であり、すでに社会的でもあるという概して楽観的な見解を持っている。自然状態は善であり、すでに社会的であるというのである。彼は、自律としての自由は、個々人において理性の力を発揮し、情念を抑制することで達成することができ、それが望ましいとするプラトンやアリストテレスのような古代哲学者の見解（私たちが徳倫理に見いだすこともできる見解）にも同意している。そうした理念に照らしたとき、AIがどのような役割を担いうるのかという問いは開かれたままである。第4章では、民主主義の可能性に関するさまざまな見解と、それらに関連する理念についてさら

---

*17　自由意志によって社会契約を結んだ国民（市民）が、共通善の実現を目指して私利私欲を捨て去った後に形成される政治共同体全体としての意志のこと。私利私欲を持つ個々人の特殊意志の総和である全体意志と区別される。法や制度は一般意志の表現とされるので、それらに従うことは国民（市民）の意志に従うことであり、法的な強制は自由への強制となる。

に概説し、権力を扱う第5章では、AIと自己構成についてさらに述べることにする。

自己実現と解放への脅威。AIによる搾取とロボット奴隷の問題

　自由に対するもう一つの脅威は、自分の消極的自由への干渉やナッジによるものではなく、別の、より関係的な種類での自由の侵害によるものである。つまり、資本主義の文脈における労働を通じて、あるいは（公然と）他者を奴隷や支配の関係に追い込むことによって、他者の手で抑圧や搾取が行われるのである。これは個人の消極的自由に対する制限を伴うかもしれない——もちろん、奴隷である以上、自分のやりたいことはできないし、そもそも政治的主体として見られていないので、自分のしたいことが重要であるという立場にすら立てないのだが——。また抑圧が積極的自由の侵害（搾取）と結びついているかもしれない。しかし、これらの現象はまた、自己実現、自己発展、解放に関する問題を提起し、正義と平等の問題（第3章も参照）と結びつき、人間の社会関係の質、労働の価値と自然や自由との関係、社会をいかに構成するかという問題に関わるのである。ここで脅かされる自由は、内なる欲望を管理したり、他者を外的脅威と見なしたりすることではなく、よりよい社会関係や社会を構築することに関わるという意味で、関係的なのである。

　このような自由の概念の発想は、ヘーゲルとマルクスに端を発している。ヘーゲルによれば、労働を通じた自然の変容は自己意識と自由とをもたらす。この議論は、『精神現象学』（1977、原著1807）における有名な主人と奴隷の弁証法にまで遡る。つまり、主人が自らの欲望に依存しているのに対し、奴隷は労働を通じて自由の意識を獲得するのである。マルクスは、この「労働が自由をもたらす」という考え方を借用した。彼の手にかかると、自由はもはや、バーリンの消極的自由と積極的自由のように、拘束からの自由や心理的

な自律性に関係する個人主義的概念ではなく、より社会的、唯物論的、歴史的な概念となる。ヘーゲルやマルクスにとって、自由は社会的相互作用に根ざしているのであって、依存と対立するものではない。労働と道具は私たちの自由を拡大するのである。この自由には歴史があり、それは社会的、政治的歴史でもあり、（付け加えると）技術の歴史でもある。マルクスは、私たちは技術によって自然を変革し、同時に自分自身を創造することができると考えた。労働をすることによって、私たちは自分自身を発展させ、人間の能力を発揮するのである。

　しかし、マルクスは、資本主義のもとでは、労働者は疎外され、搾取されているため、こうしたことは不可能であるとも主張した。労働者は、自己を解放し実現する代わりに、生産物から、他者から、ひいては自分自身から疎外されるようになり、不自由になってしまう。マルクス（1977, p. 68-9）は、1844年の『経済学・哲学草稿』の中で、労働者自身が、彼らが生産する対象物とそれらの生産物を収奪する人々との商品と奴隷になる、と述べている。労働者は、自分自身を肯定する代わりに、肉体を衰弱させ、精神を荒廃させ、そうすることで労働を自由なものではなく、強制的なものにしてしまうのである（p. 71）。労働は「他人の支配、強制、のもとで行われる奉仕活動」（p. 76）となり、労働者は自分自身から遠ざかってしまうのだ。このような状況下では、技術は自由をもたらすものではなく、疎外の道具となってしまう。こうした状況に対して、マルクスは、共産主義は自由の実現であり、（再び）自己実現と自由な人々の連合体として理解されると主張している。

　この自由の概念は、AIやロボティクスにとってどのような意味を持つのだろうか。

　まず、AIとその所有者はデータを必要とする。私たちのデータを必要とするソーシャルメディアや他のアプリのユーザーとして、私たちはこれらのデータを生産する労働者である。C・フックス（2014）は、ソーシャルメディアやグーグルなどの検索エンジンは、

資本主義によって植民地化されていて、私たちを解放するものではないと主張している。私たちは、ソーシャルメディア企業やそのクライアントたる広告主のために無償労働をしているのだ。私たちは商品（データ）を生産し、それを企業に売っているのである。これは搾取の一形態である。資本主義は、私たちが絶え間なく働き、消費することを要求している。データの生産のために電子機器を使用することもその一つである。私たちのほとんどは、年中休まず資本主義経済の中で生活しており、私たちが見出すことのできる唯一の「自由」といえば、睡眠中である（Crary 2014; Rhee 2018, p. 49）。しかし、ベッドにいるときでさえ、私たちは注意をスマホに向けるよう仕向けられている。さらに、私たちが使うデバイスは、その生産に従事する人びとや、原料となる鉱物を採取する人びとの過酷な労働に依存しており、しばしば「奴隷的条件」（Fuchs 2014, p. 120）のもとで生産されている。AIを用いたさまざまなサービスもまた、データクリーニングやデータのタグ付け、モデルのトレーニングなどを行う低賃金労働者に依存している（Stark, Greene, and Hoffmann 2021, p. 271）。しかし、自己実現としての自由という観点からのマルクスの分析に照らしてみると、私がソーシャルメディアを利用するときの問題は、私が無償労働をしていることや、私のソーシャルメディアでの快楽を可能にするために他者が搾取されていること（これはマルクスの『資本論』〈1990、原著は1867〉の政治経済学的アプローチに基づいて分析することができる。つまり、労働者によって自らの労働コストを上回って生み出された価値は資本家に収奪される）だけではなく、私の自己発展と自己実現、したがって自由にはつながらないことにもあるのである。それどころか、私自身がデータの集合体という客体になってしまうのである（第5章も参照）。

　第二に、ロボットは自動化のためによく使われる技術であるが、ロボットがもたらす効果は人間の自由に関するマルクス的概念を用いて説明することができる。まず、ロボットは、マルクスが述べた

疎外を助長する機械の形で登場する。労働者は機械の単なる一部となり、仕事を通じて自己実現する機会を失ってしまうのだ。これは工業生産においてすでに起きていることであり、近い将来、たとえば小売業やレストランなどのサービス業においても起こるかもしれない（たとえば日本において）。さらに、マルクスが述べているように、機械の使用は、労働条件の悪化や労働者の肉体的・精神的な劣化だけでなく、失業にもつながる。人間の労働者に代わってロボットが使われることで、自らの労働力しか売るものをもたない失業者層（プロレタリアート）が生まれるのだ。これは、職を失う人々にとって悪いことであるだけでなく、まだ雇用されている人々の賃金を低下させる（あるいは法的に許容される範囲で賃金を低く抑える）ことになる。さらに、自分の仕事の価値が奪われたと考える人もいる。そのような労働は、ロボットがやっても同じことかもしれないのである（Atanasoski and Vora 2019, p. 25）。その結果、搾取という意味での不自由と、自己実現の機会の欠如が生じることになる。

　今日、ロボティクスや AI が雇用をもたらす可能性が高いことは広く受け入れられているが（Ford 2015）、これらの発展の推定される速度や範囲については論者の間で意見が分かれている。J・スティグリッツのような経済学者は、深刻な混乱を予測し、移行に伴う人的コストに警告を発している。たとえば、A・コリネックとスティグリッツ（Korinek and Stiglitz 2019）は、もし個人がこれらの影響に対する保険に完全に加入し、正義に適った形での再分配（ヨーロッパの社会福祉民主主義に特徴的なものなど）が行われないなら、労働市場の大きな混乱、所得格差の拡大、失業の増加、社会の分裂がもたらされると予想している。さらに、AI の社会経済的帰結は、いわゆる先進国社会とグローバルサウス（南の発展途上国）の間で異なる可能性がある（Stark, Greene, and Hoffmann 2021）。マルクス主義の観点からは、これらの問題は平等だけでなく、自己実現としての自由という観点からも概念化することができ

る。低賃金や失業は、人々の物理的な存在を脅かすから悪いだけではなく、自己実現を阻むことで人々を政治的に自由でなくしてしまうのである。

　こうした見方に対して、機械は汚い仕事やきつい仕事、危険な仕事、退屈な仕事から人間を解放し、余暇や自己実現のための時間を確保すると主張する人たちがいる。機械に取って代わられることによる失業は、自由への道のりの一歩として歓迎される。ヘーゲルやマルクスのように労働を自由への道と見なすのではなく、この見方は、自由とは生活必需品から自分を解放することであるという古代アリストテレスの考えを採用する。アリストテレスによれば、生活の必要に時間を費やすことは奴隷がすべきものであって、自由人がすべきものではない。他方、マルクス主義者は、このような労働観には反対し、さらに、アリストテレスの社会は奴隷制に基づいていて、政治的エリートは他者を搾取することによってのみ特権的な生活を享受することができたのだと指摘するであろう。しばしば「余暇社会」と呼ばれる議論を主張する人は、テクノロジーは人間の奴隷化を終焉させるであろうし、その結果として失業がもたらされるとしても、それは社会保障制度、たとえば、機械のために失業した人たちを含めて誰も貧しくならないことを保証するユニバーサル・ベーシックインカム[18]によって対処できると答えることができるだろう。しかし、マルクス主義者は、AI資本主義は実際にはもはや人間をまったく必要としないかもしれないと主張するかもしれない。このシナリオでは、資本は「蓄積に対する生物学的障壁となるような人間性からの自由」（Dyer-Witheford, Kjøse, and Steinhoff 2019, p. 149）を手に入れることになるのだ。

　こうした問題は、さらなる哲学的な問いを提起する。たとえば、ヘーゲル的な観点からは、すべての人間が主人（機械の主人）になると、自己実現の機会がなくなり、人びとは欲望に委ねられてしま

---

*18　ユニバーサル・ベーシックインカムとは、最低限の生活を送るのに必要な所得を国がすべての個人に対して保障する制度のこと。

うが、こうしたことは資本家による操作や搾取につながりうるのではないかとの懸念が生じ得よう。主人は、今度は搾取される消費者、つまり新しい、別の種類の奴隷になるのだ。この点に関しては、ある程度までは、今日すでにそうなっているように思われる。マルクーゼ（2002）が論じたように、消費社会は新たな支配の形をもたらす。主人たちは、自らが支配する機械に依存しているだけでなく、消費者として、再び支配されるのである。さらに、主人と奴隷の弁証法を念頭に置くと、いったん奴隷が機械に取って代わられると、主人（このシナリオでは私たち全員）は、もはや承認される機会が全くなくなってしまうことになる。なぜなら、機械は必要とされる自己意識を欠いているので、機械から承認されることはありえないからである。したがって、もしヘーゲルの言うとおり、主人は奴隷の認識を必要としているのであれば、問題は、主人が全く承認をされないということである。つまり、人間の主人とロボットの奴隷の社会では、主人である消費者はまったく自由ではなく、さらに悪いことに、自由になるチャンスさえ持たないのである。奴隷消費者として、彼らは資本主義の下で支配され、搾取されているのである。機械の主人として、彼らは承認されることはない。そして、このテーマに関する以前の著作で強調したように、彼らはまた、技術にきわめて依存するようになり、したがって脆弱になる（Coeckelbergh 2015a）。

　しかし、なぜ主人と奴隷という観点で考えるのだろうか。一方では、人間の奴隷や労働者をロボットに置き換えることは、マルクス主義的、さらにはより一般的には啓蒙主義の観点からも、解放をもたらすものと見なすことができる。一方、ロボットの場合であっても、使用人や奴隷という観点から考えることは、きわめて問題であるように思われる。ロボットの奴隷がいても問題ないのだろうか。主人と奴隷という点から社会を考えても問題がないのだろうか。それは考えているというだけの問題ではない。いま人間の奴隷を機械に置き換えたとしても、人工物が奴隷としてはたらく社会になるだ

けで、私たちの社会構造が奴隷制に基づくことに変わりはない。それは古代ローマや古代ギリシアの都市国家のサイバー版にほかならないのだ。しかし、世界人権宣言第4条が侵されたというわけではない。なぜなら、この条項は人間だけに適用されるのであって（これは人間の権利に関する条項である）、ロボットは意識、感覚、意図などを持たないので、人間という意味での奴隷ではないからである。しかし、ロボットが人間の使用人や奴隷の代わりを務めるという設定は、依然として主人と奴隷の関係や階層的で「搾取的」な主従社会を反映している。間違っているのは、これらの技術がその維持に役立つような社会関係や社会のあり方なのである（次章でさらに論証する）。

　さて、このような問題を回避するために、これは自由の問題ではなく、何か別の問題であると主張することもできるだろう。抑圧、搾取、奴隷制で問題になるのは、（少なくとも、これまでのところで述べてきた個人主義的でより形式的な方法で自由を理解するならば）自由ではなく、正義や平等である。この考え方によれば、問題は、AIやロボティクスが自由を脅かすということよりも、私たちが根本的に不平等あるいは不正な社会に生きており、AIやロボティクスによってこうした不平等や不正を維持あるいは悪化させる危険性があるということにある。たとえば、機械への置き換えによって労働者を「解放」しても、現在の社会の構造を（ユニバーサル・ベーシックインカムなどの手段で）変えなければ、さらなる不平等や不平等を生み出す可能性が高い。今ある私たちの社会はどのようなもので、どのような社会が望ましいのかについて、もっと公の場で議論する必要があるのだ。そのためには、平等や正義といった政治哲学的な概念や理論が役立ちうる。たとえば、現在の社会保障制度と同様に、ユニバーサル・ベーシックインカムは、分配的正義や公正としての正義に関する特定の概念を反映している。しかし、それはどのような概念だろうか。次の章では、正義に関するいくつかの概念を概説する。

しかし、このような問題を、自由という切り口で議論することも
また興味深い。たとえば、P・ファン・パリースは『ベーシック・
インカムの哲学　すべての人にリアルな自由を』(1995) の中で、
正義、平等、自由の概念に基づいて、万人のための無条件のベー
シックインカムを擁護している。彼は自由を、自分の望むことをす
る形式的な権利（ハイエクなどによる通常のリバタリアン的な自由
の概念）ではなく、自分の望むことをするための実際の能力として
理解している。このように、自由は機会の観点から定義されること
になる。より多くの優位性（たとえば、より多くの資産へのアクセ
ス）を持つ人びとは、機会の点で、他の人びととよりも自由である。
無条件の所得は、他の人びとの形式的な自由を尊重しつつ、こうし
た機会という意味で最も恵まれない人びととをより自由にし、その結
果、すべての人に自由がもたらされることになるのである。さら
に、誰もが自分の抱く善の概念に従ってこうした機会を利用するこ
とができる。リベラルな立場の人たちは、人びとの善の概念に対し
て（法的な制限の範囲内で）中立であるべきなのである。ファン・
パーリス自身の例を挙げれば、もし人びとサーフィンに多くの時間
を費やしたいと思うのなら、それはよいことなのであり、人びとは
そうする機会があるのである。彼はこれを「真のリバタリアニズ
ム」と呼んでいる。この考え方に基づけば、人間の仕事が機械に奪
われたとき、ユニバーサル・ベーシックインカムは、より多くの正
義と平等を生み出すだけでなく、すべての人の自由を尊重し促進す
る方法だと主張できるであろう。人びとは、働くか、サーフィンを
するか、あるいはその両方をすることができ、機会の自由という意
味での真の自由を手に入れることができるのである。
　しかし、ユニバーサル・ベーシックインカムに関する議論が示す
ように、AIとロボティクスの政治的・社会的側面については、
自由を超えた観点で議論すべきことが多数存在する。また、平等と
正義についても、さらにAIとロボティクスが既存の偏見や差別を
永続させたり悪化させたりする可能性についても、私たちは議論す

る必要があるのである（第3章参照）。

誰がAIについて決めるのか。参加としての自由、選挙における AI、言論の自由

　自由のもう一つの意味は、政治参加である。この考え方も、古代、より具体的にはアリストテレスにルーツを持っている。アレントが『人間の条件』(1958) で説明しているように、古代人にとっての自由とは、自由主義的な選択の自由ではなく、政治行動の自由であった。彼女はこの活動を活動的生における他の活動（労働・仕事）と区別している＊19。哲学的共和主義によれば、人びとは政治への参加によってのみ自由を行使することができる。古代ギリシアでは、この自由はエリートにのみ許されたものであり、実際には、労働し、政治的自由のない人びとが担う奴隷制に依存するものだった。とはいえ、政治参加としての自由という考え方は、近代の政治哲学史において重要な意味を持っている。この考え方は、民主主義に対するいくつかの重要な解釈や理想に刺激を与えたのである（第4章参照）。本章ですでに見てきたように、政治的な意思決定への参加としての自由という考えを表すよく知られた近代的表現は、ルソーに由来している。彼はすでにカントに先だって自由とは自分自身にルールを与えることだと主張していた。先に見てきたような自己統治は個人の自律性として解釈されるが（p.24「ナッジ」参照）、ルソーは自己統治に政治的な意味も与えたのである。もし市

＊19　アレントは『人間の条件』（または『活動的生』）において、人間の活動力を労働、仕事、活動という3つの能力に区分する、労働が、人間の肉体の生物学的過程に対応する生命を維持するための活動力のことなのに対し、仕事は人間存在の非自然性に対応する「作品」「工作」「制作」のことで、生命を超えて永続する「世界」を作り出す活動力を指す。活動は「ものや物質の介入なしに直接人と人との間で行われる唯一の活動力であり」、他者同士の人間が言語によって協力ないし対立する行為、つまり政治のことをいう。

民が自分自身のルールを作るなら、彼らは真に自由なのであり、他者の専制に引き渡されることはない。一般意志に関してルソーがさらに進んで考えたことにはたしかに議論の余地がありえよう。しかし、たとえそうだとしても、政治参加は自由民主主義の一部であり、そうあるべきだという考えは定着し、民主主義に対する今日の多くの人びとの考え方に影響を及ぼしている。

　自己参加としての自由という概念は、AI やロボティクスに関する自由の問題にとってどのような意味を持つのだろうか。この概念に基づいて、私たちはここで AI とロボティクスの政治について、いくつかの規範的な議論を行うことができるだろう。

　第一に、技術とその使用に関する意思決定は、多くの場合、市民ではなく、政府や企業、すなわち政治家、経営者、投資家、技術開発者の手で行われる。AI やロボティクスについても同様で、軍事的な文脈（政府からの資金提供）や技術系企業で開発されることが多い。政治参加としての自由という理想に基づけば、私たちはこうしたことを批判し、AI やロボットに関する公的な議論や政治的な決定に市民が参加することを求めることもできるだろう。この議論は、民主主義の原則に依拠することもできるが、哲学的共和主義の観点からは、自由を根拠に正当化することができる。つまり、自由が政治参加や政治的自己統治を意味するならば、技術の利用や将来について市民がほとんどまったく影響力を持たない現状は、実質的に市民を不自由で専制主義の状態に置いていることになるのだ。市民は、これらの意思決定に関しては自己統治を欠いているのである。参加としての自由の名のもとに、私たちは技術の未来に関するより民主的な意思決定を要求すべきである。

　さらに、私たちは、通常の政治制度の変更を要求するだけではなく、イノベーションのプロセスそれ自体がステークホルダーとしての市民とその価値観に配慮するよう求めることもできるだろう。ここ 10 年にわたって、責任あるイノベーションと価値に配慮したデザインが議論されてきた（Stilgoe, Owen, and Macnaghten 2013;

van den Hoven 2013; von Schomberg 2011）。これは、社会的アクター*20 をイノベーションのプロセスに参加させ、デザインの段階で倫理的価値を考慮するという考え方である。しかし、ここでは倫理的な責任の問題が扱われているだけではない。参加としての自由という理想に基づけば、こうしたプロセスは政治的な義務だとも言えるのだ。自由とは、技術のユーザーや消費者としてその選択をする選択の自由だけではない。そうした場合には、自分たちが使う技術は出来合いのものとみなされることになる。むしろ自由は、自分が使う技術に関する意思決定やイノベーションのプロセスに参加する自由でもあるべきなのだ。このような自由の行使は特に重要である。技術哲学者が強調し続けているように、技術には意図せざる影響があり、私たちの生活や社会、そして私たち自身のありかたを形成するからである。いま自己統治としての自由が重要な政治原理であるとすると、AI のような技術に関しては、私たちがユーザーや消費者として技術の使用に関する個人的な自律性（と責任）を獲得するということだけでは十分ではない。市民として、技術に関する意思決定において発言し、政治的責任を持つことが重要なのである。このような参加としての自由が欠如している場合には、AI とロボティックスの未来（それは私たちの未来でもある）は、テクノクラシー的な政治家や専制的な CEO、オーナー、投資家の手に委ねられたままになってしまう。

　しかし、第二に、政治の参加者である私たちも、AI によって操作される可能性がある。選挙キャンペーンや政治生活全般において、AI が果たす役割はますます大きくなっている。たとえば、2016 年の大統領選挙のドナルド・トランプ陣営の選挙活動において、市民の操作に AI が使われたことを示す証拠がある（Detrow 2018）。データサイエンス企業のケンブリッジ・アナリティカは、ソーシャルメディア上での行動、消費パターン、人間関係などの

---

*20　ここでは活動などの当事者や参加者、動作主体などのこと。第 5 章では、役を演じる人、役者の意味を重ねて用いられる。

データを用いて有権者個人の心理をプロファイリングし、それに基づいて有権者を広告のターゲットにしていたのだ。また、フェイスブックやツイッターなどのソーシャルメディア上のボット[*21]は、人間のアカウントを装って、特定の層に向けて偽情報やフェイクニュースを拡散するために利用されることがある（Polonski 2017）。こうしたことは、民主主義（第4章参照）だけでなく、自由にとっても問題である。それは自律としての自由への脅威や監視の問題にも関連するとともに、政治参加としての自由にも影響を及ぼすのだ。

　しかし、操作に関する問題は、狭義の政治的操作、つまり、通常政治的と定義される文脈における政治的目的のための操作だけではない。スマートデバイスをあらゆる場所で、つまり、仕事だけでなく家庭でも、使うとき、私たちは自動化されたプログラムによって選択環境が形成されたスマート環境のなかで操作する機会が多くなっている。M・ヒルデブラント（2015）はこれを、心拍数を制御する自律神経系とのアナロジーで捉えている。自律神経系は私たちの内部環境（身体）を調整するが、これと同様に、自律性を持ったコンピュータシステムは、「私たち自身の幸福にとって必要ないし望ましいと推測されることを行うために」、今や私たちの外部環境を調整することができる。そして、生命機能がどのように制御されているのかを私たちが正確に知ることができないのと同様に、これらすべてのことは私たちが意識することなく起きているのである（Hildebrandt 2015, p. 55）。「社会環境が人びと相互の期待によって形成されることをやめ、もっぱらデータ駆動型の操作目標によって動くようになる」（Couldry and Mejias 2019, p. 182）という意味で、このようなことは自律としての自由と社会全体にとっての問題なのである。しかし、それは、私たちがどのような政治参加を望み、また必要としているのかについて考えさせるものでもある。私

---

*21　ボット（bot）とはロボット（robot）に由来する語で、人に替わって単純な作業を自動で行うアプリケーションやプログラムのこと。

たちは自分たち自身や（技術的に言えば）自分たちの環境に起こることを、どのようにして（再び）よりコントロールできるようになるのだろうか。哲学的共和主義や啓蒙思想が提唱する自己統治を、私たちはどうすれば獲得することができるのだろうか。

　参加としての民主主義については第4章で詳しく述べるが、自由については、政治参加としての自由の条件のひとつは教育だということができるだろう。ルソーは、今日の私たちの政治体制のような、政治参加と教育が切り離された体制を擁護するのではなく、プラトンと同じように、市民の道徳教育を提案した。ルソーにとって、政治参加としての自由という理想を実現する唯一の方法は、これである。市民がすべきことは4、5年に一度の投票だけで、あとの時間はソーシャルメディアの手に委ねられて自分たちの好きなように行動すればよいという考えを聞けば、彼はたじろいでしまうだろう。もしルソーや他の啓蒙思想家たちが、「顧客志向」（Eriksson 2012, p. 691）をする行政による「セルフサービス型政治」や電子政府においては市民は一種の消費者であるという考えや、市民は「公共サービス」の共同生産者（p. 687）ですらあるという考え——こちらは確かに参加型で市民により積極的な役割を与えるものの（p. 691）——に触れたら愕然とするだろう。ルソーはむしろ、プラトンと同様に、教育は人びとをより利己的でなく、より思いやりをもち、また他者に依存的でなくするべきだと考えた。そうすることで、道徳的な尊厳と尊敬がもたらされ、デント（Dent 2005, p. 150）が言うように「互いとの関係における完全な人間性の実現」につながるというのである。そして、このような道徳的・政治的教育によって、市民は「道徳的存在として行いたいことをそのまま行う」（p. 151）ようになり、この意味で、一般意志に従うようになるだろうと考えられた。教育に基づく道徳的自由としての政治的自由というこの理想は、操作と偽情報に支配された[22] 公共圏によっ

---

[22]　他人や社会と相互に関わりあいを持つ公共の言論の空間のことで、公論がそこで形成される市民生活の一領域をなしている。

ていまや脅かされている。AI はそのような偽りの公共圏をつくり出し、維持する役割を担う可能性を持つのだ。

　このことは、自由に関連するこの領域の別の重要な問題につながっている。何らかの消極的自由を犠牲にしてより質の高い公共の議論と政治参加を生み出すためには、ソーシャルメディアに対してより厳しい規制ないし自己規制がなされるべきなのだろうか。あるいは、言いたいことを言う自由と一般に理解されている意見表明の自由ないし言論の自由というかたちでの消極的自由は、政治参加や政治行動としての自由よりも重要なのだろうか。偽情報やヘイトを流布することは、政治参加や政治行動の一形態なのだろうか。また、消極的自由（言論の自由）を尊重しているので容認されるのだろうか。それとも、それらは全体主義（したがって消極的自由の欠如）につながりかねないし、政治や参加としての自由そのものを腐敗させるのだから、自由の対極にあるのだろうか。アリストテレスやルソーを引き合いに出して、自由の対極にあるという考えを支持して、リベラルな考え方（少なくともそのリバタリアン的解釈）*23 を批判することも可能であろう。言論の自由には民主主義の破壊を目的とする発言の自由は含まれないし、また市民はよりよい道徳的存在となるよう教育され、人間性を実現する形で政治に参加すべきなのだと主張するのである。この主張の前半が、現在の民主主義国家において言論の自由を制限する正当な理由としてきわめて広く認められたものであるのに対し、後半で主張された市民の道徳教育や政治参加については、はるかに大きな議論の余地がある。それらを実現するためには、教育や政治制度の大幅な改革と同時に、AI などのデジタル技術が媒介する公共圏の規制が必要となるであろう。

---

*23　リベラルが、国家が、国民の自由な思想や活動を認め、政府によるそれらへの介入、強制、妨害などをできる限り排除するべきという考え全般を指すのに対し、リバタリアンは、その中でも人びとの自由を最優先して、国家や他者からの介入を最小限に留めるべきという考えのことであり、自由至上主義とも訳される。

言論の自由に対する規制は、人間によってだけでなく、AIによっても行われる可能性がある。ツイッターなどのデジタル・ソーシャルメディア・プラットフォームや、従来のメディア（新聞のオンライン・ディスカッション・フォーラムなど）でも、いわゆる「コンテンツ・モデレーション（投稿監視）」[*24]にすでにAIが使われている。つまり、問題となりうるコンテンツを自動的に検出し、そのコンテンツを自動的に削除ないし格下げするためにAIが使われることがあるのである。これは、問題視された意見のブロックや、視聴者の政治的操作のために使われる偽情報やフェイクニュース（テキストや動画など）の削除のための使用法でありうる。このようなAIの使用法に対して、「この評価は（人間による評価と比較して）どの程度の精度なのか」「人間の行う評価は正しいのか」ということを問うこともできる。また、別の懸念としては、人間の判断が欠落しているときには、こうした利用法は偽情報の流布のためにAIを利用する自由を与えることになりかねないというものや、編集の判断を自動化することには説明責任に関する問題を生じさせるというものもある（Helberg et al. 2019）。

　しかし、具体的に何がいったい欠けているのだろうか。この問いは、人間の判断とAIの「判断」に関するより大きな議論に関連しており、政治的判断に関する議論からアプローチすることが可能である。たとえば、アレントによれば（1968年のカント美学の解釈）[*25]、政治的判断は、「共通感覚」、世界を共有すること、他者の立場に身を置く想像力に関係する。彼女はまた、実践的な知恵という意味で理解されることが多いアリストテレスの「フロネーシス」の概念にも言及している。この概念は、人格の道徳的性格や習慣に注目する徳倫理学で知られており、ロボティクスについて考察する

---

*24　コンテンツ・モデレーションとは、投稿されたコンテンツ（書き込みや画像、動画）を監視するモニタリング業務のこと。

*25　ハンナ・アーレント『過去と未来の間　政治思想への8試論』引田隆也、齋藤純一訳、みすず書房、1994年のこと。

際にも用いられている（たとえば、Coeckelbergh 2021; Sparrow 2021）。しかし、アレントの著作では、政治的な役割も担っている。彼女によれば、政治的判断には熟慮と想像力が必要である。アレントの影響を受けてアヴィッツランド（2019）が──政治における合理性と感情の役割に関する長年の議論を利用しつつ──主張したように、おそらく政治的判断には感情的な要素も含まれていると思われる。意識を欠き、その意味でいかなる「世界」にも属さない AIは、間主観性、想像力、感情などはおろか、主観性も持たないことを考えると、AI がそうした政治判断の能力を獲得することなどどうしてできるのだろうか。他方、人間は政治的判断力の点でどの程度優れたものなのだろうか。人間がしばしばこのような共通感覚、政治的想像力、判断力をうまく発揮することができず、私的な利益を守ること以上のことができないということは明らかである。さらに、アレントとは反対に、判断について合理主義的、自然主義的な考え方をする論者であれば、AI が人間よりも優れたはたらきをし、感情やバイアスのない、より「客観的」な判断を下すことができるだろうと主張したくなるかもしれない。トランスヒューマニストのなかには、そのような AI が人間から権力を引き継ぐというシナリオについて議論し、それが知性の歴史における次の良いステップになるだろうと主張する論者もいる。しかし、客観的でバイアスのない判断などはたして可能なのだろうか。AI も結局、常にというわけではないにしても、バイアスをもつことがあるが、この問題については、次の章でいま一度取り上げることにしよう。また、人間と同様に、AI ももちろんエラーを起こすことがある。しかし、政治だけではなく、たとえば医療の場面（診断、ワクチン接種の決定など）や道路上（自動運転車）でも、私たちは AI によるエラーの可能性を受け入れる用意があるだろうか。いずれにしても、AI がデータのパターンを提示したり確率の計算にもとづくレコメンデーションや予測をしたりすることによって、いくつかの文脈では人間の判断の手助けをすることができるということと、AI の振る舞い

が判断を構成すると主張することとは、まったく別のことである。

　しかし、本章のテーマに照らせば、ここで議論すべきなのは、AIによるコンテンツ・モデレーション（投稿監視）が表現の自由の毀損に当たるのか、また、それがまったく正当化されないのかという、自由に関する問題である。これについては、多くの警告がなされている。E・J・リャンソ（2020）は、「機械学習の進歩にもかかわらず、フィルタリングの義務化は表現の自由に対する脅威であり」、したがって人権に対する脅威である、と論じている。同じように、複数の人権擁護団体がAIの影響に対して注意喚起をしている。また国連のレベルでは、「表現の自由」特別報告者が人権法を適用して、デジタルプラットフォーム上のコンテンツのモデレート（監視）やキュレーション（整理・編集）に使用されるAIによる表現の自由への影響を評価している（UN 2018）。この報告では、世界人権宣言第19条〔意見及び表現の自由に関する権利〕との関連付けが行われている。さらに、表現の自由という狭義の言論の自由の原則を引き合いに出すだけでなく、人びとには情報を得る権利や議論する権利があると主張することもできる。たとえば、ユネスコが「言葉とイメージによる思想の自由な流れ」を促進することを主張している（MacKinnon et al. 2014, p.7）のがそれである。

　自由な議論と意見交換は、自由民主主義において特に重要である。政治哲学を用いることで、ミルの意見に賛成して、言論の自由を奪うことは知的な議論を阻害する危険性があると主張することが可能である。ミルは『自由論』（1978、原著1859）の中で意見表明の自由を擁護している。さもなければ、私たちは論理的限界まで議論を押し進める精神の代わりに、いわゆる「知的な平和」*26（Mill 1978, p.31）を持つことになるからだというのがその理由である。

---

*26　ミル『自由論』齋藤悦則訳、光文社古典新訳文庫、2012、p.82。ミルはこの箇所で、自分たちとは異なる意見に関わろうとせず、社会で主流となっている意見が波風なく維持されるような状態を「知的な平和（intellectual pacification）」と呼んでいる。

しかし、ミルにとって、意見の自由は絶対的なものではない。私たちは他人に危害が及ぶことを防がなければならない（有名な危害原則）からである。リベラルな英米の伝統では、この危害は通常、個人の権利に対する危害と解釈されている。ミルにとって、この原則が意味するのは他の個人に危害を与えないことであり、最終的にはその幸福を最大化することである。しかし、哲学的共和主義の伝統では、個人に危害が及ぶかもしれないということが問題なのではない。問題は、ヘイトスピーチや操作、偽情報が、政治参加や政治的自己実現の自由、人の道徳的尊厳、そして共通善を危うくすることである。したがって、そこでなされる危害とは、政治の可能性そのものに加えられる危害である。そして、この哲学的共和主義は、ミルの主張の少なくとも一面と相性がいいように思われる。表現の自由を持つことの意義は、表現そのものではなく、政治的議論や知的討論にある。これこそが尊重されるべき自由なのである。私たちが言論の自由を認めるとすれば、それは人の尊厳を尊重するため、そして（共和主義の観点から付け加えれば）共通善と人類のさらなる実現につながる議論を促進するためにそうすべきだからである。

　ミルによれば、議論は真理につながるべきものである。彼は、議論を通じて真理を見いだすためには、言論の自由が必要だと主張する。真理には価値があるが、人は間違っているかもしれない。誰もが誤りを犯す可能性を持っている。思想の自由市場は、真理が現れ、独断的な信念が疑われる機会を増やすものである（Warburton 2009）。しかし、操作、偽情報、反民主主義的プロパガンダは、こうした目標にはつながらない。それらは、よい政治的議論（ミルによれば、私たちが望む政治参加のあり方である）にも、自由主義的啓蒙主義や共和制の道徳的・政治的進歩という目標に持つながらないのである。もし AI の使用が、これらの目標に到達することが非常に困難になるような公共圏をもたらすのであれば、AI はこの分野では使用されるべきではない。あるいは、これらの政治的な理想を損なうのではなく、むしろ支援するような方法で規制されるべき

である。

　しかし、そのような規制を望む場合、誰が誰を規制すべきで、自由に対するどのような保障措置が必要なのかを特定することは、依然として困難である。ソーシャルメディアがはたす役割については、かなりの数の議論がある。一方では、誰がいつ検閲を受けるべきかをフェイスブックやツイッターのようなビッグテックが決定することは非民主的であると見なされている。また、より一般的に言えば、なぜ彼らがそれほど大きな力を持っているのかが疑問視されてきた。たとえば、今日の民主主義において重要な役割を担っているプラットフォーム、インフラ、出版社が、なぜ民間の手に委ねられる必要があるのか、という疑問がある。メディアを支配し、公共放送（本来は教育によって民主主義を支えるために設立された）や伝統的なメディア一般を圧倒している以上、彼らはすでに重要な政治的役割を担っているのである。この観点からすれば、規制は私たちがなしうると思われる最低限のことである。一方、政府が検閲の役割を担う場合には、それは正当化されるのだろうか、またどのような正確な基準で判断されるべきなのだろうか。民主主義的な政府は日常的に言論の自由に制限を課しているが、哲学者としては、この役割の正統性と使用される基準の両方を問題にしなければならない。また、政府が反民主主義的な政権に掌握された場合はどうであろうか。今、言論の自由の侵食を許してしまうと、権威主義的な政権が民主主義を破壊することを容易にするばかりであろう。

　また、新聞やテレビといった伝統的なメディア、少なくとも多少なりとも独立した質の高いメディアは、良い議論を可能にするために、言論の自由とモデレーションのバランスを見いだすという問題にすでに対処していたということに注意してほしい。しかし、ツイッターのような民間のソーシャルメディア企業においても、伝統的な新聞社においても、このモデレーションと検閲を「行うかどうか」や「なぜ」「どのように」「誰が」行うのかは、完全には透明になっていない。どの声が聞こえていないのか、その判断が（もしあ

るとすれば）どのように正当化されたのか、どんな手続きが（もしあるとすれば）とられたのか、誰がモデレーター（監視者）や検閲者なのかはわからないことが多いのである。さらに、今日の国内ニュースメディアが、フェイスブックやツイッターと同様に、コンテンツの自動的なモデレーションを行うことが多くなっていることに気づく。これは、公平性の問題とならんで言論の自由に関しても、同様の問題を提起している。多くの人びとが言論の自由には絶対的なものはないと考え、ある程度のモデレーションを事実上容認しているように思われるが、自由という観点からも、他の価値観や原則という観点からも、ここには深刻な問題が残されている。

　たとえば、現代の批判理論[*27]は、古典的な自由主義哲学[*28]が主張した、言論の自由と、干渉からの自由としての消極的自由の間の結びつきを、構造的不平等や権力、人種主義、資本主義を軽視している、として批判している（第3章参照）。ティトレイ（2020）は、いかにして言論の自由が極右政治のなかで人種差別的な思想の拡散のために動員されているかとか、表面的に理解された言論の自由がいかに異なる話者の間の構造的不平等をないがしろにしているかを分析している。フェイクニュースのような現象に加えてこのようなこと考え合わせると、なぜ現在のアメリカの政治状況において多くのリベラル派の人びとがフェイスブックやツイッターなどの企業に対して、ヘイトスピーチや人種差別思想、偽情報などの言論に対する規制や制限を求め、言論の自由に訴えることをアプリオリに問題視しているのかが理解できるようになる。これに応えて、言論の自由の原則それ自体が問題なのではなく、今挙げられた問題は、特にデジタルコミュニケーションの時代には、言論の自由について

[*27]　批判理論は、社会や文化に対して反省的評価を行い、権力構造の開示と克服を目指す社会理論をいう。一般に、アドルノ、ホルクハイマー、マルクーゼらに代表されるフランクフルト学派によって展開、発展された社会哲学を指すことが多いが、ポストモダンの社会理論やフェミニズム理論、カルチュラルタディーズ等も含む広い意味で用いられる。
[*28]　ここでは前述のミルの哲学などのことを指している。

の異なる豊かな理解が必要であることを表していると主張することができるだろう。そうした理解とは、より包摂的で、真理を促進し、多元的で、批判的で、現代の政治思想からの教訓も考慮しつつ、ミルの構想のいくつかの側面、たとえば自由な知的討論への信念も保持しているようなものである。そして、私たちは自動化されたジャーナリズム、AIによる検閲、フェイクニュース（フェイクビデオやその他のAIの産物など）の時代における言論の自由の意味について議論をさらに進めていく必要があるのである。

自由やその他の価値に関するその他の政治的に重要な観念

　AIによって影響を受ける自由の概念はほかにもある。たとえば、ボストロム、ソルグナー、サンドバーグなどのトランスヒューマニスト（第6章参照）は、従来言われてきた個人の自由権に「形態の自由」を追加することを提案している。ここで考えられているのは、私たちはAIだけでなく、ナノテクノロジーやバイオテクノロジーなどの先端技術を通じて、現在の生物学的な限界を超えて人間の形を作り替え、自らの形態をコントロールできるようになるということである（Roden 2015）。ここで言われているのは、人類全体のレベルでの自由であるとともに、個人の自由でもあると理解することができるだろう。たとえば、サンドバーグ（2013）は、自分の身体を改造する権利は、将来の民主主義社会には不可欠のものであり、それゆえ基本的権利と見なすべきであると主張している。同様の議論は、AIの助けを借りて自分の心を改変する権利などについても可能であろう。ここでは、伝統的な自由の概念を、新しい技術の発展に照らして再検討し、あらためて議論する必要があるというわけではない。むしろ、新しい技術は、私たちが以前は持っていなかった新しい種類の自由を与えてくれるのである。しかし、このような自由が、自律（積極的自由）や特に不干渉（消極的自由）という古典的な自由主義の概念に非常に近いものであることに注意して

ほしい。要するに、自分の人生、身体、心をどうするかは、他人ではなく自分が決めるという考えである。

　結論を述べよう。マルクスや現代の批判理論、さらにアリストテレス哲学に触発された哲学的共和主義は、古典的自由主義者や現代のリバタリアンによる、自由とは主に他者からの不干渉と分離、および（単に）心理学的なやり方で定義された個人の自律性に関わるものだという考え方に異議を唱えている。彼らはその代わりとして、より関係的で政治的な自由の概念を擁護している。それによれば、私たちは自分たちを政治的存在として自覚し、また自己統治をもたらすとともに、この平等、包摂、参加の条件を作り出すような平等な人びとからなる政治的共同体の一員となる場合にのみ、真の自由と解放を得ることができるのである。このアプローチによって、このような自由と政治に関する概念やそのための諸条件の実現を阻害ないし促進するうえで、AI（それを利用する人間）はどのような役割をはたすのか、またはたしうるのか、という問いを立てることができるようになる。さらに、こうした考え方は、個人に対する危害それ自体に焦点を当てるのではなく、代わりにそれぞれの方向性から社会全体の舵取りや組織化について問うている。たしかに干渉からの自由と内的な個人的自律性の行使は、誤った使い方をされることがあるとは言え、今日の自由民主主義において重要な原則と価値観であり続けている。これに対して前述の哲学は、AIやロボティクスによってどのような政治的自由が与えられ、あるいは脅かされるか、さらには、私たちが望む政治的自由や社会はどのようなものであるかについて議論するうえでの、興味深い別の枠組みを提供しているのである。

　しかし、AIの政治において重要となるのは、自由だけではない。すでに示唆したように、自由は民主主義、権力、正義、平等など、他の重要な政治的価値、原則、概念とも関連している。たとえば、1830年代に書かれたトクヴィル（2000）は、自由と平等の間にはトレードオフと、根本的な緊張関係があると述べている。そのうえ

で彼は多数派の専制というかたちでの平等の行き過ぎに対して警告を発している。一方、ルソーは、政治的自由の理想は市民の道徳的・政治的平等に基づいており、ある程度の社会経済的平等が必要であるとして、自由と平等が両立可能であると考えている。現代の政治哲学・経済思想では、ノージック、ハイエク、バーリン、フリードマンなどのリバタリアンがトレードオフの考えにしたがい、自由を守る必要があると考えているが、一方でハーバーマス、ピケティ、センなどの思想家は行き過ぎた不平等が自由と平等の両方を必要とする民主主義を危険に晒すと考えている（Giebler and Merkel 2016）。次の章では、平等と正義の原則に焦点を当て、AIの政治との関連性について議論することになる。

第 3 章

平等と正義：
AI によるバイアスと差別

平等と正義にかかわる問題の焦点、バイアスと差別

　デジタル技術とメディアの影響は自由だけではなく平等と正義にも及ぶ。J・ファン・ダイクは、ネットワーク技術は生産と分配をより効果的かつ効率的にする一方で、不平等の増大ももたらすと論じている（Van Dijk 2020）。「ネットワーク技術は、グローバルには、さまざまな国々が結びつき、不均等に発達する傾向を後押しする。……ローカルには、グローバルな情報インフラと直接的に結びつく部分とそうではない部分との二重経済の発生を促す」（p. 336）。このような経済発展の相違は、発展の「速度」が異なる複数の社会を作り出す。一部の人びとや国々は、これらの技術やメディアから、他の人びとや国々よりもより多くの利益を得る。このような批判は AI にも当てはまる。前章で指摘したように、ロボティクスに実装された AI は失業を生み出すかもしれず、したがって、より不平等な状態を生みだすかもしれない。少なくとも 18 世紀末から（現在まで）、さらなる自動化にむけた発展が続いてきた。AI は、この自動化革命における次のステップを可能にする。それは、少数の人びと（AI 技術やロボットの所有者）には利益をもたらし、多数の人びとには失業のリスクをもたらす。これは自由と解放の問題というだけではなく、不平等の問題でもある。これまで見てきたように、J・スティグリッツなどの経済学者は所得格差（income inequality）や社会的分断の拡大に警鐘を鳴らしている。AI の影響は社会全体に及ぶ。これらの影響を減じるための対策として、たと

えば、T・ピケティらはある一定の（高い）閾値以上の所得層に高税率を課すことを提案している（Piketty, Saez, and Stantcheva 2011）。また、ユニバーサル・ベーシックインカム*29 を提案している人たちもいる。だが、何の対策もとられなかったならば、ひどい不平等とそれに伴う貧困などの結果がもたらされるだろう。

　平等と正義について、とくに AI と関連して取り上げられるのがバイアスの問題である。他のすべての技術と同じく、AI は開発者によって意図されざる帰結を持つ。それら帰結の一つは、機械学習という形式による AI は、特定の個々人やグループ、たとえば人種やジェンダーによって定義された人びとに対するバイアスとそれらバイアスによって生じる彼らへの不利益や差別をもたらし、維持し、悪化させるかもしれないというものだ。バイアスはさまざまな仕方で生じうる。バイアスは、トレーニングデータ、アルゴリズム、アルゴリズムが適用されるデータ、あるいは技術をプログラムするチームに含まれうる。

　よく知られているのは、COMPAS の事例である。これは、アメリカ・ウィスコンシン州が保護観察について決定するために導入したアルゴリズムで、常習性（再犯傾向）を予測するコンピュータプログラムである。ある研究によると、COMPAS は黒人の被告人には実際のケースよりも高い再犯リスクを帰属させる一方で、白人の被告人には実際よりも低いリスクを推定する（Larson et al. 2016）。このアルゴリズムは、おそらく過去の決定データに基づいて訓練されたために、過去における人間のバイアスを再現し、それを増大させてしまった。さらに、V・ユーバンクスによれば、AI のような情報技術や「新しいデータ体制」は、貧しい人びとや労働者階級の人びとに利益や力を与えるのではなく、かえって彼らを困難な状況にしてしまうことが多いので、経済格差（economic equality）や正義に悪影響を及ぼす（Eubanks 2018, p. 8-9）。この新しい技術

*29　ユニバーサル・ベーシックインカムとは、最低限の生活を送るのに必要な所得を国がすべての個人に対して保障する制度のこと。

は、貧しい人びとや不利な立場にある人びとの操作、監視、処罰のために使用される。たとえば、受給の適格性があるかどうかやその結果に関する自動化された意思決定のかたちで彼らに不利益を与え、その結果「デジタル救貧院（digital poorhouse）」[*30]を生み出すことになる（Eubanks 2018, p. 12）。自動化された意思決定とデータ予測分析によって、貧しい人びとは監視され、道徳化され、処罰されたりもする。「デジタル救貧院は、貧しい人びとが公的資源にアクセスすることを阻止する。彼らの労働、支出、セクシャリティ、生殖を監視し、彼らの未来の行動を予測しようとし、命令に従わない人に処罰を科して犯罪者にする」（p. 16）。この事態は、自由を危うくするだけではなく、不平等を作り出し維持することにもなるとユーバンクスは論じる。一部の人びと、つまり貧しい人びとは、経済的価値や政治的価値が低いとみなされる。オンライン情報全般へのアクセスおよびその使用における不平等（いわゆるデジタルデバイド）に加えて、さらにこのような問題が生じるのである。たとえば、アクセスが不足することで「政治的、経済的、社会的機会が減少」することになるが（Segev 2010, p. 8）、これをバイアスの問題として捉えることもできる。ユーバンクスは、デジタル技術の使用は特定の文化、この場合にはアメリカにおける「貧困に対する処罰的で、道徳的な見方」と結びついていると分析している（Eubanks 2018）。政府による AI の実装的使用は、このようなバイアスの固定化に加担している。

　しかし、AI やデータサイエンスに関する不平等や不公平という問題は、司法システム、警察、社会福祉などの国家制度の外部でも

---

*30　救貧院は支援が必要な状態にある人びとを支援し、住居を提供する公的な施設。アメリカでも 1930 年代に社会保障制度が導入される以前には広く存在していた。ユーバンクスは「救貧院は老齢者、虚弱者、病人、身体障がい者、孤児、精神障がい者の世話をする幾分ボランティア的な施設だったわけだが、その一方で施設内の過酷な状況が、貧困ではあるが働くことのできる人びとが援助を求めて入所することを妨げていた」と特徴づけている（Eubanks 2021, p. 28）。

生じる。たとえば、銀行が融資の判断をしなければならない場合を考えてみよう。銀行は、アルゴリズムに委託することでこの判断を自動化するかもしれない。アルゴリズムは、応募者の財務経過と職歴だけではなく、その人の郵便番号や個人の過去の統計的情報に基づいて融資のリスクを計算する。仮に特定の郵便番号を持つこととローンを返さないことに統計的相関があれば、その郵便番号の地域に住む人は、本人についてのリスク評価ではなく、アルゴリズムが発見したパターンに基づいて、融資を拒否されるかもしない。本人のリスクが実際には低い場合には、これは不公平となろう。さらに、アルゴリズムは、銀行家が過去に行った判断に含まれる無意識のバイアス、たとえば有色人種に対するバイアスなどを再現してしまうかもしれない。R・ベンジャミンは、自動化された信用評価のケースを取り上げて、「スコアリング社会」の危険を警告している。スコアリング社会においては、「何らかの仕方でスコアリングされることが、不平等のデザインの一部となっており」、スコアの低い人びとは不利な仕打ちをうけることになる（Benjamin 2019b, p. 182）。また、このような不平等や不公平がある例として、ジェンダー領域からの（標準的ではない）事例も取り上げておこう。ジェンダーと事故のあいだの相関関係に基づくと、若い男性ドライバーの自動車事故リスクは統計的に高い。ここから、アルゴリズムは、すべての若い男性ドライバーは、たとえ当人の事故リスクが低くても、男性であるという理由だけで高い自動車保険料を支払うべきだと判断する。これははたして正しい判断だろうか。このほかに、データセットが不完全であるような事例もある。たとえば、C・クリアド=ペレスが論じているように、ある AI プログラムが、女性、とりわけ有色人種の女性や、障害を持つ女性、労働者階級の女性に関する十分なデータを持たないデータセットに基づいて学習させられた場合には、バイアスとジェンダー不平等についてのショッキングな事例がもたらされるだろう（Cread Perez 2019）。

　AI をベースとする検索エンジンなど、私たちの多くにとってお

なじみのものですら問題になりうる。Ｓ・Ｕ・ノーブルによれば、グーグルのような検索エンジンは人種差別や性差別を強化している。彼女は、このことを、人間が作りだし企業によってコントロールされた意思決定に由来する「アルゴリズム的抑圧」とみなすべきだとする（Nobel 2018, p. 1）。アルゴリズムと分類システムは、社会関係の「内部に組み込まれ」、またそれらに影響を及ぼしてもいる。その一例はローカルかつグローバルな人種的権力関係である（p. 13）。ノーブルは、企業が人種差別や性差別によって金を稼いでいることを指摘し、アフリカ系アメリカ人がアイデンティティ、不平等、不正義の点でいかに大きな影響を受けているかに注意を促している。たとえば、グーグルの検索アルゴリズムは、アフリカ系アメリカ人に「猿（apes）」と自動タグ付けし、ミシェル・オバマを「猿」という項目にリンク付けしていたことがある。ノーブルによれば、このような事例は侮辱的で不快であるだけではなく、「人種差別や性差別がいかに技術のアーキテクチャや言語の一部となっているかを示す」ものでもある（p. 9）。問題は、プログラマーたちが意図的にこのようなバイアスを符号化しようとしたということなのではない。プログラマーたち（および、アルゴリズムのユーザーたち）は、アルゴリズムとデータは中立的であると仮定しているが、にもかかわらず、実際にはそれらにはさまざまなバイアスが埋め込まれているかもしれない、ということが問題なのだ。ノーブルは、技術的プロセスを脱文脈的で脱政治的なものとみなす見方に対して警告を発している。このような見方は、自由市場において個々人が自ら選択するという社会概念とぴったり合っている（p. 166）。

　したがって、この問題は、単にある特定のＡＩアルゴリズムがある特殊なケースにおいて偏向し、特定の帰結を生んだということではない（特殊なケースとしては、たとえば、グーグルのような検索エンジンを利用するジャーナリストを経由した政治的影響がある〈Puschmann 2018〉）。そうではなく、これらの技術が、社会にあ

る既存の階層諸構造やそれらに勢いを与えている問題ある概念やイデオロギーと相互作用し、それらを支持していることが重要な問題なのである。ユーザーはそのことに気づいていないが、これらの技術は特定の社会的、政治的、商業的論理を支持し、特定の仕方で世界を形づくっている（Cotter and Reisdorf 2020）。オフラインの分類システムは社会できわめて強い力を持つさまざまな言説を反映している（p.140）が、同様に AI もさまざまなアイデアの周縁化や人びとへの差別や抑圧をもたらすかもしれないのである。さらに、AI の活動範囲の広さや速度の大きさを考えると、それらが劇的な仕方で拡大されることもありうる。ノーブルの議論が示しているのは、すでに存在し、ときとして増大する社会的平等と不正義との関連で、また、ある言説が他の言説よりもより大きな力を持ち、その言説がより大きな力を持つ人びとによって特定の仕方で抑圧された人びとを表現するという状況において、AI が他のデジタル技術と同様に、「社会的、政治的、経済的平等」をめざす闘いに「関与している」ことである（p.141）。

　このような緊張と闘いのために、バイアス、差別、人種差別、正義、公正、性差別、平等（ないし不平等）、奴隷制、植民地主義、抑圧などに関連した AI についての公的議論は、特定の文脈における高度に偏向したイデオロギー的議論にしばしば陥るし、またすぐにそのようなものなってしまう（たとえば、アメリカにおける人種差別についての議論がそうである）。さらに、コンピューター科学者や技術系企業が焦点を当ててきたバイアスと公正の技術的定義は、必要なものではあるが、すべての社会技術的問題の解決のためには不十分である（Stark, Greene, and Hoffmann 2021, p.260-1）。先にみたように、ノーブル、ユーバンクス、ベンジャミンのような研究者は、バイアスや差別の問題の射程範囲の広さを正しく指摘していた。

　しかし、哲学者として私たちが問わねばならないのは、AI におけるバイアスに関するこうした公的議論や技術的実践、および一般

的な文献において使用される規範的概念が何を意味するのかである。たとえば、私たちは正義あるいは平等とは何かと問わねばならない。なぜなら、この問いはAIが関与する事例にかかわる問題への答えを形づくるからである。この特定の事例にはなにか悪い点があるのか、あるのだとしたら、なぜそれは悪いのか、それについて何ができ何をすべきなのか、そして何を目指すのか。私たちの意見を正当化し、よい論証を組み立て、偏向したAIに関してよりよい議論をおこなうために、私たち（哲学者だけではなく市民や技術開発者、政治家なども含む私たち）は概念と議論を吟味しなくてはならない。この章では、この目的に対して、とくに政治哲学上のいくつかの概念と議論が大きな助けとなりうることを示す。

　最初に、AIによるバイアスや差別の何が悪いのかを明らかにするために、平等と正義に関する英語圏の政治哲学上の標準的議論の概要を示す。どのような種類の平等や正義がここで問題となっているのか、そしてどのような種類の平等や正義を私たちは求めているのかを問うていこう。読者には、複数の異なる正義と平等の諸概念について考えてみてほしい。そのあと、これら問題に関するリベラルな哲学の思考に対する二つの批判に目を向ける。マルクス主義者とアイデンティティの政治の支持者によるものである。彼らは、個人主義的、普遍主義的、形式的、抽象的思考から、階級や集団、アイデンティティに基づく思考[31]（たとえば、人種やジェンダーに基づく思考）へのシフトを論じている。彼らはまた、不利な立場にある人びとの具体的な生活上の差別やそのような差別の歴史的背景、すなわち、植民地主義、奴隷制、家父長制、虐待、ヘゲモニーの歴史[32]、資本主義社会関係などに、より注意を向けてもいる。リベラルな立場とその批判のどちらについても、私は、政治哲学的

---

*31　本章 p. 75 以下を参照。

*32　ヘゲモニーとは、政治的、経済的、軍事的に抜きん出た階級が、武力ではなくリーダーシップによって従属階級の支持を獲得し、この合意に基づいた指導権を行使する政治関係を指す概念。

な議論それ自体の概観を与えることは目的としていない。AIやロボティクスにおける、あるいはAIやロボティクスによるバイアスや差別について考えるうえで、それがどのような意味を持つのかを示すことがここでの目的である。

なぜバイアスが悪いのか（1）：英語圏の標準的なリベラルな政治哲学における平等と正義

AIがバイアスを帯びていると言われるとき、なぜそれがバイアスを持っており、なぜそれが悪いのかは、暗黙の前提となっていることが多い。哲学者は、この暗黙の前提となっている議論を明示的なものにして吟味することができる。一つのタイプの議論として平等に基づくものがある。AIに基づくレコメンデーションや判断がバイアスを帯びているとき、私たちはそのことを、人びとが不平等に取り扱われている事例として捉えることができる。ところが、平等とはどのような意味なのかについては、政治哲学上でかなりの不一致がある。平等の概念の一つは機会の平等である。普遍主義者によるリベラルな「盲目な（blind）」平等概念においては、機会の平等は次のように表される。人びとは、その社会経済的背景やジェンダー、人種的背景その他にかかわらず、機会の平等を持つべきである。

AIの文脈で、この平等概念はどのような意味を持つだろうか。就職希望者の選考にAIのアルゴリズムが使用されている場合を考えてみよう。採用基準となりがちなのは、学歴と、関連の職歴の2点だろう。この2点において点数の高い応募者は、アルゴリズムによって採用をレコメンデーションされるチャンスが大きい。つまりこのアルゴリズムは学歴や職歴が低い人びとを差別していることになる。しかし、このような場合にはふつう「差別」とか「バイアス」とは言われない。なぜなら、ここでは、すべての応募者は、その社会経済的背景やジェンダーといった基準にかかわらず、この職

に採用されるために適切な学歴と職歴を獲得する機会をみな持っていたという意味で、機会の平等は尊重されているとみなせるからである。アルゴリズムは、社会経済的背景やジェンダーなどの基準に対しては「盲目」である。

しかし、機会の平等という概念に対して疑問を呈する哲学者もいる。一部の人びと（たとえば、社会経済的背景がより悪い人びと）は、実際のところ適切な学歴と職歴を獲得するためのより小さな機会しか持っていなかった、と彼らは主張する。こうした批判者たちによれば、これらのより不利な立場にある人びとが、望ましい教育や職業経験を獲得するための平等な機会を持つことができる条件を設けてこそ、真の機会の平等だといえる。それがなされないのならば、アルゴリズムはより不利な立場に置かれた人びとを差別しており、アルゴリズムの判断は機会の不平等のゆえにバイアスを帯びていると言いうることになる。批判者たちが普遍主義者のリベラルな「盲目的」平等概念に固執するとしたら、彼らは、すべての人びとが出自や外見などにかかわらず平等な機会を持つことを要求するだろう。もしも、AIが——おそらくは善意に基づいているにもかかわらず——そのような平等の実現に役立たないならば、AIは偏向しており、そのバイアスは修正されなくてはならないというのだ。（後で見る）非-盲目的な概念から出発する場合には、不利な立場にある人びとには、より大きな教育や職業の機会が与えられるべきだという要求もありうる。また、そうでなければ、アルゴリズムは、特定の（階級的）背景、ジェンダーその他を持つ人びとを積極的に差別[*33]するような仕方で判断すべきだと主張されるかもしれない。これらはすべて、なぜAIが機会の観点から理解された平等への脅威となりうるのかを、異なる仕方で正当化している。

上での議論では、すでに二つの異なる平等概念が参照されている。一つは、（次の節でみる）階級やアイデンティティに基づくも

---

*33　積極的差別とは、少数民族や女性に対する差別状況を是正するために行われる差別のこと。これを逆差別と批判する主張もある。

ので、もう一つは機会ではなく結果（ここでは職を得ること）における平等に基づくものである。特定の階級や集団に属する人びとに対してアルゴリズムが積極的な差別をすることを求める人びとは、特定の結果を念頭に置いている。つまり、選抜された人びとについての特定の分布（たとえば女性採用者50%）とか、最終的には、社会のなかで職業がより平等に分配されて、歴史的不平等が解消された社会などである。そして、AIはこのような結果をもたらす助けとなりうる。このような考え方は、もはや機会の平等ではなく結果の平等[34]というものである。だが、結果の平等とは何を意味し、分配はどのようになされるべきなのだろうか。すべての人が同じだけ持つべきか、それとも、すべての人が最低限度は持つべきであるのか、あるいは、顕著な不平等のみが避けられるべきなのだろうか。さらに、R・ドゥオーキンが問うているように、平等はそれ自体で価値があるものなのだろうか（Dworkin 2011, p. 347）。

　英語圏の政治哲学において、平等はそれほど一般的な概念ではない。政治哲学の古典的な入門書の多くには、このテーマについての章すら含まれていない（例外はSwift 2019）。バイアスについて、またバイアスがなぜ悪いのかについての、より一般的な表現方法は、正義の概念、とりわけ公正としての正義[35]（Rawls 1971; 2001）と分配的正義[36]に依拠している。アルゴリズムによってつくられるバイアスは公正ではない、といった語り方が典型的である。しかし、公正としての正義とは何を意味するのだろうか。また、何かを再分配することが求められたとして、何が公正な分配だ

---

*34　機会の平等が、人々の競争条件を等しくしたうえで、個人の意欲や才能の違いによって生じる所得や財の格差は是認する立場であるのに対して、結果の平等とは、そうした所得や財の格差を認めず、それらの均等な再配分を主張する立場。

*35　ロールズの概念。自分についての特殊な事情（性別や地位や能力など）を何も知らず、社会についての一般的知識だけを知っているような平等かつ公正な状況（原初状態）にある者が討議してルールを決めていくことを、彼は公正としての正義と呼んでいる。

といえるのだろうか。ここでもまた、複数の異なる概念がある。ふたたび、採用選考 AI の事例を考えてみる。採用選考 AI が、学歴や職歴のような基準の考慮に加えて、郵便番号が統計学的に関連するカテゴリーであることを見つけ出したとする。たとえば、仕事を得ることと、（社会・経済的に）「よい（good）」裕福な地域に住んでいることのあいだに相関があると想像してみよう。その結果として、そのほかの条件がすべて同等であるとき（たとえば、すべての応募者が同等の学歴を持っている場合など）には、「悪い」貧しい地域出身の応募者が、アルゴリズムによって選ばれるチャンスは低くなるかもしれない。これは不公正に思える。だが、このとき何が不公正なのか。そしてなぜ不公正なのか。

第一に、統計的相関はあるものの、因果関係はないから不公正であると言うことができる。その地域に住んでいる人びとの多くは（よい教育の不足などの他の要因が働いたせいで）実際に仕事を得る機会が少ないかもしれない。だが、当該の採用選考の応募者が実際にはよい教育を受けていて、他の指標においても優れた状態にあるとしたら、この統計的カテゴリー（郵便番号Xを持つ）に属するというだけで、職を得る機会が少なくなることはないし、そうなるべきでもない。この判断は採用選考という特定の事例では無関係な基準に基づいているから、この応募者は不公正に扱われたことになる。しかし、第二に次のように考えることもできる。この地域に住む他の人びとの多くが、実際に、よい教育を受けていなかったり関連する職業経験が少なかったりして、職を得る機会が少ないということそれ自体は公正なのだろうか。私たち社会は、このような大きな格差をなぜ許容しているのだろうか。この問題は、再び、機会の

---

*36 分配的（配分的）正義とは、名誉や財貨などを各人の功績や働きに比例して配分する正義のことで、裁判や取引などで当事者の利害や得失が均等になるように調整する調整的（矯正的）正義と対比される。アリストテレスは正義を、法を守るという広義の正義（全体的正義）と、人々の間に公平が実現するという狭義の正義（部分的正盧）に分け、後者をさらに分配的正義と調整的正義とに区別した。

平等概念を用いて捉えることもできる。だが、同時にこの問題は、公正としての正義の問題として、つまり、教育の分配、職を得る機会の分配、そして実際の職業の分配の不公正として捉えることもできる。そうであれば、次の問いはこのようなものだろう。これらの状態は、なぜ、まさに、不公正なのだろうか。正義にかなった分配とはどのようなものなのだろうか。

　公正としての正義の概念の一つである平等主義的で再分配的な概念によれば、すべての人びとが同じだけのものを獲得することが求められる。ここでの話題にひきつけて言えば、社会政策と AI アルゴリズムに求められるのは、すべての人びとが職業を得るための同等の機会を獲得している状態にするか、あるいはすべての人びとが職業を獲得している状態にするかである（その場合には、最初から採用アルゴリズムは必要ないかもしれない）。この考え方は、キッチンテーブルの上か友人同士で分配的正義を取り扱うとき（たとえば、1 ホールのケーキを分けなければいけないときなど）には好んで用いられるが、政治や雇用などについて考えるときにはあまり好まれない。多くの人びとは、社会のこととなると、完全に平等に分配することは公正ではなく、功績が考慮されるべきであると考えるようである。才能のある人びとはより多くを獲得する価値があり、（私自身としては、驚くべきことであるが）世襲の富や支援は正義の問題とは無関係であると考える人びとが多い。たとえば、R・ノージックは、人びとは自分が所持するものについては自身の裁量に任されると考えている。所持物が自発的な移転によって獲得されたものである限り、人びとはそれについて権原を持っているのである（Nozick 1974）。彼は、生命、自由、財産、契約の権利を保護する最小国家を擁護しており、再分配の正義という概念は拒絶している。

　しかし、才能や世襲財産は個々人のコントロールの下にはなく運の問題であるから、それらのものは正義のための役割を担うべきではないし、それらに基づく不平等は不公正であると論じることもで

きるかもしれない。功績主義的な正義概念は、功績の対象を人びとが実際に行ったことに関係する要因、たとえば職業を得るために実際に頑張って働いたことなどに限定する。だとすると、公正なアルゴリズムとは、功績を考慮するようなアルゴリズムということになる。しかし、これにもまた問題がある。学位やその他の結果などの外面的な基準は、その人物がその結果を獲得するためにどのくらい頑張ったかを必ずしも教えてくれるわけではない。採用候補者である人物が学位を取得するために実際に何をしたのかを、私たちはどのように知ることができるだろうか。たとえば、教育歴や社会的背景を考慮すると、彼または彼女にとって学位取得は容易であったかもしれない。あるいは、（社会・経済的に）「悪い」地域に住んでいる人びとの功績を私たちはどのように知ることができるだろうか。彼らの社会的背景について、悪い結果（ここではたとえば、学位を持たないこと）の面を見ながら考慮しようとするとき、私たちは、彼らは自身の地位を向上させるために十分努力してこなかったのだと思うかもしれない。だが、実際にはまったくそのようなことはなく、それゆえ、いわゆる功績主義的概念に基づけば、彼らは彼らが得ているものよりもずっと多くのものを獲得するに値するのかもしれない。功績に基づいて理解される正義は公正かもしれないが、その実現は簡単ではない。

　絶対的に平等な分配としての正義や功績に基づく正義といった概念を拒否したとしても、他にも正義の概念はある。一つは、すべての人びとが特定の財（ここでは、仕事を得る機会）について最低限は獲得しているときに正義にかなっているとするものである。この十分主義*37の正義概念によれば（たとえば、Frankfurt 2000; Nusbaum 2000）、私たちは閾値を設定する必要がある。そのような社会においても、裕福な地域に住む人びとは、アルゴリズムに

---

*37　十分主義（sufficientarianism）とは、平等主義に対して、分配的正義の課題を個人の利益が何らかの基準となる閾値以下に落ちない程度に「十分」に所有しているかどうかに置く立場。

よって選抜される高いチャンスを持ち続ける。他方で、貧しい地域に住む人びとは、他の要因にかかわらず、仕事を得る最低限のチャンスを持つ。特定の地域に居住することと職を得ることのあいだの相関は存在しつづけるものの、その相関が決定プロセスに関連する度合いは低くなるだろう。アルゴリズムが機能する以前または以後にこのような変化をもたらすための別の政策が存在している場合か、あるいはアルゴリズムが全員に最低限のチャンス（成功の閾値）を与え、かつ、他の要因はチャンスを増加させる可能性はあるが、閾値を下回ることは不可能であるように調整されている場合かの、いずれかの場合に、このような十分主義が求める状態になる。あるいは、すべての人びとが最低限の労働時間を得る（したがって最低限の収入を得る）とか、最低限の賃金を得るという場合もありうる。

　ところが、優先主義*38の正義概念からすると、これでもまだ公正とは言えない。よい地域出身の人びとはより大きなチャンスを依然として持つだろうし、彼らが仕事を得るとしたらフルタイムで、より高収入のものだろう。優先主義者によれば、最も不遇な立場にある人びとに優先権を与えることが必要なのである。ここでの議論でいえば、（他の基準にかかわらず）不遇な立場の人びとに職を与えることや、すでに不遇な立場にある人びとの就業機会を実質的に増大させることに焦点を当てた政策が求められる。たとえば、貧しい地域に住む人びとに対しては、学歴や職歴といった関連要素において評価が低いとしても、就業機会を増加させるアルゴリズムを導入することなどがありうる。

　優先主義に対する有名な政治哲学的正当化を与えたのはJ・ロー

---

*38　優先主義（prioritarianism）とは、機会または結果における平等の達成よりも、より不遇な立場にある人びとへの利益の分配を優先することを求める立場。優先主義の立場からは、十分主義にならってすべての人々が「閾値」を下回らない状態にある場合でも、そのなかでより不遇な立場にたいして利益を分配することが求められる。

ルズである。この正当化は、才能は運の問題であるという見方にも対応しながら機会の平等を構築しようとするものである。『正義論』(1971) においてロールズは、「原初状態」におけるいわゆる「無知のヴェール」という思考実験を用いた（Rawls 1971, p. 12）*39。自分がどのような才能を持って生まれてくるか、自分が貧しい両親を持つか裕福な両親を持つか、自分が平等な機会を持つか、自分が「よい」地域に住むか「悪い」地域に住むかといったことや、自分が社会のなかでどのような社会的地位を得ることになるのかを自分では知らないという場面を想定してみてほしい。その場合、あなたはどのような種類の正義の原理（したがってどのような種類の社会）を選択するだろうか。ロールズの考えでは、そのような場面で人びとは次の二つの原理を選択するとされる。第一の原理は、すべての人びとに等しい自由を与えるというもの。もう一つの原理は、もっとも不利な立場の人びとにとっての最大の利益となるよう社会的不平等を調整し、かつ、機会の平等を生み出すというものである。不平等は、それが最も悪い暮らし向きにある人びとのための利益を最大化するのであれば、許容されうる。この後者の原理は、格差原理と呼ばれる（Rawls 1971, p. 60）。

　これらのロールズの原理からすると、郵便番号に基づいた選抜をするバイアスを持ったアルゴリズムの何が問題なのだろうか。アルゴリズムによるレコメンデーションは、社会のなかでの社会経済的資源の不平等な分配状態を反映しているとか、一部の人びとが最低限の閾値を下回っている社会を反映しているから問題なわけではない。そのレコメンデーションが、機会の平等が存在せず、かつ、不平等が不利な立場の人びとの地位を最大化することがない社会を映し出して暴露していることが問題なのである。もしもこれら二つの原理が政策に埋め込まれていたなら、郵便番号と就職の機会とのあいだにこれほど高い相関関係はみられなかったであろう。その地域

─────────────

*39　ここで挙げられた一連のロールズの正義論の概念については、巻末「読書案内」に挙げた解説書などを参照していただきたい。

に住む他の人びとは、より大きな就職の機会を得ていたはずだし、そこまで悪い社会的地位に置かれてはいなかったはずである。そうであれば、アルゴリズムは郵便番号と就職機会とのあいだには弱い相関関係しか発見できず、郵便番号は応募者のレコメンデーションにおいて今あるほどの重要な役割は持たなかったであろう。よい背景を持った高学歴の人物が、自分自身とは著しく異なる社会的地位にある人びとばかりが住む貧しい地域に住んでいるという状況は存在しないか、あるとしても少なくとも問題が顕在化するほどではなくなるだろうから、アルゴリズムによる郵便番号に基づく差別という特殊な問題も生じなかっただろうと思われる。さらに、現在の状態がきわめて不正義なものであっても、最も不遇な立場の人びとの利益を最大化するような仕方に、アルゴリズムを改変することもできる。つまり、ロールズの格差原理に沿って現実の状態を変化させるような積極的差別をするよう、アルゴリズムを変えるのである。このような「デザインによる積極的差別」は、「デザインによる公正」の特殊な形態とみなしうるであろう。

　このような積極的差別を形成する際には、プログラマーやデザイナーが潜在的なバイアス、とりわけ意図されざるバイアスの存在をまずもって認識しておく必要がある。より一般的には、差別やその他の政治に関連する帰結が何も意図されていないときであっても、デザイン上での選択が、たとえば正義や平等の点からそうした帰結を持ちうるということを意識しておかなくてはいけない。潜在的な政治的帰結についての意識を持つことや、バイアスを認識すること、そしてより一般的にはデザインに政治的・倫理的価値を埋め込むこと、こうしたことのためにはたくさんの作業が必要である。たとえば、トレーニングデータのなかにジェンダーや人種といった基準に対する明示的な言及がない場合には、バイアスの認識はむずかしいかもしれない（Djeffal 2019, p. 269）。問題が認識されていなければ、積極的差別という手段も含めた問題の解決などありえない。ここで、アルゴリズムの公正性（algorithmic fairness）に関する技

術研究が役に立つ。この研究は AI アルゴリズムを使用するときの公正性を同定、測定、向上させることを目指すものである（たとえば、Pessach and Shmueli 2020）。正しい種類の法律的フレームワークを複数組み合わせることによって、P・ハッカーが「デザインによる平等な取り扱い」と呼ぶ状態が導かれる可能性もある（Hacker 2018, p. 35）。しかし、すでに見てきたように、平等はこの問題に対する一つの切り口にすぎない。さらに、デザインは積極的差別のためにも使用されうる。その場合には、アルゴリズムの公正性の目的と定義は、ネガティブなバイアスを避けるために、結果がジェンダーや民族といった変数から独立になるようにするということではない。むしろ、そのような変数の一つ以上に対して積極的差別を作り、それによって歴史的なあるいは既存の不公正を正すことなのである。

　しかし、これから見ていくように、積極的差別という手段を提起しているのは、一般に、リベラルな哲学の伝統に属する人びとではなく、その伝統を批判する人びとあるいは少なくともその伝統の普遍主義を批判する人びとの側である。

なぜバイアスが悪いのか（2）：リベラルな考え方が持つ普遍主義に対する批判としての階級とアイデンティティの理論

　マルクス主義理論は、リベラルな哲学による正義と平等の説明が、根本的な資本主義社会の構造には触れず、形式的で抽象的な原理に焦点を当てていると批判している。リベラルな哲学の考え方によれば、形式的に自由な個々人が自発的に契約を取り結ぶとされる（本章 p. 64「ノージック」参照）。だが、実際には、このことは資本主義的条件の下で生産手段を所有する階級と、前者によって搾取される階級という、二つの階級とのあいだの分裂と階層構造をつくりだし維持している。私たちは、仮説的な立場と契約を想像するのではなく、不正義と不平等をつくりだしている物質的で歴史的な条

件に目を向け、それらを変化させるべきなのである。また、生産と分配に関する問いを脇には置くことなく、私たちが生産を組織するその仕方を変化させるべきである。この意味で、少なくとも正義が再分配的正義として理解された場合には、共産主義社会は正義を超え出ている（Nielsen 1989）。リベラル理論は、まず資本主義的生産があり、そのあとに正義の原理に従って再分配するということを主張している。そうではなく、私たちは資本主義そのものを破壊すべきなのである。利害関係のない立場から社会を評価するのではなく、私たちは搾取される階級の利害関心を擁護すべきである。また、個々人や個々人の集まりに適用される正義の原則について語るのではなく、階級と階級闘争に焦点を当てるべきである。

この観点からすると、バイアスを帯びたアルゴリズムとそれらを採用している社会が不正義とか不公正であるのは、正義や平等に関する抽象的な観念の採用と実現に失敗しているからではない。生産手段を所有する側と所有しない側という二つの階級のあいだの階層的な社会関係をつくりだす社会経済システムとしての資本主義をつくりだし維持することに加担しているから、不正義で不公正なのである。リベラル理論が提起する問題は資本主義的世界の内部で形づくられた問題である。融資や雇用の例について再び考えてみよう。どちらも資本主義の社会経済的構造のなかで生じた例であり、そこには、ある階級の人びとを、借金を抱え、搾取される不安定な社会経済的立場に置き続けようとする資本家の利害関心が働いている。したがって、バイアスは、そのアルゴリズムとか特定の社会的状態においてのみ存在しているのではない。資本主義そのものの内部に、ある者（生産手段を所有する資本家）には利益をあたえ、他の者（プロレタリアートとなる労働者階級）には不利益を与えるバイアスとダイナミズムが存在するのである。AIは搾取の手段として用いられ、労働者の代わりにロボットが使用され、職業を持たない人びとの階層が生まれている。これらによって、職を維持している人びとも、より搾取されやすい状態となる。問題はAIではなく、

私たちが「AI資本主義」と呼びうるものにある。この語は、S・ズボフによるより一般的な用語である「監視資本主義」(Zuboff 2019) よりも、AIの役割を強調したものである。この根本問題が解決されないかぎり、正義も公正もありえない。不利な立場にある人びとに利益を与えるようにアルゴリズムを調整することはできるかもしれない。しかし、結局のところそれらは単なる対症療法でしかない。真なる問題はAIとロボットが資本主義システム内部で使用されていることなのである。資本主義システムは、これらの技術を人びとの解放のためにではなく、資本家を今以上に裕福にするという利益のためだけに使用している。さらに、アルゴリズムを使用する側の人びとにはバイアスを最小化することへの動機付けなどないのだから、自由市場は時間の経過とともにアルゴリズムの差別を除去できるという信念は「根拠が薄弱である」(Hacker 2018, p. 7)。さきほどの事例でも、銀行も従業員を採用する企業も資本主義の論理のなかで営業活動を行っており、差別を減らすことが自分たちの仕事だとは思ってもいない。この点が変わらなければ、対症療法にはあまり効果がないだろう。技術やその使用法を本当に変えてしまうことは資本家にとっての利益にはならないのだから、そのような変化に対するインセンティブを資本家側が持つことはないのである。

　そうであれば、このマルクス主義理論の観点によれば、労働者やその他の人びとがシステムに抵抗しAI駆動型の資本主義と闘うことが重要である。しかし、一つの問題は、AIが使用されていることや、ましてやAIが人びとを分類し差別していることなどを労働者たちが知らないことが多いことだ。バイアスをつくりだすのにAIが働いていて貢献していることは目につかない。さらに、AI資本主義が労働者に与える影響は均等ではない。ある職業は、他の職業よりもより不安定である。とはいえ、あらゆる職業が、多かれ少なかれより不安定な状態になってきてはいる。A・アズマノヴァは、「不安資本主義 (precarity capitalism)」を提唱し、「経済的・

社会的不安定が私たちの社会の中心的特徴になってきた」と主張している（Azmanova 2020, p. 105）。このような状態は、不安やストレスをもたらすのである（Moore 2018）。熟練を要し、高収入の職業を持つ人びとであっても安全ではない。しかし、ある職業は明らかに他の職業よりもより不安定である。そしてある労働者たちとその自己（selves）は、他の人たちよりも数量化されている（第5章参照）。このことは、現代の資本主義の心理的帰結もまた不平等な仕方で分配されていることを意味している。ある人びとは、他の人びと以上に「遂行すべき義務を内在化した不安な自己」を形成しており（Moore 2018, p. 21）、他の人びと以上に機械に取って代わられることへの恐れを抱いている（p. 15）。低い地位にいる労働者がオプトアウトする可能性すら与えられずに監視の目に強くさらされているのに対し、高い地位にいる労働者は、たしかに彼らのデータも搾取されてはいるものの、より保護された状態にある（Couldry and Mejias 2019, p. 191）。だれもが実存的に、社会・経済的に、そして心理的に傷つきやすいのだが、ある人びとは他の人びとよりも傷つきやすいのである。さらに、AI の受容の仕方には文化的な差異がある。ある文化は他の文化よりも AI（および技術一般）に対してより積極的な態度を持つ（このことは AI 規制、とくにグローバルレベルでの規制に関連する問題にも影響を与える。結論でこの点を取り上げる）。これらのことを総合すると、ある人びとは、彼らが技術関連の問題を全く認識していないとしても、他の人びとよりもより強く AI 資本主義に反抗するよう動機づけられていることになる。このことは、一つの階級（ないし階級意識）のもとでの労働者の広範な連帯というマルクス主義の理念に対して疑問を投げかける。

　しかし、社会変革は、人間たちの行動や労働だけに関わるのではない。AI などの技術は、システムの深い部分となっている。N・ダイアー＝ワイスフォード、A・M・キューセン、J・シュタインホフは、最も傑出したマルクス主義技術分析の理論家であるが、彼ら

の著書『人間ならざるものの権力』（*Inhuman Power*, 2019）では、AIは資本主義下の労働者の疎外の頂点とみなされるべきだと論じられている（Dyer-Witheford, Kjosen, and Steinhoff 2019）。AIは自律的な資本家の権力を象徴し、商品化と搾取をもたらす。これは、（前章でみたように）自由の問題でもあるが、深い不平等と不正義を作り出す資本主義の問題として捉えることもできる。また、他のさまざまな政治的な価値の問題でもありうる。たとえば、H・フランクファートの議論によれば、経済的不平等は民主主義にとっての問題でもある。「とりわけて裕福な人びとは、それほど裕福ではない人びとよりも大きな優位性を持つ。彼らは、その優位性を、選挙や規制といった手続きに対して不適切な影響を与えるために利用することになるかもしれない」（Frankfurt 2015, p. 6）[*40]からである。

　フランクファートのようなリベラル論者は、不平等「それ自体は、私たちの最も本質的な課題ではありえない」と述べる（Frankfurt 2015, p. 5）[*41]。しかし、マルクス主義者にとっては、不平等が民主主義に与える影響だけが問題なのではなく、資本主義者の搾取と結びついた不平等それ自体が問題なのである。さらに、（左派の）リベラル論者は、生産手段（ここではAI）について何も語らないまま再配分を要求しようとするが、マルクス主義者にとっては生産手段こそが重要である。たとえば、ダイアー＝ワイスフォードは、AIと資本家とは絡み合っているのだから、社会変革は技術だけではなく社会・経済システム全体の変化を必要とすると述べている。だとすると、逆説的ではあるが、プロレタリアートが資本家に対して行動を起こそうとすると、AIを使用しなければな

[*40] 「ずっと豊かな人びとは、あまり豊かでない人びとに比べ、顕著な優位性を持っている——その優位性を活用することで、彼らは選挙プロセスや規制プロセスに対する不適切な影響力を行使できるようになりかねない」（Frankfurt 2015, 邦訳 p. 14）。

[*41] 「格差の削減はそれ自体が私たちのもっとも基本的な目標とは成り得ない」（Frankfurt 2015, 邦訳 p. 14）。

らないのと同時に AI に反抗しなければならないことになる（Dyer-Witheford 2015, p. 167）。おそらくこの点は、生産手段の再編成が必要であるというマルクスの見解に関して H・マルクーゼが書いていることを参照するのが理解しやすいであろう（Marcuse 2002）。マルクスによれば、生産は直接的生産者によって組織されるべきである。しかし、技術が「労働者階級を一体化させる政治的領域における支配と団結の媒体となる」場合には、「技術構造それ自体の変革」が必要になるとマルクーゼは述べている（p. 25）。

これは技術そのものを変化させる必要があることを示唆している。しかし、大部分のマルクス主義者は生産手段の所有にのみ焦点を当て、技術そのものは疑問視しない。C・フックスによれば、真に正義にかなった社会はコモンズベースの社会でなくてはならない[*42]。つまり、情報が商品ではなく共有物（common good）であり、コミュニケーションの条件は共通管理されるべきなのである。資本家は共有財を包摂しようとする。フックスは、そうではなく、労働者が「経済的生産手段としてのコミュニケーション手段の集合的管理を獲得するべきであり」（Fuchs 2020, p. 310）、フェイスブックのようなプラットフォームは市民社会ベースの協同組合であるべきだと提案する（p. 311）。フックスはこの「共有物としての情報と商品としての情報のあいだの敵対性」を、正義と平等という観点から捉える。「もし商品という形態が不平等を含むのであれば、真に公正で民主的で正義にかなった社会は共通財をベースとする社会でなくてはならない。通信システムについて言えば、通信システムが共有の財であることが、人間性、社会、民主主義の本質と一致していることを意味する」（p. 28）。同様に、AI とデータが、通信技術と情報として理解された場合には、それらはマルクス主義の意味における生産手段とみなせるから、資本家によって管理されるの

---

*42　コモンズベースの社会とは、社会の中の財が、市場で交換される商品ではなく、人々の共通の財、つまり共有物であることを基本とする社会のこと。

ではなく、共有物として保有されるべきである。さらに、トランスヒューマニスト[43]（フックスはこれを「ポストヒューマニスト」と呼んでいる）による AI への技術的楽観主義的で技術的決定論的な見方を疑うこともできる。彼らは、「新しい技術の出現によって社会と人間性は革新的に変化し」（p. 21）、この変化は必然的に善いものであると想定しているようである。フックスは、このような見方は社会の中の階級や資本主義の重要性を無視しており、民主主義と平等の代わりに、ロボットによる人間の代替と権力の集中を導くことになると警告している（p. 82）。さらに、新しい情報通信技術は必然的に進歩的であるという考え方は、それらの出現に対する「敵対的条件」と「グローバル資本主義の残酷性に埋め込まれたもの」（Dean 2009, p. 41）を否定することである。

　正義と平等に対する古典的自由主義哲学に批判的な立場で、アメリカで現在非常に人気のあるアプローチは、社会・経済的カテゴリーではなく、人種やジェンダーといったアイデンティティに関係するカテゴリーに焦点を当てている。このアプローチは「アイデンティティの政治」と呼ばれることもある。このフレーズ自体がきわめて政治性を帯びており議論を呼ぶものではあるが、それは「ある社会集団のメンバーが共有する不正義の経験に基づいた幅広い政治的運動や理論化」を指す（Heyes 2020）。もしアイデンティティの政治が自由、正義、平等といった政治的原則を使用することがあるとすれば、それは、それらの原則を、アイデンティティと歴史という観点から定義された特定の集団のために確保しようとするためである。リベラル哲学の伝統に属する論者は普遍主義的スタンス（たとえば、万人のための正義、万人にとっての平等を要求する）をとるが、これに対してアイデンティティの政治を支持する人びとは、

---

[43]　トランスヒューマニズムは、新たな科学や技術を用いて、人間のさまざまな能力を増強し、生物学的な限界を超越する必要性を説く立場。論者たちは、人間が病気をしないように、可能であれば、死なないようにさえしようと考える。

女性、有色人種、LGBT＋の人びと、先住民、障害者といった特定の社会集団がうける周縁化や抑圧をとめるためには、普遍的な要求では十分ではないと主張する。これらの問題に取り組むために、彼らは政治的関心の中心に（集団的）アイデンティティを据える。これは、ロールズの言う無知のヴェールを取り払うことともいえる。抽象的な個人とそのような個々人からなる社会に関する遠隔的な思考実験に従事する代わりに、特定の集団（の人びと）への不正義の具体的な現実と歴史に目を向けるよう彼らは私たちに促す。マルクス主義と同様に、彼らは、抽象的な普遍主義者の概念に訴えるのではなく、不正義を生み出す社会構造を変え、具体的な歴史的現実に目を向けることを望んでいる。しかし、彼らがそうした要求をするのは、特定の社会経済的階級が不利な立場にあるからとか資本主義が問題であるからという理由からではなく、特定のアイデンティティで定義された集団が現在あるいは歴史的に不利な立場にあるという理由からである。さらに、差異の政治と組み合わされて正義が要求されるときには、アイデンティティや差異を無視した普遍的な人類への包摂が目的とされているのではなく、これらのアイデンティティや差異そのものが尊重されることが目的とされている。これは同時に、普遍的な「私たち」について語るのではなく、特定の集団やこれらの集団に属する人びとを承認することでもある。F・フクヤマの説明によれば、ヘーゲル以来、政治学は承認と結びついてきたが、いまや「人間性の共有に基づいた普遍的承認では十分でない。とりわけ過去において差別を受けてきた集団にとってはそうである。こうして、現代のアイデンティティの政治は集団的アイデンティティの承認の要求をめぐって展開されることになる」（Fukuyama 2006, p. 9）。これらのアイデンティティは歴史的に状況づけられ、局所的に構成されている。そしてしばしば特定の抑圧や不正義の形態に対抗して現れる。

　今日、この政治学の形態は、リベラル左派のあいだで人気がある。ダイアー＝ワイスフォードが「ポストマルクス主義」と呼ぶこ

の立場は、マルクス主義理論を、全体主義的、還元主義的な立場として斥けている。また、マルクス主義は、家父長制と人種差別主義を無視し、文化的多様性を否定していると主張する。ポストマルクス主義者は、差異、言説、アイデンティティに注目し、革命についてではなく民主主義について語る（Dyer-Witheford 1999, p. 13）。この点は部分的にはポストモダン政治学と連続性があるようにみえる。資本主義に対抗し連帯のビジョンを提示する代わりに、差異とアイデンティティが強調されはじめるようになった。これらの強調は資本主義に真に対立するものではなく、たとえばファッションの形態のようにたびたび資本主義と容易に共存する（Dean 2009, p. 34）。同様に、ポストモダンによる流動的で高度に個人的なアイデンティティの強調は、ネオリベラルのイデオロギーと高い融和性を持っていた。しかし、部分的にせよ、ポストマルクス主義はポストモダンの政治学以上のことも主張している。彼らは、階級と社会経済的カテゴリーに焦点を当てるのではなく、普遍主義を拒絶するとはいえ、不正義の歴史的形態についての認識をもち、闘争、抵抗、組織的変革といったマルクス主義のレトリックをふたたび取り上げているのだ。

　ポストマルクス主義にとってAIによるバイアスと差別に関連する規範的な問題は次のようなものになる。これら技術や技術を使用する人びとが、どのような特定のグループに対して差別的であるのか。どの承認への闘争がAIによって脅かされているのか。女性に対してのバイアスは存在しているか。トランスジェンダーの人びとに対しては、黒人の人びとに対しては、障害のある人びとに対してはどうか。AIとロボティクスの領域で人種に関する有名な議論として、ベンジャミンのものがある。彼女は、これらの技術は政治的に中立ではなく、差別や不平等、不正義をさらに深めていると論じている（Benjamin 2019a, 2019b）。アメリカにおける人種差別の歴史（および不幸なことにしばしば現在）の文脈について述べるなかで、彼女は、不正は黒人という特定の集団に対してなされると主張

する。この観点からみると、今話題にしているバイアスを帯びたアルゴリズムにおいて問題なのは、このアルゴリズムが中立ではなく組織的に黒人に不利益をもたらしていて、それゆえ既存の不平等を再生産し、「相互連動するような形態の差別」（Benjamin 2019b）に加担していることである。とりわけ問題なのは、人種的バイアスに加担していることである。一方で、J・リーによれば、多くのコンパニオンロボットやスマートドールの外見は「白人性を標準化している」（Rhee 2018, p. 105）。このような議論は、技術は中立的であるという道具主義者の見解を弱体化させ、技術は中立であるという物語、あるいは、デジタルは「公平な遊び場」だとか「不平等が矯正される場」（Benjamin 2019b, p. 133）であるといった物語（これら物語はしばしば企業世界からやってくる）に強く抵抗する。切り離された普遍主義的な立場からではなく、人種やアイデンティティというレンズを通して問題を見ることによって、このようなポストマルクス主義の議論ができたのだ。

　この本の冒頭でみた不当逮捕の例をもういちど考えてみよう。ベンジャミンや彼女と同様にアイデンティティの観点を持つ人びとにとって、この事例（そしてこれと類似した他の事例）の問題は、一般的で抽象的な「ひと」や「市民」が不当に逮捕されたということではない。そうではなく、黒人男性が、黒人であったがために逮捕されたということが問題なのである。これは人種差別である。あるいは、アメリカでの人種差別による暴力に対して十年にわたって闘われた抗議運動の文脈で使用されるスローガンに従えば、アイデンティティに基づく議論の焦点は、「すべての命が大切だ（all lives matter）」ではなく「黒人の命が大切だ（black lives matter）」にあると言いうる。ベンジャミンのような考えを持つ人びとは、古典的自由主義理論の高尚な「白い」観点からではなく、人種のレンズを通じて、地上で現実に起こっていることを見ることを好む。彼らの指摘によれば、普遍主義者の考え方は、正義にかなった平等主義的な社会をつくるために有効なものではなく、（たとえば白人や男

性などの）特定の集団にのみ貢献してきた。普遍主義的原則に訴えるかわりに、ベンジャミンはたとえば、「黒人の人種的伝統をもとにした」「解放的な想像力」によって、「科学技術ビジネスの現状としてのテクノ・クオ（techno quo）*44 に対する代替案」を想像することを求める（Benjamin 2019b, p. 12）。ここでの政治的想像力は、正義や平等という抽象的概念に訴えることではなく、特定の（集団とアイデンティティの）歴史によって育まれるのである。

　アイデンティティに基づく考え方の決定的に重要な側面は、歴史的背景への言及である。たとえば、人種的アイデンティティに関しては、アイデンティティの政治の擁護者は奴隷制と植民地主義の歴史的恐怖を指摘している。このような言及は少なくとも二つの両立可能な方法によってなされうる。一つの方法は、アメリカの黒人たちに対してなされている現在の不正義についての主張である。この不正義は、公式的には奴隷制や植民地主義として認識されていないかもしれないが、（まるで一種の抽象的な信念体系にすぎないかのような）人種差別主義に由来するだけではなく、奴隷制や植民地主義による抑圧と人種差別的実践という具体的で衝撃的に悪しき歴史的形態の継続なのだというのがそれである。したがって、AI のバイアスを矯正することは、人種差別との闘いや、これらの抑圧形態を——部分的にではなく——全面的に廃止し、未来への継承を阻止することに寄与する方法となる。（新）植民地主義に焦点を当てた批判も、このような歴史的視点を採用している。たとえば、N・クドリーと U・A・メヒアズは、現在の不平等は、少なくとも「私たちが、自分自身がつくりだしたデータを使用することを通じて搾取されている」という意味では、帝国と搾取という歴史的形態の継続物であるとし、この点を表現するために「データ植民地主義」という言葉を使っている（Couldry and Mejias 2019, p. 107-8）。人びとの

---

*44　予測的警察活動（p. 17 訳註 *8 を参照）などの技術が、通常の科学技術業界のなかで、差別や偏見を埋め込んだままで現状維持されている状態をさすベンジャミンの用語。

データ、労働、そして最終的には社会的関係（p.12）が、資本主義によって専有されている。さらに、ある場所における（特権を持った人びとによって）AIの使用は、どこか遠くの場所における労働と搾取に依存している。たとえば、機械学習の訓練は、このような搾取の形態を含みうる。

　歴史的視点はまた植民地主義というテーマを私たちにもたらす。歴史的な植民地主義を背景に、新植民地主義の危険（それは現実かもしれない）に言及することで、現行のAIやその他の技術的実践を批判的に考察することができる。たとえば、リベラル理論が目を向けている普遍的な人間や個々人が実際には豊かな西洋社会に生きる人びとのことを表していて、グローバル・サウス*45の利害関心やアイデンティティが無視されていることが懸念される。このような懸念は、たとえば、社会経済的な不平等と不正義に訴えるならばリベラリズムの枠組みで、労働者の抑圧や資本主義内部での地政学に訴えるならばマルクス主義の枠組みで捉えることも可能である。だが、同様の懸念を、アイデンティティや植民地主義といった点から捉えることもできる。たとえば、ある意見記事は、強大なシリコンバレーの技術企業による貧困諸国の帝国主義的搾取としての「デジタル植民地主義」について語っている（Kwet 2019）。同じように、「AIによるアフリカ侵略は植民地時代の搾取の再来である」とも言われている（Birhane 2020）。AIによる侵略は、（出生証明書などの文書を持たないためにその国の生体認証システムから排除される人たちなどの*46）少数派の人びとに不利益になるようなやり方で、その土地のニーズや利害関心を無視し、また歴史的バイアスを永続させてしまうのだが、これはその大陸を「アルゴリズム的植

---

*45　アフリカ、ラテンアメリカ、アジアの新興国を指す。途上国とほぼ同義で、グローバル・ノースと対比的に用いられる。

*46　A・ビルハネは、ケニアでの例として、国民生体認証システムへの登録のためには国民IDカードや出生証明書などの提出が必要であるが、そういった証明書類を持つことが歴史的に難しかったマイノリティの人々は、システムから排除されていることを挙げている（Birhane 2020）。

民地化」するにも等しいというのである（これらの問題のいくつか
は、技術移転の観点からとらえることもできる。技術移転は、発展
途上国における非民主的な実践を持続させてしまうことも多い。ま
た、特定の集団に対する植民地主義と不正義の形態とみることもで
きるし、人間の権利の侵害の観点からとらえることもできる）。

　歴史を持ち込む方法には、先ほどの方法とも両立可能なもう一つ
のものがある。歴史を利用して、現在の不正義は、歴史的な不正義
よりは悪くないかもしれないが、将来においてはより悪い抑圧の形
態となるかもしれず、そこに達する前に止める必要があるのだと警
告するという方法がそれである。こちらの方向では、現在の人種差
別や抑圧形態は、特定の人種的背景を持つ人びとを組織的に抑圧し
搾取する社会、言い換えると植民地と奴隷の思考に基づく社会を必
然的に導くとみなされている。これこそが、AI における人種差別、
そして AI を通じた人種差別を阻止しなければならない理由であ
る。ジェンダーに関して考えてみると、AI におけるジェンダーバ
イアスは歴史的な抑圧や家父長制度の形態が継続したものであり、
かつ、新しい抑圧や家父長制の形態を導きうる問題とみなされる。
たとえば、言語やインターネット上の特殊言語コーパスには、バイ
アス（たとえば、医師のような特定の職業と男性を結び付けるバイ
アス）が存在しうる。このバイアスが自然言語処理のための人工知
能やデータサイエンスのためのツールに入り込むと（Caliskanm
Bryson, and Narayanan 2017; Sun et al. 2019）、テキスト内に現れ
る歴史的バイアスを永続させ、かつ将来的に悪化させる可能性があ
る。

　しかし、しばしば焦点となるのはやはり歴史的バイアスの継続で
ある。たとえば、K・クロフォードと R・カロは、ネイチャー誌上
で予測的警察活動についてコメントする際にアイデンティティの政
治という言葉を使用している（Crawford and Calo 2016）。彼らは、
どれほど「AI システムが、人種、ジェンダー、社会経済的背景と
いった要因により、すでに不利な立場にあるグループに対して不釣

り合いに影響を及ぼしているか」を調査することが必要だと述べている（Crawford and Calo 2016, p. 312）。また、前世代からのバイアスを継承している男性ばかりで構成された技術開発者チームが持つバイアスのせいで、AIが女性に対するバイアスを表すことになるかもしれないということもしばしば主張されてきた。このように、これらの参照点となるのは、特定集団に対する歴史的、かつ現在の差別の形態である。この形態は、たとえば社会経済的な基準によってではなく、（人種、ジェンダーなどの）アイデンティティの観点から特徴づけられる。いまこの場で生じている差別と抑圧の個々の事例は、特定の集団に対する歴史的差別という光の下で見られ、アイデンティティの観点から定義され、そしてそのアイデンティティと歴史との承認を得ようとするのである。歴史的視点はマルクス主義とも共有されているが、しかしここでは焦点は、特定の社会経済的階級の利害関心の擁護し普遍的解放という目標を促進すること（マルクス主義）から、アイデンティティによって定義された特定集団の現在の関心や歴史、未来へと移行している。

これと同じような歴史に基づく議論は、ロボットを「奴隷」として使用し理解することに対しても展開することができる。ロボットを奴隷として使用することを支持する議論は、そのことによって人間に対する搾取を止めることができるとする。J・J・ブライソンは、ロボットに権利を与えることに反対して、ロボットは法律的に奴隷とみなされるべきだと主張している（Bryson 2010）。そうであれば、L・フロリディが提案しているように、奴隷の所有者が損害の責任を負うとしているローマ法に基づいて法的問題に対処することができるかもしれない（Floridi 2017）。しかし、前章で示唆したように、ロボットを奴隷と考えることは、何かしら間違っているように思われる。この点について、アイデンティティの政治の観点から、マルクス主義による反論とは別の、あるいはそれに加えて使える議論を提供することができる。奴隷制度や特定集団に対する差別という歴史的背景を踏まえると、ロボットを奴隷とみなす立場に

対して、主人と奴隷という観点からの思想史や、特定集団の周縁化や排除の歴史を永続させることになると反論することができるだろう。ロボットが奴隷として使用されていても人間に害はない。だが、社会関係に関するこの種の言説や考え方には根本的な問題があるのだ。したがって、ロボットを奴隷とみなすことに反対する立場は、普遍主義的なリベラルの立場によっても支持されうる。また、たとえば覇権主義的な資本主義の社会的関係に対する異議として、マルクス主義の考え方によっても支持されうる。また、ロボットの奴隷化を特定の（人間の）集団の歴史的、現在的、そしておそらくは将来の周縁化と結びつけるアイデンティティの理論によっても支持されうる。今日奴隷であるのはロボットたちだが、もしかすると明日には他の集団にも拡大されるかもしれない。さらに、この議論の範囲を動物に拡大することもできる。人間ならざる（non-human）動物たちに対する私たちの態度は奴隷制度の一形態ではないのだろうか。人間ならざるものたちに関する政治については第6章で詳細を述べるが、ここでは興味深い点のみを指摘しておく。それは、これらの批判がみな、次の見解を共有しているということである。つまり、奴隷に関するギリシアやローマの考え方も、この種類の社会的階層構造を前提したり支持したりしている哲学史上のその後の展開も、覇権主義や植民地主義の思考形態を継承しているために、技術の規範的評価のためのよい資源にはならないということである。AIの使用と発展と同時に生じる政治的排除と支配の言説に対して批判的に研究することが重要なのである。

アイデンティティ思考は、政治哲学その他において論争点であり続けている。アイデンティティ思考としばしば親和的であるフェミニスト理論においてさえ、女性的なアイデンティティが何を意味するのかについて、たとえばそれは本質的なアイデンティティなのか、それとも行為遂行的（performative）な観点から理解されなくてはいけないものなのか、といった議論がなされてきた（Butler 1999）[47]。現代のフェミニストは、「偏狭な承認の政治」や、被害

者としてのアイデンティティに基づく政治を超えて、「より広い多様性の政治」（McNay 2010, p.513）や自由を可能にする生活形態の創造（p.514）に参画するポスト・アイデンティティの政治を求めている。たとえば、L・マクネイは、政治をアイデンティティに還元することに反対している（McNay 2008）。予想されたことではあるが、アイデンティティの政治は、リベラルとマルクス主義の両方の立場からも批判されている。マルクス主義者からは、アイデンティティの政治の支持者は、根底にある経済に注意を払わずに上部構造（文化）のみに目を向けているために、周縁化された集団に焦点を当てながらも、不平等を生み出す一般的な経済構造を無視し資本主義の論理に縛られたままになっているとの非難が投げかけられる。マルクス主義者は、資本主義の下での社会経済的不平等を分析し、それに異議を申し立てるために、「階級」というカテゴリーを好んで使用している。また、フクヤマは、アイデンティティによって導かれる社会は、さまざまなアイデンティティの区分に分断されてしまうため、熟議と集団的行動がむずかしくなると警告している（Fukuyama 2018a）。彼はまた、右派は、たとえば白人男性を被害者化するために、同一の言語を使っているが、左派は「一連のアイデンティティ諸集団」へと分裂していると指摘している（Fukuyama 2018b, p.167）。フクヤマは、このような民主主義の状態において、私たちは「人間の尊厳についてのより普遍的な理解に立ち戻る」必要があるとしている（p.xvi）。

　バイアスと AI について考えることは、このような議論とその政治的文脈（たとえば、ブラックライブズマター運動*48 など）とに密接に関わる。バイアスと差別をどのように捉えるかは、哲学的に問題であるだけではなく、実践においても大きな問題である。アルゴリズムに普遍的な正義原則を埋め込むべきだろうか。それとも、

---

*47　ジュディス・バトラーによるパフォーマンス概念については第 5 章参照。
*48　本章の p.58 を参照。

特定集団へのバイアスに焦点を当てて技術やその他の方法での積極的差別の手段を講じるべきだろうか。私たちは言語コーパスに現存する歴史的バイアスを受け入れるべきだろうか（たとえば、インターネットから取り込んできたデータは社会のありのままを映したものであり、この意味で、データとアルゴリズムは「中立」であるべきだと主張するべきか）。それとも、アルゴリズムはけっして中立ではなく、バイアスを持っていると主張し、アルゴリズムのバイアスを修正して、歴史的に不利益を被ってきた集団に対するバイアスがより小さくなるような社会を目指す効果的な貢献をすべきなのか。この二つのタイプの議論は両立するのだろうか、それとも通約不可能なのだろうか。これら両者の規範的理論的側面を、実践に埋め込むことはできるのか。もしそうだとしたら、どのような潜在的緊張が生じうるだろうか。

結論：AI は政治的に中立ではない

技術哲学からみれば、技術は道徳的にも政治的にも中立ではなく、中立ではありえないことが分かっている。このことは、一般的にすべての技術において言えることであり、AI とデータサイエンスについても当てはまる。T・マッツナーのように「人間のバイアスによって絶えずだめにされることがないなら、アルゴリズムは中立的でありうる」と考える人たちもいるが（Matzner 2019, p. 109）、この考えは間違っている。人間と機械の関係はもっと複雑である。人間と AI の関係についても同じである。AI アルゴリズムはけっして中立ではなく、社会におけるバイアスと、アルゴリズムとデータサイエンスのプロセスから帰結するバイアスの両方を評価する必要がある。同様に、L・ギテルマンと V・ジャクソンが論じているように、データそれ自体も中立的、客観的、「生（raw）」なものではない（Gitelman and Jackson 2013）。それらは、解釈やキュレーション、知覚——そこには感情も含まれる——が深くかか

わった「知識生産の操作によって生み出された」（Gitelman and Jackson 2013, p. 3）ものである（Kennedy, Steedmen, and Jones 2020）。すでに述べたように、たとえば、AI に使用されている言語コーパスのなかにはバイアスが存在しうる。言語それじたいにバイアス、たとえばジェンダー的バイアスが埋め込まれていることもある。英語の "man" という言葉の使用法を考えてみると、この言葉は男性を指すだけではなく、人間という種一般を指すことに使用されている（Criado Perez 2019, p. 4）*49。さらに、すでに示唆したように、データを扱うチームも中立的ではない。チームを構成する人びとがバイアスを持っているかもしれないし、チームが民族や政治的意見に関する多様性を欠いているかもしれない。たとえば、チームがほぼ白人男性のみから構成され、彼らが、アイデンティティの政治に対する特定の意見も含めた、ある政治的意見を共有しているときがそうである（Criado Perez 2019, p. 23）*50。技術もまた、中立的でも非政治的でもない。技術的な専門知だけでは、倫理的、政治的議論を解決することはできない。また、技術企業は、独自のポリシーをそれぞれ持っている。たとえば、D・マレーによれば、グーグルなどのシリコンバレーの企業は政治的に左派（より正

---

*49　英語の "man" のような本来はジェンダー・ニュートラルな総称が、多くの場合に男性を指すものとして解釈されている。また「医師」や「教師」にたいして、女性の場合のみ「女医」とか「女教師」といった語が使用されるなど、言語それじたいに男性を基準とする考え方が組み込まれている（クリアド=ペレス邦訳 p. 12-19 参照）。

*50　クリアド=ペレスは、2016 年のアメリカ大統領選挙のさいの白人男性による「アイデンティティの政治」への反感の例を挙げつつ、白人男性たちは、自分たちも「白人」や「男性」といったアイデンティティを持つということを意識せずに、「アイデンティティ」とは「黒人」や「女性」などの白人男性以外の人間に該当する言葉であると考えがちであると指摘している。彼らは、アイデンティティの政治とはもっぱら人種や性別といった問題のみにかかわる運動であり、自分たちがかかわる経済などの「より広範な」問題とは関係がないと主張する（クリアド=ペレス邦訳 p. 36-40「軽視されるアイデンティティ」を参照）。

確には左派自由主義）であり、従業員もそうであることが期待されている（Murray 2019, p. 110）。ただし、たとえば従業員の多様性などをみると、その教えは常に実践されているわけではない。また、アマゾンやウーバー（Uber）のような情報技術企業（テック企業）では、従業員の働きぶりを AI とアルゴリズムを用いて監視している。アマゾンは生産性の低い労働者を自動的に解雇するために AI を使用しており（Tangerman 2019）、ウーバーのアルゴリズムはドライバーをランク付けし、それに基づいてどれだけの給料を支払うのか、さらには解雇するかどうかを管理している（Bernal 2020）。このような実践は、搾取的であり、その限りで彼ら企業の政治的言説とはかけはなれている。また、倫理的ないし政治的に中立的とは言いがたい。最後に、すでに前章で述べたように、AI のサービスは、技術企業の身近な環境やその市場を超えたグローバル・サウスの人間の労働者に依存している。しかし、労働者は自らの労働に対する公正な報酬を受けていない。

　AI、データ、技術を扱う人びとや組織の非中立性を踏まえると、これらの技術的操作や実践、解釈、受容は評価される必要がある。しかし、どのような根拠のもとで規範的評価を行いうるのかという いかに（how）の問いは解決されないままである。それゆえ、私たちが、規範と関連する諸概念について議論をすることは非常に重要である。この章の内容に即して言えば、バイアスや差別、正義（ないし不正義）、平等（ないし不平等）などの概念によって私たちは何を意味しているのか、そしてなぜそれらがまさに問題であるのかについて、私たちが議論することが重要なのである。本章では、前章の「自由」に加えて、AI を評価するための規範的で、政治・哲学的な概念的フレームワークのもう一つの部分である、平等や正義といった概念に基づく部分を紹介してきた。これによって、AI の政治に関する議論が、AI 技術が開発され使用される場面でも形成されることになるだろう。

　［AI の操作、実践等の評価という問題について］さらに生じる問

いは、誰が（who）評価し、対処しなければならないのかというものである。技術開発者は、その技術の結果に対しても責任を持つため、ここで重要な役割を持つ。そして、彼らはすでに部分的にはこの役割を果たしている。たとえば、責任ある AI 開発を、少なくともリップサービス程度には唱っている企業や組織から鼓舞された従業員としてこの役割を果たしているし、あるいは金儲け以上のことに関心を持つ起業家として、みずから物事を変えようと動機づけられた市民として、あるいはハッカーとしてそうしている。M・ウェッブが示すように、デジタル革命と、それによって可能になる監視社会や権力の集中、権威主義への反応として、物事を破壊し変化させようとする闘争が起こっている（Webb 2020）。ハッキングは、社会運動の一部であり、物事を自分自身で進めようとする新しいタイプの運動である。ハッカーたちは、市民として「彼らの民主主義を取り戻す」ために、またおそらく自由を守り、より正義にかなった平等な状態を実現するために闘っている（p. 4）。その他に、AI の政治的影響についてのより広い市民教育を目指すこともできる。そうなると、その影響をどのように測定するのかという問題も生じるが、たいていの場合その予測は困難である（Djeffal 2019, p. 271）。さらに、政治的意義と影響それ自体が論争の的となることもあるだろう。AI の将来的・潜在的な社会的・政治的意義と影響を調査し、これらの可能性に関する質の高い議論をするための条件を作るには、より多くの新しいツールを開発する必要がある。このことは、AI の開発者にとっても市民にとっても役立つ。

　より一般的に言うと、その背景にある根本的な政治的課題についての広大で挑戦的な議論を踏まえれば、技術者、企業、組織、政府、ハッカー、教員、市民たちは、AI の政治という課題をひとりで背負うべきではない。このトピックについてより広い公的な議論がなされるべきだろう。民主主義社会においては、私たち市民が政治的方向性を決定すべきである。こうした議論は、専門家からの支援とともに、技術開発に従事する人たちが、AI におけるバイアス

を分析し、必要であれば、技術のなかで、または技術を通じてそのようなバイアスを修正するレンズを作成するための手助けになりうる。この章では正義と平等について論じたが、こうした政治哲学上の概念ツールに関する議論は、民主主義的議論の質を高め、規範的方向性を発見し、技術を再設計することに貢献できるだろう。次章ではさらに、AIと民主主義との関係について議論する。

第 4 章

民主主義：エコーチェンバー現象と機械全体主義

民主主義の脅威としての AI

　民主主義は、人権や法の支配と並んで、西洋の自由主義憲法や自由主義的な政治思想の中核的要素の一つである（Nemitz 2018, p. 3）。世界中の政治制度の多くは、民主主義の理念を拠り所としている。AI は、民主主義を強化するのだろうか、それとも、むしろ、弱体化するのだろうか。AI が社会的かつ政治的に広範な影響力を持つとしたら、民主主義に対しては、どのような影響を及ぼすのだろうか。

　今日、批評家の多くが、AI は民主主義を脅かすと警告している。1990 年代半ばに、当時アメリカ副大統領だった A・ゴアは、インターネットや AI を使った新しい形の政治的アゴラが作り出される時代が到来することを期待して、コンピュータ・ネットワークについて語る際に「民主主義にとっての新アテネ時代」と述べた（Saco 2002, p. xiii）。しかし、AI 技術は、そうしたものの創設の助けとはならず、むしろ、民主的でない世界を、場合によってはディストピアをもたらすのではないかと恐れられている。批評家は、技術が政治的に中立だという考えに疑問を持ち、インターネットや AI のようなデジタル技術が必ずしも進歩をもたらすものではないと思っている。たとえば、『監視資本主義』（2019）で S・ズボフが論じるところによれば、大衆の行動を変容する技法を駆使する監視資本主義というのは、個人の自律性に対する脅威であるだけでなく、人民の主権を脅かすという意味で、民主主義に対する脅威でも

ある。監視資本主義が反民主主義的である理由を説明するために、彼女は、T・ペインの『人間の権利』を引用し、貴族的な人間集団は誰に対しても責任を負わないという理由をあげ、貴族制に反対する警告をしている（Zwoff 2019, p. 513）。もちろん現代において、暴政は貴族たちによってもたらされるのではなく、監視資本主義という原始資本主義の一形態（p. 518）によってもたらされる。監視資本主義は、人間の経験を収奪し、新しい種類の管理を強要する。知識の集中は権力の集中を意味する。ウェッブも同様のことを、『BIG NINE 巨大ハイテク企業と AI が支配する人類の未来』（2019）で述べている。大企業が私たちの未来を形成しており、私たちには制御することはできない。これは民主的ではない。また、L・ダイアモンド（Diamond 2019）が言うように、ビッグテックにとって良いことが、「必ずしも民主主義にとって、あるいは私たち個人の心身の健康にとって良いわけではない」（p. 21）。さらに、市民だけでなく国家も、ますます、企業に依存し、企業が市民について知っていることに依存するようになっている（Couldry and Mejias 2019, p. 13）。それでもズボフ（Zwoff 2019）は、まだ、民主主義による改革は可能だと信じている。H・アレントに影響を受けた彼女は、私たちは、まだ改めてやり直すことが可能であり、「デジタルな未来を人間の住処として取り戻す」ことができると考えているのである（p. 525）。対照的に、Y・N・ハラリは、『ホモ・デウス』（2015）において、民主主義はデータに対抗することができないため、将来的には没落し、消え去ってしまうと主張している。「データの量と速度が大きくなっていけば、選挙や政党や議会といった由緒ある制度は廃れていくだろう」（Harari 2015, p. 373）。技術の変化は速いので、政治は、もうそれについていくことはできない。今でも既に、たとえば、インターネットに関する選択は、私たちの生のあり方に影響を与える重要な選択であるが、民主的プロセスで決定されてはいない。独裁者ですら、技術の変化の速さには圧倒されているのだ。

以下、本章では、AI が民主主義に与える影響について考察する。そのために、民主主義やその条件について、たとえば知識や専門知と民主主義との関係などについての政治哲学の理論を参照し、全体主義の起源についての研究も参照する。まず、一方における、支配する側の知識や教育や専門知を重視するプラトン主義やテクノクラシー*51 の政治概念と、他方における、デューイやハーバーマス流の参加型で熟議型の民主主義*52 との間の緊張関係について概観する。さらに後者は、独特のラジカルで攻撃的な民主主義や政治の理念を掲げる C・ムフや J・ランシエールによって批判されている。これらのさまざまな民主主義の理念や概念について、AI が、それらの脅威となるのか、それらの助けとなるのかを考えてみたい。たとえば、AI は、直接民主主義の実現のために使うこともできそうだが、権威主義的テクノクラシーのために使われるかもしれない。ハラリが示唆しているように、支配するのは、専門家なのかもしれないし、AI 自体なのかもしれない。もし、市民が相互の見解についての情報を持ち、合意形成に向けた熟議に参加することが民主主義にとって必要だとしたら、デジタル技術は、それを促進するのかもしれない。しかし、時には、公共圏の分断化や分極化を招き、結果として、民主主義の理想を阻害するような現象も見られる。最終的には、AI が政治そのものを破壊しようとしている者に使われるかもしれない。プラトン的哲学王の道具として、あるいは、ハーバーマス的民主主義の道具として、AI は、政治についての合理主義的理解*53 や技術解決主義的理解*54 を後押しするために使われ

*51　テクノクラシーとは、高度な専門的知識や行政の能力を持つ専門家（テクノクラート）が、政策決定において重要な地位を占め、実質的に強大な権力を行使する支配的な政体のこと。

*52　参加民主主義とは、有権者が投票以外にも広範かつ多様な形で政治に参加することを奨励する民主主義の考え方。熟議民主主義とは、熟慮して議論する民主主義の一形態であり、他者の意見に耳を傾けつつ、自らの意見を修正しようとする態度を大きな特徴とする。どちらも、投票された量を重んじ、投票の理由を問わない集計民主主義と対比的に用いられる。

るかもしれないが、そうした政治理解は、政治に本質的に含まれる闘技的な次元*55 を無視し、異なる立場の見解を排除してしまう危険性も持っている。

　第二に、本章では、AI が、全体主義を実現するような状況を作り出すことになるのかどうかが問われる。全体主義の起源についてのアレント（2017）の業績に基づき、AI は、孤立と不信とが全体主義的傾向への温床を作るような社会を後押しするのかという問題が考察される。もし、企業や官僚が、人民をデータで管理するための道具として AI を使うなら、人はモノとして扱われるようになり、そこで、ただ自分の仕事をこなしているだけの人による、ほとんど意図されてもいない物事の経過によって、アレント（2006）が「悪の陳腐さ」と呼んだものが実現してしまう可能性もある。それは、単なる過去の歴史の問題ではない。私たちのデータがテック企業や政府組織の人たちの手に渡り、彼らが、上司や政治家に言われた通りに行動し、自分で考えることをやめてしまったとき、それは、現在の危険の要因となる。

AI は、民主主義、知識、熟議、そして、政治そのものへの脅威である

プラトンから始めてみよう：民主主義、知識、専門知

　AI が民主主義を脅かすかどうか、脅かすとしたらどのように脅かすのか、そうしたことについて理解するためには、まずは、民主

---

*53　政治において唯一の正解があると考え、理性による考察を通じて、それにたどり着くことを目指すような考え方。

*54　政治的な問題も含めた、さまざまな問題は、技術が十分に発展していないために起こるのであって、技術の発展によって解消できるし、解消すべきだとする考え方。

*55　政治において、常にさまざまに異なる立場の間の対立や闘争があること。後述の「闘技民主主義」のように、こうした対立や闘争こそが民主主義の本質的構成要素だと捉える立場もある。

主義とは何かを理解せねばならない。ここで、民主主義とは何かについての、そして、知識や専門知と民主主義との関係性を含めた民主主義の条件についてのさまざまな立場を見てみよう。

　民主主義というのは、統治するのは誰か、という古代からある問いへの一つ回答である。プラトンは民主主義を否定し、統治のためには、知識が、特に善や正義についての知識が必要だと主張したが、多くの場合、民主主義の理論はそれに反対する。『国家』において、プラトンは、民主主義を無知と結びつけ、民主主義は暴政をもたらすと主張している。プラトンは、航海の比喩を使い、善きリーダーは、国家という船を船長として操作するために知識豊かでなくてはならないと述べた。プラトンは、他に医者の比喩も使っている。あなたが病気ならば、あなたに必要なのは、専門家の助言である。国を統治するためには、技芸と専門知とが必要である。したがって、統治するのは哲学者であるべきだ。なぜなら、哲学者は、知恵を愛し、現実や真実を探求しているからである。プラトンが「哲学」という言葉で意味しているのは、学術的な哲学ではない。彼は『国家』で、自分の後見人となる者は、音楽や数学や軍事や体育的な訓練も受けることになると明言している（Wolff 2016, p. 68）。対照的に、人民に権力を与えてしまうと、無知やヒステリーや快楽や臆病が支配する社会になってしまう。適切なリーダーシップがないと、政治的争いや無知は、最終的には、強いリーダー、つまりは暴君の要請につながってしまう。

　このような見解は、近代になり、人間の本性や政治についての新しい概念が登場する中で、変化する。それらの新しい概念によれば、自己統治する能力は、わずかの人しか持たないようなものではなく、多くの人がそれを持っている。たとえば、J・J・ルソーの思想も暴政を防ぐことを目指しているが、プラトン的支配者問題に対する彼の答えは、教育されたわずかの人による統治ではなく、すべての市民の教育である。自己統治は、すべての市民が道徳的教育を受けられるならば、誰にでも可能で、誰にとっても望ましいことで

ある（Rousseau 1997）。このように、ルソーは、プラトンとは反対側の岸の政治理論に基づいており、その理論では、民主主義は信頼され、自己統治がすべての市民へと拡大され、さらに、そこにいくつかの自己統治の条件が付け加えられる。しかし、そこでいう自己統治はどのような条件を満たすべきで、どのような形態で実施されるべきなのだろうか。民主主義は哲学王による統治とは関係ないと言ったとしても、それとは別の問題として私たちは、民主主義に必要な知識があるならそれはどのような知識なのかを特定したり、民主主義がとるべき適した形態を決めたりはしなければならない。たとえば、民主主義には、熟議と市民参加とが含まれるべきなのだろうか。そして、それらを含む民主主義に、AIはどのように関係しており、どのように関係しうるのだろうか。

　知識と民主主義とに関わる問いから始めよう。政治理論における議論のうちで、ここでの議論にとって重要なのは、テクノクラシー・デモクラシー論争である。この論争は、プラトンまで遡ることができる論争であるが、近代の官僚主義の台頭のなかで新たに重要になってきている。ここ数十年において、データ駆動型の意思決定、スマート・ガバナンス*56、エビデンスに基づいた科学的政策*57への要請が高まっているが、それらは、参加型ガバナンス*58やさらに急進的な民主主義を求める声とは緊張関係にある。

*56　政治的な意思決定や市民の政治参加のために、最先端の ICT を活用（ビックデータや AI 技術の活用を含む）すること。または、それらの技術を活用した統治形態。

*57　原語は、scientific, evidence-based policies。科学的根拠や科学的証拠に基づいて決定される政策のこと。近年において、「エビデンスに基づいた政策立案（EBPM：evidence based policy making）」という標題で、推奨されるべき政策立案の方法論としてしばしば言及されるが、行き過ぎた形は、科学的専門知に基づくという点で、テクノクラシーの一形態として捉えることもでき、民主主義的プロセスに基づいて決定される政策立案との間には緊張関係がある。

*58　専門知を持たない市民が、さまざまな形で意思決定に参加する統治の形態。

こうしたさまざまな議論や表現手法の相違（Gilley 2016）は、政治における知識や専門知の役割についての対極的な見解を反映している。

　AI は、しばしば、テクノクラシー擁護側のものとして考えられる。AI は、社会的事実についての知識を作り出すための新しい可能性を、言い方を換えれば、社会的事実を構成するための新しい可能性を提供してくれる。統計学は、近代的統治機構の中で、すでに長い間使われてきているが、それが機械学習を伴うことによって、予測的分析の確実性は格段に高まった。N・クドリーとU・A・メヒアズ（Couldry and Mejias 2019）は、AI が可能にする新しい社会的認識論について語っている。AI は、テクノクラシー的な社会操作のための新しい権力を作り出す。それは民主主義の理想とは反対のものである。AI というのは、専門家の領域であり、ほとんどの人の理解の範囲を超えている。たとえば、F・A・パスクアレ（Pasquale 2019）が論じているように、専門知と権力とが公平に分配されるためには、個人が AI やそのサプライチェーンを理解することで得られるインセンティブが作り出されねばならない。そうしなければ、私たちは、AI そのものや AI を使って私たちを管理する官僚たちに完全に依存してしまうことになるだろう。ハラリのようなトランスヒューマニストは、将来的には AI が私たちを支配するだろうとも考えている。しかし、そうした SF は脇に置いても、大企業は AI を使って私たちを操作していて、そうした大企業に私たちは支配されていると言うことはできるだろう。そして、ズボフが指摘するように、そうした大企業は、完全に民主主義のコントロールの外にいる。私たちがすでに、グーグルやアマゾンやほかの大企業によって支配されているとしたら、誰が支配するべきかなどという問いは、ただの机上の問いに過ぎないことになる。こうした意味でも、AI には、本質的に反民主主義的な何かがある。しかしそもそも、AI が提供するような知識は、意思決定のために十分なものなのだろうか。そこにはギャップがあり、埋めるためには、人

間の判断や民主的熟議が必要なのだと主張することもできる。AI
によって発揮される知性は、しばしば、人間の社会的知性と対比
され、民主主義における政治的発言や社会的意味づけのためには、人
間の社会的知性が必要だとされる。それでも、AI を、政府や政治
がより民主的形態になるために役立てることはできるのだろうか。
もし、できるとしたら、どのようにしたらよいのだろうか。この議
論を続けるには、民主主義とは何か、そして、民主主義のためには
どのような知識が必要なのか、という中心的問いについて、さらに
考えてみなければならない。

多数決と代議制を超えて

　多くの人は、民主主義という言葉は多数決のことを意味してい
て、民主主義といえば、代議制という形態の民主主義だと考えてい
る。しかし、どちらの見解に対しても反論は可能であり、実際に反
論されてきている。まず、多数決による民主主義が必然的によいも
のであるかどうかは明らかでない。R・ドゥォーキン（Dworkin
2011）が述べているように、「数的に多くの人が、ある行為を他の
行為よりも支持しているという事実があったとしても、それによっ
て、より支持されている政策の方が公平でよい政策だということに
はならない。」たとえば、プラトンがすでに警告していたように、
扇動的な指導者に動かされた多数派が民主主義を廃止し、権威主義
的な政府を樹立することだってありうるのだ。少なくとも、多数決
による民主主義は、民主主義の十分条件ではないだろう。おそらく
必要条件ではあるだろうが、それに加えて何かが必要なのである。
そこに、「自由」や「平等」の必要性を付け加える人もいる。この
二つは、自由民主主義的な憲法でよく見られる価値である。また、
プラトン的要素を付け加える人もいる。つまり、政治的決定は善い
ものでなければならないということ（多数決は善い結果を保証して
はくれないないからである）を付け加える人もいて、そこではもち
ろん、善い決定とは何か、善い結果とは何かということが問題とな

る。また、統治者は特定の技能や知識を持っていなければならないということを付け加える人もいる。しかし、はたして、プラトンやルソーが論じたように、統治者は道徳的に善でなければならないのだろうか。いずれにせよ、民主主義においても、何らかの性質のリーダーシップは必要であるとは言うことができる。D・A・ベル（Bell 2016）は、政治的実力は次の三つの属性によって決まると主張している。すなわち、政治的リーダーの知的能力、社会的スキル（心の知能〔EI〕を含む。Chou, Moffitt, and Bryant 2020 参照）、人徳である。最後の属性はプラトンにならっている。しかし、プラトンの立場に反対するエストルンド（Estlund 2008）によれば、プラトンは、政治的権威を専門知として捉えており、ボス的存在と専門家とを混同している。D・エストルンドは、これを、専門家とボスの誤謬と呼ぶ。ある人が、他の人よりも多くの専門知を持つことがある。しかし、「その人が専門知を持つからといって、即座に、その人が私たちより権威を持っているとか、権威を持つべきであるということにはならない」（p.3）。しかし、専門知に関する問いと政治的権威とを切り離して考えたとしても、それは、専門知や人間の資質が、民主主義において何の役割も果たさないことを意味するのだろうか。また、私たちが知っているような国家という文脈において、官僚による操縦は絶対に避けられなのだろうか。そして、AI を使って行動に影響を与えることは、状況によっては許され、状況によっては望ましいことなのだろうか。それとも、それは必然的に独裁政治につながるのだろうか。つまり、テクノクラシーを否定したとしても、専門家や専門知や技術が民主主義の中で具体的にどのような役割を果たすべきかという問題は残されたままなのである。

さらに、私たちが知っているような代議制民主主義にも異議が唱えられている。直接民主主義のみが、本当の民主主義だと考える人もいるのである。しかし、（巨大な）国家という文脈においては、直接民主主義の実現がむずかしいのは確かである。古代の民主主義

が実現したのは、都市国家においてだったし、ルソーも、自分の知っている都市国家（ジュネーヴ）を念頭に置いていた。そのくらいが統治に適した規模なのだろうか。それとも、近代国家においても直接民主主義は可能なのだろうか。AIはその役に立つだろうか。役に立つとしたら、具体的にどのように役立つのだろうか。

　代議制民主主義や多数決に代わる選択肢でありながら、同時に、政治的権威についてプラトン的立場にならずに済むものもある。それは、参加民主主義や熟議民主主義といった、合意形成志向型の民主主義の理念である。「真実を語り、他者の主張に耳を傾け、エビデンスを尊重する、といった」公共の議論の価値規範が、ポピュリズムにおいて軽視されていると非難されることがあるが、それに対する回答として、時に、こうした民主主義の概念が定式化される（Swift 2019, p. 96）。そこで前提されるのは、多数決や代議制としての民主主義には、さらなる条件が必要であるということだ。つまり、民主主義が市民に対して要求していることは、選挙で時々投票したり、多数決に従ったりするなどといったことだけではないということである。民主主義という言葉には、たとえば、公共による正当化とか公共の熟議という意味も含まれている。そこでは、対等な立場の者たちによる自由で理性的な討論により、市民同士において理性的な合意形成が目指されるのである（Christiano and Bajaj 2021）。こういった民主主義の概念は、たとえば、ハーバーマス、ロールズ、コーエン、オニールに見られるもので、彼らは、民主主義が、公共的理性の行使や熟議と関連していると信じている。たとえば、ハーバーマスを継承してR・E・グッディンは、『省察的民主主義』（*Reflective Democracy*, 2003）において、人びとが自分を他者の立場において想像してみるような、民主的な熟議の形態について論じている。グッディンが提案するのは、人民による投票という「外的な」行為だけでなく、投票という行為の基となっている「内的な」行為やプロセス、特に、人民による省察と熟慮に基づいた判断や、集団がすべきことについての共同的な決定などにも焦点

をあてることである（p. 1）。「省察的」という語はさまざまな意味を持つが、グッディンは、人が自分を他人の場所に置いて想像することで、遠く離れた相手や異なる利害関係を持つ相手に対しても、「その境遇に対して共感的になる」という意味で使っている（p. 7）。（対立する）価値だけでなく、事実や信念も重要である（p. 16）。

こうして、私たちは、人民に投票を通じて発言権を与えるという、「薄い」民主主義の理念、つまり、プロセス的で形式的な民主主義の理念と、「厚い」民主主義の理念、つまり、熟議、知識と専門知、想像といった、民主主義を「単なる人民の投票の集計」よりも豊かにするための条件を含んだ民主主義の理念とを区別することができる（Goodin 2003, p. 17）。しかし、啓蒙という観点から考えると、プラトン的権威主義やエリート主義的な民主主義を避け、参加型の民主主義を維持するためには、すべての市民に参加させ、すべての市民を教育することが重要となってくる。ところが、市民の参加を拡大することはとてもむずかしいのである。

たとえば、人民に直接的な投票権を与えることが、必ずしも、人民の政治参加を拡大することになるわけではない（Tolbert, McNeal, and Smith 2003）。公衆にとって可能な政治的活動には、ソーシャルメディアを使ったオンラインでの政治参加など、他にも多くの形態がある。いずれにせよ、参加型の民主主義では、政治的意思決定を哲学王やエリート集団に委任したりはせず、人民が自分たちで政治的な意思決定をするために必要な能力が重視される。参加型の民主主義の理念は、「群衆」の支配に対するプラトン的悲観主義に反対し、ルソーなどの啓蒙思想家を継承し、一般市民を信頼し、一般市民が持つ熟議と政治参加のための能力を信頼している。

こうしたことは、AIにとってどのような意味を持つだろうか。上述のような種類の民主主義は、専門家やAIによる排他的でテクノクラシー的な統治を許さず、AIのアルゴリズムやレコメンデーションに対する盲目的で排他的な依存を拒絶する。しかし、市民が

自分たちで最終的な決定権を持ち、自分たちの判断や決定に依拠できるのであれば、AI の助けを受けた専門家や、AI によって得られた知識が、民主的プロセスに何らかのかたちで関与すること自体は排除されていない。もっとも、AI が関与する可能性はあるとしても、その具体的な形態がどうなるかは分からない。実際には、AI やデータサイエンスはすでに民主的な意思決定に関与しているが、既存の民主主義の形態の多くは、それほど熟議的でも参加的でもないため、AI と熟議民主主義や参加民主主義の組み合わせが、どれくらいうまく機能するかを述べることはむずかしい。また、人間の判断と機械の計算や予測との間には、依然として微妙なずれが存在する。

　次に、熟議民主主義と参加民主主義の理論について、それに対する抜本的な批判も含めて、詳しく見てみよう。

熟議民主主義、参加民主主義、それに対立する闘技民主主義、根源的民主主義

　熟議民主主義では、市民は、対等な立場の者たち同士で行われる公共の熟議において実践的知性[59]を発揮し、自らの目的や利害に関心を持つだけでなく、他者の目的や利害にも反応する（Estlund 2008）。ここで民主主義とは、自由な公共討議や公共討論、そして、そうした議論のための条件整備を意味する（Christiano 2003）。ハーバーマスは、それを、合理的な政治的コミュニケーション、つまり、理性に導かれたコミュニケーションの発現過程と考える。よく知られているように、ハーバーマスの説明は「理想的発話状況」に依拠している。つまり、熟議の道筋が、非理性的で強圧的な影響を受けず、理性の力によってのみ導かれ、合意形成に向かう欲求で動機づけられているような状況である。後に、討論のための前提条

---

[59]　日常生活における具体的で個別的な事象に関わる知性。現実世界の問題解決において重要な知性として、普遍的で抽象的な学術的知性に対比して言及される。

件は、彼自身の討議倫理*60（Habermas 1990）の基盤となった。
D・エストルンド（Estlund 2008）によれば、ハーバーマスのアプローチは、民主主義を手続き的に理解することを超えてしまっており、そこには、民主主義そのものの範囲を超えた価値が導入されている。しかし、それに対し、熟議民主主義の支持者ならば、民主主義を投票手続きに還元することはできず、そこには、公共的な理性の行使が必要なのだと反論するだろう。論争や熟議は、民主主義の理念に追加される「おまけ」、つまり特別な意味はない価値や原則のようなもの、などではなく、民主主義の概念の本質的な要素なのである。さらに、グッディンや（その他の）ハーバーマス思想の展開を参照して、そこに、パースペクティブテイキング*61や連帯*62を加えることもできるだろう。古代哲学のフロネーシス*63概念と「実践的知性」とを関連付けてもいいだろう。市民は、実践的知恵を身につける必要があり、アレントによれば、そこには政治的想像力も含まれるのである。

　選挙や代議制としての民主主義を超えて、コミュニケーションの重要性を強調する民主主義の理論は他にもある。たとえば、J・デューイによる参加民主主義の理念は、市民に積極的な参加を求め、知識の必要性を改めて強調する。人民が政治に参加するためには教育が必要なのである。『民主主義と教育』（2001）で、デューイは、単なる統治の一形態としてではなく、特定の種類の社会として、民主主義の理念を論じている。「民主主義とは、統治の一形態以上の何かである。それは、まずもって、連帯的な生活や共同的なコミュニケーション経験の一つの様式なのである」（Dewey 2001,

---

*60　ハーバーマスが唱えた倫理学の枠組みで、理想的発話状況において合意
　　形成を目指す「討議」の概念を基盤として展開される。
*61　視点取得。自分とは異なる他者の視点や立場で物を考えること。
*62　グループで共通の関心、目的、基準などを持つことによって生ずるメン
　　バー間の心理的つながり。
*63　古代ギリシア哲学における概念で、個別の状況における実践的な行為に
　　関わる知恵のこと。

p. 91)。より一般的に言えば、政治で重要なのは、社会的なものを構築することである。ただし、デューイにとっては、近くにいるとか、共通の目的に向かっているというだけでは、その関係性が本当の意味で社会的であることにはならない。デューイは、機械をたとえに出して考察している。機械の部品たちは、ともに動き共通の結果へと向かっているが、それは社会的集団ではないし、共同体でもない。機械の部品は、まとまり方が機械的だからである。本当の社会性や共同体の実現のためには、コミュニケーションが必須である。もし、共通の目的に向かって動き、コンセンサスを見出したいのであれば、コミュニケーションが必要である。つまり、「それぞれの人が、他の人がどのようであるかを知っていなければならないし、他の人に、自分の目的や進捗状況について知らせるための手段を持っていなければならない」(p. 9)。加えて、政治参加にも教育が必要であり、「教育によって、個人は、社会的関係や社会的管理に個人的な興味を持つようになり、無秩序をもたらすことなしに社会の変化を確保しようとする思考習慣を持つようになる」(p. 104)。

デューイは、民主主義の理念という言葉にはプラトン的なイメージが強いことを認めながら、プラトンの階級的な権威主義を拒絶する。デューイによれば、プラトンの理念は、「その理念を実現するための妥協策として、個人でなく階級を社会的単位としており」(p. 104)、階級は変化する余地のないものだった。デューイは、19世紀的な国家主義にも反対する。デューイは、民主主義について、もっと包摂的な捉え方をしている。つまり、民主主義とは、特定の階級に限定されない、すべての個人にとっての、生き方の一つであり、コミュニケーション経験の一つなのである。デューイは、個人が、教育されることによって、適切な行動様式を持つようになると信じている。このように、デューイにとって、民主主義とは、相互に結びついたコミュニケーション的存在としての個人のものである。民主主義は、対話とコミュニケーションによって生成される。

民主主義の生成のためには労力が必要である。私たちは、生まれながらに、他者と共にあるという意味で社会的存在ではあるが、共同体と民主主義とは意図的に作り出される必要がある。そして、それらを作り出すのは、すべての市民であって、限られた数の代表者ではないのである。

　しかしながら、民主主義が熟議的であるべきで、合意形成を目指すべきだという考えは、ヤング、ムフ、ランシエールなどの急進的思想家たちによる批判も受けてきた。『包摂性と民主主義』（Young 2000）において、ヤングは、特にハーバーマス的概念を批判している。彼女にとって、政治とは、議論や冷静な表現のみからなるものではない。そして、民主主義は、新しい声や新しいスタイルの発言方法も取り入れるという意味で、より包摂的でよりコミュニケーション的でなければならない。理想的な議論に基づいた熟議という考え方は、教育を受けた人たちの表現方法に比べて、より劣っているとみなされるようなスタイルの発言や表現を無視している。対話の規範によって、そうしたスタイルは排除されることになってしまう。人民は、さまざまなやり方で自分を表現できる、たとえば、公共的に物語を語るというやり方もある（Young 2000; Martínez-Bascuñán 2016 参照）。ヤング（Young 2000）は、選挙の投票だけにとどまらない、コミュニケーションを強調した政治的包摂性の概念を唱えている。「民主的意思決定の規範的正統性は、その意思決定に影響を受ける人たちが、どれだけ意思決定のプロセスに参加しているかによって決まる」（p. 6）。そうした参加の実現のためには、選挙権以上のものが必要である。ヤングの主張によれば、政治的コミュニケーションは対話的議論に限定されるべきではなく、さまざまな形態のコミュニケーションやプレゼンテーションや組織化が考慮されるべきである。熟議民主主義では、特定の表現様式だけが善いとされ、それによって、他の様式や特定の人びとが排除されてしまう。ヤングは、政治を遂行する様式として、感情やその他の様式の役割を重視するのであるが、他方で、ハーバーマス（やカン

ト）を、感情やレトリックの役割も認められるように解釈しようという試みもある（Thorseth 2008）。

　ムフは、ハーバーマスらが唱える、熟議的な民主主義の理念や合意形成志向的な民主主義の理念に対抗し、政治的対立や政治的相違を強調する。相違は、常に存在するし、存在すべきであり、闘争が解消することを望んではいけない。プラトンのような、合理主義的な政治や民主主義の理念に対抗して、ムフは、すべての対立についての永続的な政治的解決などはありえないと考えている。そもそも、対立こそが、民主主義が活きていることの証しなのである。彼女はそれを、政治の闘技的側面と呼ぶ。彼女にとって政治的なものとは、「すべての人間社会に必ず含まれる闘争的次元」のことである（Mouffe 2016; Mouffe 1993; 2000; 2005 参照）。闘争的次元は、政治的実践や制度がどうあろうと、決して除去することができない。それは同時に、排除を避けることができないということでもある。排除なしに合理的なコンセンサスは不可能である。つまり、「彼ら」なしに「私たち」は存在しえないのである。民主主義社会において、対立は根絶されるべきではない。政治的アイデンティティというのは、「私たち」を「彼ら」と区別することによって作りだされるのである（第6章参照）。さらに、ムフは、ヤングと同様に、理性とは別の感情の役割を重視する。「情動 passion」も果たすべき役割を持っている。ただし、対立というのは戦争のことではない。他者は、敵とみなされるのではなく、対抗者や対戦相手とみなされるべきである。このような民主主義の理解は、社会生活における闘争の現実を重視する（Mouffe 2016）。社会を運営するための合理的で客観的な方法など存在しない。ある解決策があったとしても、それも権力関係による結果に過ぎないのである。合理的コンセンサスというのは幻想である。そのようなものの代わりにムフが提案するのは、闘技的多元主義（agonistic pluralism）[64]、つま

*64　根本的に異なる複数の立場の間の、多様な形での対立や闘争を、民主主義を構成する中心的プロセスとして肯定的にとらえる立場。

り、構成的な不一致に基づくシステムである。J・ファーカス（Farkas 2020）が述べているように、ムフは、ウィトゲンシュタインに影響されている。ウィトゲンシュタインは、意見の一致はすべて生活形式の一致に基づいているはずだと考えた。意見の融合は、理性の産物として可能となるのではなく、生活形式が同じであることによって可能となるのである（Mouffe 2000, p. 70）。ハーバーマスに対抗して、そして、熟議的アプローチや合理的アプローチ全般に対抗して、ムフは、「民主的市民という存在形態の多元性」を培うことを重視する（p. 73）。もし、このような闘技的な多元性を設定できなければ、残された選択肢は権威主義しかなくなってしまい、そこでは、特定のリーダーが客観的で真なる決定をするとみなされることになる。

　ランシエールも、プラトン的な民主主義の理念にも合意形成志向的な民主主義の理念にも反対しており、専門家による管理にも、代議制民主主義にも反対している。特定の形の社会主義に影響されているランシエールによれば、直接民主主義を拒絶することは、教育のない人たちの階級に対して侮蔑的態度をとることを意味している。それに対し、彼は、労働者たちが言わねばならないことに耳を傾けようとする。ランシエール流の政治や民主主義では、不一致や不和に起因する政治的行為が好まれる。『不和あるいは了解なき了解』（1999）と『不一致』（*Dissensus*, 2010）とにおいて、彼が主張するところでは、平等性が発現するのは、現行の秩序に埋め込まれた不平等が中断され、再形成されるときである。そして、それは起こる必要がある。ランシエールは、はたして、代議制と民主主義とは一体的なものなのかと問う。彼によれば、私たちの持っている現在の制度は代議制ではあるが、民主主義ではなく、寡頭政治である。しかし、「ある人たちが、他の人たちを支配していいという正当な理由など存在しない」（Rancière 2010, p. 53）。だから、支配階級が持つ権力は吟味されるべきである。代議制がうまくいかないからといって、それは、民主主義のせいではない。ランシエールは、

無知な大衆と明晰で合理的なエリートとを区別することを批判する。たとえ危機的状況であっても、専門家やスペシャリストによる統治は正当化されない。あるインタビュー（Confavreux and Rancière 2020）で彼は述べている。「私たちの政府は、ここしばらくの間、差し迫った危機という口実のもと、世界の問題は一般住民にまかせずに、危機管理の専門家にまかせなければならないとして活動してきた」。それに対し、ランシエールは、一般の人びとが知識を獲得することは十分に可能だと考えている。『無知な教師』（1991）において、彼は、「すべての人は同程度に知的である」（p. 18）と述べ、貧しい人びとや権利を奪われた人びとも自分で学ぶことができること、そして、私たちは自分たちの知的解放において専門家に縛られるべきでないことを示唆している。

　ムフとランシエールを継承して、ファーカスとJ・ショー（Farkas and Shou 2020）は、フェイクニュースやポスト・トゥルースの議論において、民主主義の概念と「理性や合理性や真実の概念をアプリオリに」同一視することに異議を唱えている（p.5）。彼らは、単純に虚偽が民主主義を脅かしているという見方に疑問を呈する。ハーバーマスに反対し、ムフとランシエールを継承して、彼らは、民主主義というものは、継続的に進化するもので、政治的争いや社会的争いが目指す目標であり続けると考える。彼らは、代議制民主主義にも疑問を呈する。民主主義というのは、単に投票することだけではないし、理性が民主主義を救うことはできない。彼らは、真実に基づいた問題解決に反対し、政治的コミュニティに対する唯一の正解という考え方に反対し、合理的なコンセンサスという理念に、そして、真実と理性とに基づいたコンセンサス形成という考え方に反対する。民主主義というのは、これまでも常に、（大文字で表記される唯一の真実 the Truth ではなく）さまざまな真実を生成してきたのだし、根拠や基礎付けは複数存在する。民主主義が真実に関係しているとしたら、それは、真実の多様性や多元性や複数性に関係するのである。

民主主義がうまく機能するために必要なのは、理性と真実に基づく統治能力ではなく、多様な政治的意図や政治的集団を取り込み、それらに発言権を与える能力である。民主主義とは、社会がどのように組織されるべきかについての多様なビジョンのことである。それは、情緒や感情や気持ちに関係している。(Farkas and Schou 2020, p. 7)

ファーカス (Farkas 2020) は、「フェイクニュース」が敵を攻撃するための修辞的な武器となりうることを警告した上で、虚偽と真実との間に線を引くのは誰なのか、と問う。自分たちを権威として設定するのは誰なのか。もし、政治、真実、ポスト真実の意味が演じられ構築されるのだとしたら、誰が、どの種類の真実発言を演じ、それは何のためか、が問われねばならない。デリダを継承するファーカスとショー (Farkas and Shou 2018) によれば、意味を閉じるためには排除が必要であり、発言とは常に「選択肢となるはずの他の経路が政治的闘争によって抑圧されてきた結果として起こる、特定の場所への意味の固定」の産物である (p. 301)。このアプローチをとったとしても、民主主義の中に専門知の居場所がなくなるわけではない。むしろ、専門知を巡る緊張関係は、自由民主主義における力学として残り続け、民主主義はそこで働く力を調整しなければならないことになる。そして、彼らの言う民主主義の理念の実現のために、AI のような新技術は助けになるかもしれない。ファーカスとショー (Farkas and Schou 2020, p. 9) は、デジタル技術と、より参加型で包摂的な形態の民主主義とを結びつけることこそが、唯一の前進の道であると信じている。

情動というテーマについては、次章で改めて扱うことにしよう。ここで明らかなのは、一方における、専門知や真実や理性やコンセンサスを重視する者たち（プラトンからハーバーマスまで）と、他方における、民主主義とは闘争であり直接参加であるとする者たちとの間に緊張関係があるということである。ファーカスとショー

（Farkas and Schou 2020, p.7）の言葉で言えば、理性による支配か、それに代わる、人民による支配かである。ただし、熟議的で参加型の民主主義の理念も、闘技的な民主主義の理念も、一般の人びとは権威主義を好むかもしれないし、そもそも無関心であるという警告（たとえば、Dahl 1956; Sartori 1987 を参照せよ。G・サルトーリの言い方で言えば、投票者が活動することはほとんどない、彼らは「反応」するだけである〔p.123〕）には反対する。たとえば、J・シュンペーターが唱えたような見解、つまり、「一般の人びとは、単純に、政治的意思決定の背後にある論点を理解する能力がないため、意思決定をより適任と思われる人びとの手に委ねることで満足している」（Miller 2003, p.40：強調はミラーによる）という見解には反対する。

　それでは、どうしたら、人びとは能力を身に着けることができるのだろうか。ランシエールが言うように、自己教育で十分なのだろうか、それとも、デューイが提案するように、普遍的な教育が必要なのだろうか。デューイの民主主義の理念は、代議制的なものではない。しかし、代議制度においても、代議員をより適切に選択できるようになるために、人びとには教育が必要であると主張することはできる。さらに、教育は、権威主義という危険への予防策になる。ポイントは、J・S・ミルが提案したような、そして、プラトン的見解にも沿う提案、つまり、よりよい教育を受けた人には大きな投票権を与えるべきだということではなく、すべての人を教育すべきだということなのである。

　科学や技術は、教育によって無知を克服することに役立つだろうか。それは、科学や技術がどのように使われるかによるし、どのような知識が提供されるかによる。事実は必要ではあるが、それによって人びとの心は変化しないだろうし、以下で見るように、情報もそれだけでは十分でない。加えて、科学や技術や適切な管理が、政治にとって代わってしまうことには危険性もある。AI によって、政治における闘争や複雑な混乱を合理的意思決定に至らせることが

でき、客観的に最良の帰結を見つけられるようになると考えている者たちは、しばしば、AIの政治的利用を支持し、奨励する。政治を哲学的真理や専門知の問題として扱おうという、プラトン以来の傾向性もある。『自由の二つの概念』（第2章参照）で、I・バーリンはすでに、すべての政治的問題を技術的問題として扱うことに反対して警告をしている。目的についてみんなが同意しているならば、残る問題は手段に関することのみである。そうなると、手段は「専門家や機械によって設定」できるので、統治というのは、サン＝シモンが言うところの、「事物の管理」（Berlin 1997, p. 191）となってしまう。ここで付言すれば、科学的知識は政治的判断に必要ではあるかもしれないが、十分でないことは明らかである。L・マグナーニ（Magnani 2013）の主張するところでは、道徳に必要な知識は科学的な知識だけではなく、「再構築された『文化的』伝統に埋め込まれた人間的知識や社会的知識」も必要であり、行為の帰結が空間的・時間的に遠く離れていることがしばしばあることを考慮に入れるなら、私たちに必要なのは、「人間生活の新しい地球規模の状況に対処できる」道徳なのである（p. 68）。そのためには、想像力も必要となる。これと同じことが、政治的知識についても言えるだろう。加えて、デューイが提案したように、政治がより包摂的になり、テクノクラシーから遠ざかり、蓄積された集団的知性に基づくようになることも、問題に対処する一つの方法である。そうすることで、政治には社会的知識や状況づけられた知識が取り込まれることになる。社会的知識や状況づけられた知識というのは、具体的な歴史や文化という文脈の中に埋め込まれ、その中で形成される知識であり、科学が（簡単には）提供できないものである。それは、政治的想像力の助けとなるだろう。

　しかし、民主主義がより熟議的で参加型になる必要があるとしたら、そのために、AIはどのような役割を果たせるだろうか。AIは、ここで取り上げた思想家たちが思い描いたような、熟議、コミュニケーション、参加、想像力の助けとなるのだろうか。それと

も、AIは、投票者を操作するための道具、つまり、人びとを事物（データ）として扱うための道具でしかないのだろうか。AIは、公共の理性の役に立つのだろうか、それとも、公共の理性という理念に対する脅威となるのだろうか。というのも、AIが提案をしていることや、AIがどのように提案を作成しているかということについては、透明性は求められないだろうし、少なくとも機械学習という形態であれば、その働きには、理性や判断は何も関わっていないからである。加えて、（政治家を含めた）人民は、はたして、AIやデータサイエンスが提供する情報を使いこなすのに十分な知識やスキルを持つことができるのだろうか。それとも、私たちは、私たちにとって何がよいのかを知ってくれている技術官僚的エリートの言う通りにしていればいいのだろうか。T・M・スカンロンの言葉を借りると、もし、AIが「誰も合理的に反論できないような」（Scanlon 1998, p.153）規則を提供したらどうなるのだろうか。AIというのは、プラトン型の統治の状況しか作り出せないのだろうか、それとも、AIによる、ハーバーマスやデューイ流の民主主義も可能なのだろうか。AIの使用は、理性や客観性のためになるのだろうか。そして、それはつまり、感情的に過ぎるとみなされる人びとに対しては潜在的に敵対するということなのだろうか。それとも、AIは、闘技民主主義や根源的民主主義*65においても、そして、多様性を維持することや、すべての人を解放することに対しても、役割を果たせるのだろうか。こうした問いについて論じるための一つの方法として、以下では、情報バブル現象やエコーチェンバー現象の問題を取り上げてみたい。

情報バブル現象、エコーチェンバー現象、ポピュリズム

熟議民主主義と闘技民主主義の理念に基づいて、AIのようなスマート技術は、ソーシャルメディアによる、広範かつ包摂的な政治

---

*65　民主主義を未完遂のプロセスだと考え、自由と平等とを抜本的に拡張していくことを目指す立場。

参加を可能にするために貢献すべきであると主張することもできる。しかし、その際に、知識という観点で考えたときの、スマート技術の課題と限界について考えてみなければならない。

インターネットやソーシャルメディアをめぐる問題点のいくつかは、すでにメディア論で取り上げられている。たとえば、C・サンスティーン（Sunstein 2001）は、個人専有化や断片化や分極化[66]との関連で問題を分析しており、E・パリサー（Pariser 2011）は、個人専有化によって、私たちの知の地平を狭めてしまうフィルターバブル[67] が生み出されると主張している。このような警告があったにもかかわらず、こうした傾向は、現在、ソーシャルメディアとAI とが結びつくことで悪化している。問題点は、情報バブル現象やエコーチェンバー現象[68] という用語で定式化されている（たとえば、Niyazon 2019 参照）。個人専有化のアルゴリズムにより、人びとには自分たちが関与したいと思うような情報のみがあてがわれるようになり、結果として、人びとは、自分自身の信念が強化され、反対意見には触れないような泡（バブル）の中へと隔離されることになる。このことによって、グッディン（Goodin 2003）が想定していた政治的想像力を持つことは、より困難になる。政治における他者への感情移入が促進されるどころか、阻害されてしまうからである。さらに、政治的分極化が進むことになり、合意形成や集団的行為は不可能になっていく。社会の断片化や社会崩壊のリスクもある。特にソーシャルメディアは問題を持っている。印刷出版物やテレビやラジオにも、それぞれにエコーチェンバー現象はある

---

*66　それぞれ原語は、個人専有化：personalization、断片化：fragmentation、分極化：polarization である。

*67　フィルターバブルとは、インターネットの利用履歴に基づいて、個々の利用者に最適化された情報のみが表示され、当の個人が好まない情報も含め、多様な情報に接する機会が失われた孤立的な状態のこと。

*68　エコーチェンバー現象とは、フィルターバブルという閉ざされた世界で、個々の利用者にとって好ましい考えや価値観にだけ触れ続けることで、考えや価値観が極端になったり、独断的になったりする現象のこと。

が、それらは、まだ、「ある程度の編集者による管理がなされている」（Diamond 2019, p. 22）。ソーシャルメディアのエコーチェンバー現象においては、編集者による管理がないため、分極化が起こり、毒のある言葉が登場することになる。

　このことは、ハーバーマス流の合意形成志向の合理的な討論をしようとするときには障害となる。また、人びとが反対意見に触れないようになっていたら、闘技的な形態の民主主義も困難になる。M・M・エル=バーマウィー（El-Bermawy 2016）の主張によれば、地球村は、「日が経つにつれて相互に離れていく孤立したデジタル群島」に変わってしまった。相互分離も進行している。フェイスブックにおいて、私たちは、ほとんどの場合、自分の意見に近い政治的コンテンツを見る。その中で、私たちはトンネル的視野を持つようになる。C・T・グエン（Nguyen 2020）は、重要な意見を（たいていは意図せずに）無視してしまう認知的バブル現象と、外部からの重要な意見が意図的に排除され、人びとが外部の情報をすべて信じなくなるような構造を意味するエコーチェンバー現象とを区別している。たとえば、検索エンジンが、その機能によって、使用者をフィルターバブルやエコーチェンバーに閉じ込めてしまうかもしれず、それは、多様性や民主主義を脅かすことになる（Granka 2010）。実験的研究によれば、ソーシャルメディアにおいてもユーザーは反対意見に晒されているし、エコーチェンバー型の意見環境を意図的に求めるユーザーはごく少数であることもわかっている（Puschmann 2018）が、情報バブル現象やエコーチェンバー現象がリスクであることは確かである。ソーシャルメディアでは、大手ニュースサイトならば検閲ではじかれるような意見も発信できる。その意味で、そこには、少なくとも意見の多様性の機会はあると言える。

　しかしながら、熟議的な民主主義の理念によれば、民主主義のためには、意見の交換だけでは十分でないし、民主主義とは、一時的な関心を超えて継続するものである。たとえば、熟議的な民主主義の理念には、理性の公共的使用についてのことも含まれるし、長期

にわたって共に生きるための方法や責務について熟議することも含まれる。S・ベンハビブ（Wahl-Jorgensen 2008 でのインタビュー）は、民主主義を、インターネットによる「制限のない自由な意見交換」に還元してしまうような見解、つまり、長期的な「行為責務」（p. 965）、たとえば、自分の収入の一部をコミュニティに譲与するようなこと、を無視する見解に反対している。また、AI は、ハーバーマスやアレントなどが想定している、コミュニケーション的合理性や公共圏を脅かすかもしれない。ベンハビブによれば、「一方における、コミュニケーションや情報や意見形成のネットワークと、他方における、意思決定の発言という意味の公的な発言との間の相互作用について考えること」は、非常にむずかしいことである（p. 964）。

　知識という観点から定式化すれば、エコーチェンバー現象は、少なくとも、熟議的で参加型で共和主義的な民主主義の意味に従えば、民主主義の認識的基盤を脅かすと言えるだろう。D・キンケードと D・M・ダグラス（Kinkead and Douglas 2020）が示す問題の枠組みに従えば、ルソーに始まり、ミル、ハーバーマス、グッディン、エストルンドに至る政治思想家たちは、民主主義の持つ、認識の力、徳、正当性を信じている。なぜなら、自由な公共の討論によることで、私たちは、真実に到達し、意見の多様性を共有したり議論したりできるからである（p. 121）。それに対し、ビッグデータ分析と結びついたソーシャルメディアは、政治的コミュニケーションの本質を変えてしまう。今では、テレビやラジオの放送を通じて、自分の意見を公共の議論や監視のもとに置くようなことはせずに、かなり標的を絞ったメッセージを世界中の多くの人に送ることができる。つまり、「地球全体を射程にして、的を絞って政治的メッセージを伝える」（p. 129）ことができるのである。このことは認識的な影響力を持つ。

　民主主義という認識的徳[69]にとって危険なことの一つは、閉じ

た社会ネットワークが、公共圏を専有化し、私的なものにしてしまうことだ。政治的発言は、それがひとたび、似たような個人たちの間で私物化され共有されてしまうと、認識的頑健性を失ってしまう。なぜなら、思想が多様な側面からの批判を受けなくなってしまうからである。(p. 127)

　加えて、私的発言においては、参加者に気づかれないように操作をすることが容易である（p. 127-8）。改めて、ミルが、よりよいアイデアや真実というものは、開かれたアイデア交流の中で発生すると述べていたことを考えてみよう。その開放性は、エコーチェンバー現象やフィルターバブルやナローキャスティング（視聴者限定放送）によって脅かされることになる。

　より一般的に言えば、このように公共圏*70 が私物化されることは、民主主義の観点からは大きな問題である。なぜなら、民主主義には公共圏が必要であり、政治にとって重要なのは、公共の問題だからである。エコーチェンバー現象のような現象は、公共圏を脅かすのである。しかし、そもそも、公共圏とは何なのだろうか、そして、現代のデジタル技術を前提としたときに「公共」とは何なのだろうか。多くの人びとが、かなり私的な思想や感情をソーシャルメディアで共有するようになったら、公と私との区別はなくなってしまうだろうし、技術と共に、アイデンティティに基づく政治*71 も、公と私との区別に圧力をかけている。それでも、熟議的な民主主義理論の述べるところでは、「公共」という概念は、維持され保持されていた方がよいとされている。加えて、集団的問題に対しては集団的解決が必要であることを指摘することもできる。N・クド

*69　知識を獲得するために重要となる認識主体が持つべき徳性。
*70　他人や社会と相互に関わりあいを持つ公共の言論の空間のことで、公論がそこで形成される市民生活の一領域をなしている。
*71　「アイデンティティに基づく政治」については、本書第3章で詳しく論じられている。

リー、S・リヴィングストン、T・マーカム（Couldry, Livingstone, and Markham 2007）によれば、市民権を持つことが単なるライフスタイルの選択でないのと同様に、公共問題や政治というのは、「『社会的帰属』やアイデンティティの表現以上のものを含んでいる（p.83「アイデンティティの政治に反対する議論」参照）。ポストモダンの思想家たちは、公と私との区別が崩壊することを歓迎するだろうが、それでも、その区別には何か重要なことが含まれているのである」（p.6）。クドリーらによれば、民主主義には、何らかの公共的な争点への言及が必要であり、その争点には、共通の定義と集団的解決とが必要である。しかし、技術は、公的な関心と私的な関心との区別を容易にしてはくれない。そして、政治批判というのは、しばしば「政治」という公共圏から排除され、芸術やソーシャルメディアのような他の圏域に居場所を見出すことになるのだが、そのソーシャルメディアは、公的であったり、公的でなかったり、公的であってもある点においてのみ公的であったりするのである。

　関連する問題点として、ポピュリズムがある。ポピュリズムは、さまざまな形でAIと関連する。たとえば、ポピュリズム的な政治家は、AIを使って投票者の選好のデータを分析している。しかし、政治家が市民のニーズを知ることは民主主義においてよいことではあるが、こうしたAIの使用は、「扇動的な大衆迎合に至る可能性があり、それは、アメリカ合衆国の建国の父たちが思い描いたような理性的な熟議のプロセスとは違うものである」（Niyazov 2019）。思想家の中には、ポピュリズムに肯定的な者もいる。E・ラクラウ（Laclau 2005）によれば、ポピュリズムというのは、単なる偶然的かつ経験的な事実（特定の種類の政治の一つ）なのではなく、政治と同義である。つまり、ポピュリズムこそが、政治的であることそのものなのである。ラクラウは刷新的な政治的プロジェクトに可能性を見出している。しかし、本章で検討する思想家のほとんどや、「占拠せよ」*72 のような政治運動も、ポピュリズムとは距離をとっている。いずれにせよ、ソーシャルメディアでは、非エリートによ

るコメントに対する高評価や美化、専門家の知識に対する拒絶が見られ（Moffitt 2016）、これは、「認識論的ポピュリズム」と呼ばれている（Saurette and Gunster 2011）。B・モフィット（Moffitt 2016）は、汚職の発見に役立つ場合のように、ポピュリズムに肯定的側面を見ているが、同時に、エコーチェンバー現象について指摘してもいる。ソーシャルメディアは、ポピュリズムの拡大、イデオロギーのさらなる分断、議論や理解による政治よりも流行や即効性の優先、などをもたらすかもしれない。ソーシャルメディアが必ずAIによって駆動されるというわけではないが、情報の選別や調整において、また、ボット*73という形態において、AIは一定の役割を果たし、それは、政治的コミュニケーションに影響を与え、潜在的に、投票者の選好に影響を与えることになる。こうしたことは、権威主義的なリーダーが、自分が人民の意志を背負っていると主張したり、自分の個人的執着を国家の執着にしたりするのに、都合のよい社会を作り出すだろう。AIは、ソーシャルメディアを介して、ポピュリズムの勃興をもたらし、結果的に、権威主義の勃興をもたらすかもしれないのである。

さらなる問題：大衆操作、統治の代替、アカウンタビリティ、権力
　AIは、人びとを操作するために使われることもある。意思決定に影響を与えるナッジの可能性についてはすでに述べた（第2章参照）。他のデジタル技術と同様に、AIが、人間の経験や思考を形成するために使われる可能性もある。J・ラニア（Lanier 2010）は技術者側の立場に立って、次のように述べている。「私たちは、議論を通じて間接的に影響を与えるのではなく、あなたの認知経験を直

---

*72　2011年9月17日にアメリカで起こった「ウォール街を占拠せよ」運動に端を発し、世界に広まった、社会的不平等や経済的不平等に反対し、真の民主主義の実現を求める抗議運動。
*73　ボット（bot）とはロボット（robot）に由来する語で、人にかわって単純な作業を自動で行うアプリケーションやプログラムのこと。

接的に操作することによって、あなたの哲学に手を加える。ほんの
わずかの技術者さえいれば、信じられないスピードで、人間の未来
経験のすべてを形成するような技術を作り出すことができる」（p.
7）。代議制民主主義や投票プロセスとの関連でいえば、AIのよう
なデジタル技術を使えば、個別化された広報などによって、投票者
に対して、特定の政治家や政党を支持するようにナッジすることが
できる。S・ニヤゾフ（Niyazov 2019）は、このことによって、少
数派（つまり浮動票投票者）の暴政が起こる可能性があると主張す
る。大衆操作に関連した、よく知られた事例の一つとして、ケンブ
リッジ・アナリティカが、フェイスブックの使用者の個人データを
無許可で収集していた事件がある（第2章参照）。糾弾されたのは、
その事件で個人データが、ドナルド・トランプの2016年の大統領
選挙活動を含んだ、さまざまな政治プロセスに影響を与える目的で
使用されたことであった。政治的リーダーシップについてのベル
（Bell 2016）の基準を念頭に置くと、大衆操作のためのAIの使用
は、知性、社会性、徳性からの乖離を意味している。そして、ベル
によれば、仮にAIが政治的リーダーシップを引き受けたとして
も、はたしてAIが、それにふさわしい知的能力や社会性や徳性を
持つことができるかは疑問である。

　いかなる意味でも、人間によるリーダーシップをAIが引き受け
ることは危険であり、民主主義に反している。リーダーシップを引
き受けたAIが人間性を破壊することが危険であるというだけでは
なく、AIが、最も人類のためになるように、統治したり、統治を
要求したりすることが危険なのである。これは古典的なSFのテー
マであり（たとえば、映画『アイ、ロボット』やニール・アッ
シャーの『ポリティ』シリーズの小説を見よ）、すべての種類の民
主主義の理念にとって脅威である。それは、市民の自律性という意
味の自由を破壊することによって、自由民主主義を破壊し、最終的
に、I・ダムニャノヴィッチ（Damnjanović 2015）が論じたよう
に、政治そのものを私たちから奪ってしまう。このシナリオを擁護

するのは、かなり特殊に解釈されたバージョンのプラトンくらいであり、そこでは、AI が人工的な哲学王の役を演じることになるだろう（そのシナリオには、おそらく、人類全体に対する功利の最大化を目指す近代功利主義的議論か、または、人類の存続と平和とを目指すホッブズ流の議論が結びついている）。つまり、国家という船の船長もしくは操縦士（水先案内人）が、自動運転装置になるということである。そしておそらく、それは、全人類や地球全体をも導くことになるだろう。本章で取り上げた民主主義の理論はすべて、このような見解には反対するはずである。しかし、そのような AI 権力者を持つことが正当かつ公正であるかどうかは別として、そもそも、そのような AI が、現実的に、権力を持つことができるかどうかは分からない。

　技術哲学の観点から述べると、そのようなシナリオや議論が示していることは、AI は単なる技術ではなく、常にすでに道徳的可能性や政治的可能性に結びついているということである。そうしたシナリオは、AI の非道具性を描いているのである。AI は、単なる政治のための道具ではなく、政治そのものを変化させる。加えて、仮に AI が民主主義の枠内で使用されていたとしても、意思決定がAI のレコメンデーション（おすすめ）に基づいている場合には、アカウンタビリティ*74 や正統性の問題が発生する。特に、AI による意思決定の過程に透明性がない場合や、意思決定生成過程の中でバイアスが導入されたり再生成されたりしている場合にはそうである。よく知られている例として、刑事判決、仮釈放、社会サービスの受給資格などに関して、アメリカ合衆国の判事を支援する AIがある（p. 54「COMPAS の事例」参照）。民主主義にとって、公共のアカウンタビリティは非常に重要である。市民についての意思

---

*74　アカウンタビリティとは、政治家や公職者のように公的な影響力を伴った意思決定を行うものが、自分の意思決定の内容や結果について、関係者（有権者や市民など）に対して説明し、それについて評価を受ける責務のこと。説明責任、答責性ともいう。

決定を行う公職者は、アカウンタビリティを負わねばならない。もし、公職者たちが意思決定のためにかなりの程度において、AIに頼っているとしたら、そしてもし、AIがその意思決定に至った過程が透明でも中立的でもなかったとしたら、どのようにアカウンタビリティを維持したらいいかは分からなくなってしまう。AIの意思決定が中立的であることは、第2章の末尾（p.51）で述べたように、平等性が民主主義の条件の一つであるという理由からも重要である。独占的なテック産業[75]は、データやその流れを管理し、それによって最終的に人民を管理しているが、そうしたテック産業が私たちを管理しているとしたら、それは平等性という観点から見ると問題となる。P・F・ネミッツ（Nemitz 2018）は、現代における、デジタル権力の集中を批判している。彼の主張によれば、AIがもたらす課題は、AI倫理だけでは対処できず、民主的プロセスをつうじて作られる、強制力と正統性とを伴った規則で対処されるべきである。ネミッツは、AI文化が民主的であることを要求しているのである。

　ビッグテックの持つ力は、フェイクニュースや偽情報を扱うときにも問題となる。フェイクニュース、つまり、ニュースとして提示される間違った情報や誤解を生む情報、の問題は、技術決定論的で過度に悲観的なデジタルメディア技術批判（Farkas and Schou 2018, p. 302）においても取り上げられるが、その現象は、民主主義との関連でも深刻な政治的問題をもたらすものである。何が「フェイクニュース」とされるのか、そして、誰がそれを決めるのか。民主的に選挙で選ばれた組織ではなく、ツイッターやフェイスブックのようなソーシャルメディア企業が、どのようなコンテンツが許され、どのようなコンテンツは許されないかを決める検閲者になるべきなのか。もしそうだとしたら、どのように検閲をすべきなのか。先述のとおり、インターネット企業はコンテンツ調整、つまり検閲

---

*75　ここでは、特に、巨大IT企業を中心とした、ICTに関わる産業のことを指している。

をしている。現在のソーシャルメディアプラットフォームの規模の大きさや時間枠の短さを考えると、こうしたコンテンツ調整の一部またはすべてが、自動化されていくことは避けられないだろう。しかし、そうなると、公共の話題の管理（そして、何を事実とみなし、何を真実とみなすかの管理）が、少数のシリコンバレーのエリートによってなされることになる。それは、民主主義の制度の光の届かない場所からなされる、隠れた統治に他ならない。ここでも、透明性とアカウンタビリティとは損なわれている。公平性にかかわる複雑な問題点がどのように扱われるかも明らかではないし、そうした問題が脱政治化してしまう危険すらある（Gorwa, Binns, and Katzenbach 2020）。加えて、アルゴリズムが、ヘイトスピーチを推進してしまうかもしれないし、ユーザーのコンテンツアクセスや意見表明の自由を制限するかもしれない。ユーザーの権利が十分に守られるかどうかも明らかではない。さらに、アルゴリズムによる話題規制が、社会的トレードオフを反映しているとは限らない。そこには、チェックアンドバランスが欠けているので、社会全体の利益のための権力行使を保証することもできない（Elkin-Koren 2020）。こうした問題を含めた、諸々の複雑な政治的問題を扱うためには、AIの能力は十分ではない。さらに、マルクス的視点からみると、発言の自由そのものが一つの商品であるともいえる。つまり、データ経済において経済的価値へと変換可能なものということである。こうした文脈で、政治的自由や政治参加は、どのように捉えられるだろうか。そして、公開討論を実施する際の規約は誰が決めるのだろうか。規約や条件を決めるのは、権力を持った少数のアクターである。フェイスブックやツイッターのようなプラットフォームが決めた規約にユーザーが合意するという、いわゆる、ユーザー「合意」というものは、民主的な規約というよりも命令書に近いものである。このような論点は改めて次のことをあぶり出す。すなわち、AIは、ある特定の政治というゲームをしている人が使う、政治的に中立的な道具として機能するのではなく、AI

は、政治というゲームそのものを変え、政治がなされる条件を変えてしまうのである。AI は、民主主義を媒介し、民主主義を形成しているのである。S・ニヤゾフ（Niyazov 2019）は、開かれた社会であれば、そこには批判的思考の道が作られているので、民主主義や平等性に関わる問題にも対処できると信じている。しかし、開かれた社会自体が変わってしまったら、つまり、批判的思考にとって不透明で敵対的なものに変わってしまうとしたらどうだろうか。

　民主主義においては、自由や平等などのさまざまな政治的価値の間でのむずかしいトレードオフが必要となることも注意しておかねばならない。第2章で述べたように、トクヴィルは、自由と平等との間の根本的な緊張関係を見ていた。彼は、平等が行き過ぎることで、個人の自由や少数派の権利が保証されなくなり、それにより暴政が起こるかも知れないと懸念していた。他方でルソーは、民主主義と真正の自由とのためには、政治的平等と道徳的平等とが必要であり、それらの平等のためには、最低限の社会経済的な質が必要であると考えた。今日でも、ピケティの業績への反応で見られるように、政治的理論における平等についての議論は続いている。第3章では、AI がさまざまなかたちで平等性に影響を与えうることを見た。民主主義の成功や正統性は、多様に異なる政治的諸原則の間の折衝や調整ができるかどうかにかかっているが、そうした政治的諸原理も影響を受けている。つまり、AI がそれらの価値の実現に対して、不透明かつ非公共的に影響を与えているのである。たとえば、ルソーが述べたように、民主主義には道徳的平等が必要なのだとしたら、他の価値には関係なく、そのことだけで社会的不平等をなくすための十分な理由となる。AI が、たとえば、失業を増やすとか、バイアスを増進するという理由で、不平等を増進するなら、それは道徳的不平等や政治的不平等を増進するのであるから、その理由によって非民主的であることになる。しかし、民主主義のためには、自由も守られなければならない。そこには、十分な程度の消極的自由なども含まれる。もし、財の再配分が消極的自由を減ずる

ならば、自由と平等との間で受容可能なトレードオフを見つけなければならない。そして、この調整作業は、公正の概念を考慮に入れることで、さらにむずかしくなる。たとえば（現在においてであれ、過去においてであれ）、不当に扱われた集団に対して優遇をする場合のように、公正が、いつも平等そのものを目指すわけではない。AIが非民主的である理由を正当化するためには、平等や公正といった、他のさまざまな価値に依拠しなければならないが、それらの諸価値は相互に緊張関係にあるのだ。AIに関する議論のような文脈において、民主主義を論じる場合には、こうした折衝や調整のようなさまざまな政治的要素を避けることはできない。

　まとめると、これまで見てきたように、AIは直接的に民主主義を壊す道具として使われるだけではなく、それに加えて、意図していない派生効果を持ち、熟議という民主主義の理念の実現を困難にしたり、ポピュリズムを推進したり、公共的アカウンタビリティを脅かしたり、権力の集中を増進したりする。さらに、AIに関わる政策は、潜在的に対立する様々な政治的価値の間の調整をしなければならない。

AIと全体主義の起源：アレントからの教訓

AIと全体主義

　民主主義は、権威主義や全体主義との対比の中で定義することもできる。全体主義というのは、強力な中央権力を持つという意味で権威主義的であり、それは、これまで触れてきたあらゆる意味の民主主義（投票、市民参加、多元性や多様性など）を本質的に脅かすが、それだけでなく、市民の公共生活と私的生活とに深く介入する。全体主義を特徴づけるのは、政治弾圧、検閲、監視社会、国家的テロリズム、政治的自由の完全な欠落である。全体主義の歴史的例としては、ヒトラーのナチスドイツ、スターリンのソビエト連邦、毛沢東の共産主義中国、ムッソリーニのファシズムのイタリア

がある。今日、デジタル技術が、新しい方法の監視と操作とを提供しており、それは、全体主義を支持したり、全体主義をもたらしたりするかもしれない。そうしたデジタル技術のうちの一つが AI である。AI は、権威主義者やその支持者たちが、選挙で不正をしたり、誤情報を流したり、反対意見を管理抑圧したりするための助けになるだけでない。それは、全体監視や全体管理といった、ある特定の種類の監視と管理とを生み出すことにも使われる。ブルーム（Bloom 2019）は、「すべての人が完全に分析され把握されている」ような状況をもたらす「全体主義 4.0」の脅威を警告している。そこでは、「すべての人のすべての行為が監視され、すべての人のすべての選好が把握され、すべての人の人生全体が計算され、予測可能になる」（p. vii）。もし、AI による監視によって、すべての人について知ることができるならば、AI は、私たち自身よりも、私たちをよく知っていると主張することができる。このことは、パターナリズム（第 2 章 p. 25）や権威主義への道を開く。マッカーシー＝ジョーンズ（McCarthy-Jones 2020）は次のように述べる。

　個人主義的な西洋社会の基盤となっているのは、私たちの思想や欲求や快楽について私たち自身以上によく知るものなどいないという考えである。……人工知能（AI）はそれを変える。AI は、私たちのことを私たち自身よりもよく知るのである。AI で武装した政府というのは、人民が本当は何を欲しているのかを知っていると主張することができてしまうのである。

　マッカーシー＝ジョーンズは、この考えをスターリン政権下のソビエト連邦と毛沢東政権下の中国で起きたことと比較している。AI は、すべての市民が「遠隔画面」で常に監視される、デジタル版のビッグブラザーを可能にする。こうしたことは、現代において、特に権威主義的で全体主義的な傾向を持つ一部の国では、珍しいことではない。技術的には、国家が AI やデータサイエンスを

使って大衆を監視することはすぐにでも可能である。たとえば、中国の社会的信用システムは、個人の残したデジタル足跡に基づいて管理されている。国家は、監視カメラのビデオ画像、顔認識ソフト、音声認識、アリババやバイドゥのようなテック企業の持つ個人データを使っている。L・ダイアモンド（Diamond 2019, p.23）は、このような現象を、「ポストモダン的な全体主義」の形態と名付けている。

　さらに、AIは、国家全体主義のために使われるだけではなく、企業全体主義といえるようなものをも可能にする。あらためて、ズボフの主張（Zuboff 2015; 2019）を検討してみよう。彼女によれば、私たちは「監視資本主義」、つまり、人間行動を監視して変容する、新しい論理の資本主義的情報収集体制のもとで生きている。ズボフ（Zuboff 2015）は、「ビッグブラザー〔大きな兄弟〕」ではなく、「ビッグアザー〔大きな他者〕」という言葉を使う。つまり、私たちが直面しているのは、中央集権化された国家的管理ではなく、「トースターから身体まで、そして、コミュニケーションから思考に至るまで、日常的な経験を記録し、変容し、商品化するユビキタスにネットワーク化された制度体制であり、それらはすべて、収益化と利益への新たな道筋を確立することを目的としている」（p.81）。このことは、すでにソーシャルメディアを通じてある程度は実現されているのかもしれないし、「モノのインターネット」のような技術は私たちの家や職場や街をスマートな〔賢い〕環境に変換しており、それらのスマートな環境が、徐々に、すべての出来事がAIのような電子技術に監視される場所に変わっていくことは容易に想像することができる。そして、AIは、私たちを監視するだけでなく、私たちの行動を予測する。こうして、AIとデータサイエンスは、新しい形態の全体主義のための道具となり、そこでは、AIの方が、私たちについて、私たち自身よりもよく、そして、私たち自身よりも先に、知っているのである。ハラリ（Thompson, Harari, and Harris 2018）が雑誌『ワイアード』のインタビューで

述べているように、人間の感情や人間の選択というのは、もはや神聖な領域ではない。人間は、いまや、完全に操作することができる。「私たちは、もう、ハッキング可能な動物なのである」。このことは、政府や企業による暴政の可能性を開く。AIや関連する技術を使って得られた知識は、私たちを操作し管理するために使うことができるのである。

　つまり、H・アレント（Arendt 2017）の言い回しを借りると、技術は、全体主義の起源の一つになる危険性を持っている。民主主義から全体主義への転換は、一人の総統や議長が登場して、たとえば、革命やクーデターなどによって、あからさまに民主主義を破壊することなどによって（のみ）起こるわけではない。転換の過程は、それよりずっとひっそりと、ゆっくりと、それでいて効果的に進行する。AIのような電子技術が使われる中で、権力のバランスは、ゆっくりと力のある少数のアクターの側に、つまり政府側のアクターや、企業側のアクターへと移っていき、当然ながら人民からは離れていく。もちろん、すべてはそもそも、まずは人民が十分な権力を持っていたらの話ではある。この意味でも、AIは道具以上の何かである。AIはゲームのルール自体を変えてしまう。AIが政治の領域で使われると、政治の領域を変化させ、たとえば、全体主義的な動きを作り出してしまうこともある。

　しかし、技術だけが、民主主義を危険にさらす要因ではない。当然ながら、技術の効果は、技術が機能し操作される場である、人間環境や社会環境から孤立して働くわけではない。AIだけでは、上述で示したような危険性をもたらすことはできないし、AIだけが悪いわけでもない。人間環境や社会環境、そして、それらと技術が相互作用する仕方が、少なくとも同じくらいには重要である。このことを理解するためには、歴史上の権威主義や全体主義の具体例を分析した人たちから教訓を引き出す必要がある。彼らは、いかにして民主主義がまったく逆のものへと転化したのかについて考え、一度起きてしまったことは二度と起きてはならないという規範的見解

に動機づけられている。前世紀、第二次大戦後に、多くの知識人がこの問題を詳細に論じたが、そのうちの一人がアレントである。

全体主義の起源と悪の陳腐さについてのアレントの考察

『全体主義の起源』（2017）は、もともと1951年に出版されており、ナチスドイツやソビエト連邦の全体主義の背景について書かれたものである。そこでアレントは、全体主義の具体的形態を記述するだけではなく、全体主義をもたらす社会を準備する状況についても探求している。彼女の主張によれば、もし、全体主義的運動が、「一貫した嘘によって虚構の世界を設立し維持する卓越した能力」（Arendt 2017, p. 499）と「十全な現実感の無視」（p. xi）によって、社会の全体主義的転換に成功したとしたら、それは、すでにそこに、そのための近代社会を準備する状況があったからである。彼女は、近代人というのは、自分自身が膨大な力を使って作り出した世界の中で生きることができなくなり、その世界を理解することもできなくなっていると指摘している（p. xi）。特に、彼女は、孤立、つまり「通常の社会関係の欠如と隔離」によって、人びとは、ヒトラーのような当時の全体主義的リーダーが行使していた暴力的な国家主義の影響を受けやすくなることを強調している。一般的にいえば、「恐怖の絶対的な支配が及ぶのは、お互いに隔離された人たちに対してのみである」（p. 623）。ホッブズの議論を思い出してみよう。リヴァイアサンが剣による権威主義的な統治を確立できるのは、個人の人生が「悪辣で野蛮で短い」とき、そして、個人個人が互いに孤立し競争しているときだけである。問題は、権威主義や全体主義そのものではなく、そこにはもっと深い傷がある。つまり、連帯や集団活動の欠如と、最終的に起こる、政治という領域そのものの崩壊である。アレントは次のように書いている。「隔離とは、自分の生活の中の政治的領域、つまり、共通の関心事の追求のために共同で行動するような場面、が破壊されてしまった場合に、人が追い込まれる袋小路のことである」（p. 623）。それは、信頼のなく

なった世界のことであり、「誰も信頼できず、何にも依存できないような」（p. 628）世界のことである。

　現代において、政治運動が、運動自体やその支持者たちを「事実性の影響から」（p. 549）遠ざけているという現象は、トランプ主義、フェイクニュース、（非政府的な）テロリズム、などを考えるとむしろ身近に感じられる。孤立や世界の理解不可能性の話も同様である。それは、教育を受けていない人や社会から排除された人だけの問題ではない。トランプ支持者の多くは中産階級である（Rensch 2019）。もちろん、彼らすべてが、独りでいるという意味や友達がいないという意味で孤立しているわけではない。しかし、彼らは、アレントのいう意味で、つまり、連帯と信頼との世界を持っていないという意味で、政治的に孤立しているとみなすことはできる。バイアス、搾取、新植民地主義（第3章と第5章参照）などの問題と、ポピュリストの役割や右翼のプロパガンダやイデオロギーとの関連性を考えてみると、現代のアメリカにおいて、信頼の欠如した世界や政治的隔離が、権威主義の勃興のための理想的な土壌を形成していると言えるかもしれない。アレントが正しいなら、権威主義と全体主義とが、ダメージを受けた社会という布地を作り出すのではなく、それらは、すでにダメージを受けた社会という布地の中で育つのである。アレントの視点で見ると、全体主義というのは、厳密に言えば、政治的な運動ではなく、政治という領域自体を破壊する運動なのである。全体主義は、権威主義的であるという意味で反民主主義的であるのはもちろんであるが、「組織化された孤立」（Arendt 2017, p. 628）つまり、お互いの信頼関係の崩壊、真実や事実に対する信仰の腐敗という点でも反民主主義的なのである。私たちは、このような考察を踏まえて、改めて技術に関する問いを考えてみないといけない。AIのような現代の技術は、上述のような状況の発現に寄与するのだろうか。寄与するとしたら、どのように寄与するのだろうか。

　もちろん、AIは、先述したような認知的バブル*76を作ったり

するし、もっと直接的に、誤情報をひろめて、人びとを現実から遠ざけたり、現実を歪ませたりすることに使われることもある。しかし、アレントが指摘したような、全体主義の基盤となる心理社会的状況や社会認識的状況を発現させるために使われることもある。この種の議論の一つの型は、文字通りの意味の孤立（つまりアレントの意味とは少し違っている）に焦点をあてたものである。タークルによれば、機械は、私たちに虚像の仲間意識を提供することによって、孤立を実現させる。『つながっているのに孤独』（Turkle 2011）で彼女は、ロボットは「友情を必要としない、仲間意識の虚像を提供しているのかもしれない」（p.1）と述べている。私たちはネットワークでつながっているが、「完全に独りであると」感じている（p.154）。私たちはもう、人間との友情というリスクを引き受けなくてもよい。というのも、友情と共にやってくる相互依存性を私たちは嫌っているからである（p.66）。私たちは、スクリーンの裏に隠れる。誰かに直に電話することですら、直接的すぎるとみなされる。しかし、その中で私たちは、人間的な共感や、互いを大切にすることを忘れてしまう。互いの要求に互いが答えることを忘れてしまう。真実の友情や愛情を忘れてしまう。そして、他者を対象として扱い、他者を自分の都合や嗜好のために使うようになってしまう（p.154）。このことがどれほど大きなリスクかを、そして、それが果たしてソーシャルメディアによって作られたものなのかどうかを、よく考えてみる必要がある。タークルは、技術がもたらす肯定的な社会的可能性を拒絶しすぎているようにも思われる。しかし、「つながっているのに孤独」になることの危険性は深刻に考えておかねばならない。アレントが正しいなら、この孤立感は、個人的に悲しい状態であるというだけではない。それが、信頼や連帯の普遍的な喪失をもたらすなら、政治的な問題となるし、それが全体主義のための土台を作るのであれば、危険でもある。

---

*76　泡の中にいるように、外部からくる重要な情報が遮断されてしまう現象。

AIのようなデジタル技術がこうした現象を発現させるのであれば、政治的に問題である。たとえば、ソーシャルメディアは不安を作り出し、それは最終的には部族化をもたらす。つまり、常にセンセーショナルな悪いニュースに攻撃されるなかで、私たちは、自分の属する「部族」からの情報しか信頼することができなくなっていく（Javanbakht 2020）。エコーチェンバー現象や認知的バブル現象は、この部族化をさらにおしすすめる。不安は孤立や分裂を助長し、部族化は公共圏の政治的分極化や分散化をもたらすだけでなく、暴力をもたらす。加えて、アレント（Arendt 2017, p. 572-4）は、ナチスの強制収容所が、科学的に管理されたやり方で、人間の人格を単なる事物に変換したと主張するが、AIによる現代版の行動操作も似たような道徳的影響をもたらすと考えることができる。というのも、そうした行動操作は、人びとを、アレントの言うところの「歪んだ」動物へと変え、ハッキング可能にしてしまうからである。監視資本主義や、データ経済がいかに人間からの搾取や人間の操作に基づいているかを思い出してみるとよい。第二次世界大戦でなされた非道行為、より一般的にいえば、全体主義による悪行との並行関係は他にもある。『プライバシーは力である』（Véliz 2020）において、C・ヴェリスは、現代の権威主義的体制が私たちの個人データを所持していることと、ユダヤ人大量虐殺のためにナチスが使った名簿とを比較している（p. 115）。彼女によれば、「データ収集は人を殺すことができる」（p. 114）。AIやデータサイエンスは、そのような目的に使われているかもしれないし、こっそりと、そうした現象が起こる状況を作り出しているかもしれない。

　ただし、技術そのものは人を殺しはしないし、全体主義的体制を作り出すことも支持することもない。そこには人間が必要である。特に、規則に従順な人間、反抗をしない人間が必要である。このことは、アレントのもう一つの著作、「悪の陳腐さについての報告」というサブタイトルで有名な『エルサレムのアイヒマン』（Arendt 2006）につながる。1963年に書かれたこの著作で、アレントは、

執筆の二年前に実施されたアドルフ・アイヒマンの裁判を分析している。アイヒマンとは、第二次世界大戦中のユダヤ人大量虐殺において主要な役割を果たしたナチス党員の一人である。アレントは自分で裁判を傍聴している。その報告は大きな反響を呼んだ。アレントは、アイヒマンを怪物だとかユダヤ人嫌悪主義者だとはとらえずに、自分は指示に従ったのだという彼自身の見解をその通りにとらえる。「するように指示されたことをしなかった場合にのみ、彼は良心の呵責を感じたのだろう」（p. 25）。彼は自分の「義務」（p. 135）を履行したのであり、その義務とは、ナチスドイツによる指示と法律に従うことであり、つまりは、総統の指示に従うことであった。そこに例外はなかった（p. 137）。従順であることは「美徳」であった（p. 247）。この分析は、全体主義の起源を考察するアレントの企図に役に立った。彼女は、反抗ではなく、従順こそが、悪に関係する要素であると結論付ける。ナチスドイツは、アイヒマンのような、「ただ」指示に従い、自分の仕事を遂行しただけの多くの人びとの協力なしには、その犯罪や非道をなすことはできなかっただろう。これこそが、全体主義的悪というものが持つ、陳腐で凡庸な顔であるが、その「恐ろしさ」に変わりはない（p. 252）。アレントにとっては、全体主義的なリーダーの内面生活や動機付けなどよりも、この従順さの方がずっと重要なのである（p. 278）。それでも彼女は、どこにでも反抗する人が幾人かはいることに希望を持っている。「恐怖という状況下では、ほとんどの人が規則を遵守するが、中にはそうでない人もいる」（p. 233）。

　AIと全体主義との関係性を理解するために重要なことは、私たちは、人びとの意図や動機だけを（それが善いものであれ、悪いもの、たとえば、権力を持つために人びとを操作したいとかであれ、凡庸なもの、たとえば、AI企業でデータサイエンティストとしてキャリアを積みたいとかであれ）見るのではなく、行為の持つ意図せざる帰結について考え、たんに自分の仕事をこなすことがその帰結につながるかもしれないということを考えなければならないとい

うことだ。通常は、バイアスが意図されるなどということはない。たとえば、特定の開発者やデータサイエンティストのチームが、社会におけるバイアスを増進しようと意図しているなどということはまずない。しかし、巨大企業や政府組織で仕事をこなすことによって、彼らはまさにバイアスを増進しているかもしれないのである。悪い意図を持った人間などというものは（テック企業であれ他の場所であれ）、ほんの少しくらいはいるのかもしれないが、一般的にはほとんどいない。むしろ、たんに自分の仕事をこなしたり、権威に従ったりということが、バイアスの生成や増幅をもたらすのである。アレント的観点からいえば、悪徳や邪悪というのは、問わないこと、考えないこと、すべきことを淡々とすることの中にある。悪は、日常的な技術的実践のなかで、そして、技術的実践に関連する階層構造のなかで、人びとが自分の「義務」をこなすという凡庸さのなかにある。悪の居場所は、悪い結果を防ぐために規則違反が必要とされる場面における規則順守の中にある。政治的に述べるならば、悪は、反抗が正当なことである場面において反抗しないときに現れるのである。

　反抗が重要なのは全体主義においてだけではない。民主主義においても反抗は重要である。ある意味では、法律の枠組み自体の中に、不服従の可能性は組み込まれている。M・ヒルデブラント（Hildebrandt 2015）によれば、「不服従や異議申し立て可能性は、立憲民主主義における法律が持つ主要な特徴である」（p. 10）。法治的な民主主義において、市民は、規範そのものやその適用方法に対し異議を申し立てることができる。しかし、アレントにならって、より強く、より過激に次のように主張することもできる。すなわち、法（や法廷）が何を言おうとそれにかかわらず、反抗は、道徳的理由と政治的理由によって、正当化されるし、必要とされる。いずれにせよ、盲目的に規則や指示に従うことは非常に危険であり、道徳的に問題であるというアレントの指摘は、民主主義においても重要なのである。

関連する議論において、考えることの欠如も指摘されている。
『エルサレムのアイヒマン』に影響を受けて、D・マッキラン
（McQuillan 2019）は次のように主張している。AIは人びとに対
し「リスクについての経験的序列」を提供するが、「その序列の由
来については問う方法がなく」、AI技術は「ハンナ・アレントの述
べた意味の、思考拒絶、つまり、指示に対して批判する能力のな
さ、結果に対する反省の欠如、ただしい秩序が保たれているはずだ
という信念の貫徹を助長している」（p. 165）。AIによって促進され
る統計的アプローチの危険性は、それが過去のデータに基づいてい
る点にあり、私たちは以前と同じであることをよしとし、古い状態
で留まり続けることになる。『人間の条件』（Arendt 1958）でアレ
ントは次のように述べている。

　　実践的用途や日常的用途のためであればほぼ確実とみなしてよい
　　くらいの、統計的法則性や蓋然性があっても、その圧倒的な倍率
　　に逆らって、新しいことは常に起きるものである。だから、新し
　　いことはいつも、奇跡という装いで現れる。人間が行為すること
　　ができるという事実は、予想できないようなことを、人間に期待
　　してもよいということを意味しており、人間が限りなく不可能に
　　近いことをなす能力があることを意味している。（p. 178）

　マッキランのようなAIの見方は、あまりに決定論的であるし、
人間と技術とを不必要なまでに厳しく対立させてしまうリスクを
持っている（危険に対しては人間も一役買っているはずである）の
は確かであるが、AIの使い方によっては、つまり、AIと人間との
間に特定の結びつきがあるときには、全体主義が繁栄するような状
況が作り出されるという重大な危険性はある。
　大事なのは、状況に注目することである。AI全体主義を防ぐた
め（そして民主主義を維持するため）には、テック企業や政府組織
の人びとの責任を指摘して、彼らが技術やデータなどの設計を改善

すべきだと言っているだけでは不十分である。必要なのは次のように問うことである。すなわち、人びとが責任感を持つことを支え、人びとが疑問を持ったり、批判したり、反抗が正当である場合には反抗したりことを容易にするために、どのような社会環境を作ることができるだろうか。上で述べたような民主主義から全体主義への転換を防ぐために、どのような防波堤を作ることができるだろうか。民主主義が繁栄するような状況をどうしたら作ることができるのだろうか。

　もちろん、こうした問いへの答えは、民主主義（や政治）の理念によって変わる。本章では、いくつかの民主主義の理念と、それら相互間の緊張関係について概観した。しかし、民主主義を機能させる状況については、さらに掘り下げた議論が必要である。ここで、哲学と科学と（芸術と！）が協働できることになる。たとえば、ミーセンとリット（Miessen and Ritt 2019）の右翼ポピュリズムの空間政治学の著作を踏襲して、民主主義のための空間的条件と物質的条件について問うこともできるだろう。民主的な熟議のためにはどのような空間が適しているのだろうか。AI はどのような空間を作成するのだろうか。文字通りの意味においてであれ、比喩的な意味においてであれ、民主主義に適した建築をつくるために、どのように AI を使ったらいいだろうか。概念的な意味だけでなく、具体的、物質的、空間的な意味において、どのようなアゴラや公共空間が必要なのだろうか。一方における、政治的なものや社会的なものと、他方における、物質的人工物とは、どのような関係性を持つのだろうか。たとえば、私自身は別のところで（Coeckelbergh 2009a）、「人工物の政治学」という言い方はどのような意味を持つのかを問うた。私が問題としたのは、『人間の条件』においてアレントがした、ポリスについての人間中心主義的な定義であった。その定義は、人間と人工物との厳格な区別を前提としているが、彼女は、政治的イベント（プロローグで描かれているスプートニク号の打ち上げ）の重要性を強調してもいて、公共領域を作るためには私

たちを集めるための共通世界、たとえば、「事物の共同体」のような
ものが必要であるという考え方にも触れている（Arendt 1958, p.
52-5）。人間でないものを政治領域に含める考え方や、政治におけ
るハイブリッド性の意味については、第6章でさらに論じることと
する。一般的に言えば、一方における、政治的なものや社会的なも
のと、他方における、知識や空間や物質的技術との間の関係性の詳
細について、私たちはもっとよく知る必要がある。私たちは、民主
主義のための条件や公共圏の構築について、新しい技術と技術的環
境とを念頭に置いて、考えねばならない。

　政治哲学と技術哲学がこのプロジェクトに貢献できる一つの方法
は、権力について、そして、ほとんど理解されていない、権力と技
術との関係について概念化することである。私たちがAIのような
技術を使って何をしているのか、そして、何をすることができるの
かを（危険性のみでなく可能性も含めて）よく知りたいのであれ
ば、私たちは、権力がどのように機能するのか、そして、権力が知
識や技術とどのような関係を持つのかを理解しなければならない。
それが、次の章のテーマである。

第 5 章

権力：データによる監視と
（自己）規律化

政治哲学における主題としての権力

　政治について語る一つの方法は、権力という概念を使用することである。権力は、否定的な仕方で理解されたり、理想に対する現実のありさまを示すものとして理解されたりすることが多い。たとえば、権力が引き合いに出されてきたのは、自由民主主義の熟議的で参加的な理想を擁護する人たちに対してである。J・デューイが抱いていた参加型民主主義の理想についてもう一度考えてみよう。批判者たちは、この理想が争いと権力について語ることを避けているため、それはナイーヴだと論じてきた。この理想はとりわけ、知性的に判断し行動する一般市民の能力や、合意に至る可能性についてあまりにも楽観的だとみなされる。そのため、R・W・ヒルドレス（Hildreth 2009）のいう「権力への渇望や、自らの利益のために社会的関係を操作することをいとわない欲求などの、人間本性のうちの暗い力」（p. 781）を無視しているのである。デューイの後まもなくして、C・W・ミルズは『パワー・エリート』のなかで、「現代社会のさまざまな主要な秩序と組織を支配し」（Mills 1956, p. 4）、そこで手にできる限りの権力と富にアクセスできる企業・軍・政府に属する人びとがアメリカ社会を支配している、と述べている。ミルズが見たのは、参加型民主主義の擁護者たちがあるべき姿として想像するかもしれないような、「討論する公衆と政策決定の頂点とを結びつける複数の自由結社によって責任ある仕方で抑制されている」市民たちではなく、エリートによって運営される「組織

された無責任のシステム」（p. 361）だったのである。デューイが想像したような公衆による問題解決は、大規模になると機能しない。政治には権力をめぐる争いが必要で、科学的な問題解決モデルをその範とすることはできない。デューイは、権力が社会の中でいかに配分されているか、社会がどれほど深く分断されうるかを誤って無視したことになる。前章で見てきたように、こうした批判は、科学的な問題解決モデルの代わりに、権力をディセンサス（不一致）と敵対性として考察することを提案するムフとランシエールとも歩調を同じくするものでもある。さらに、マルクス主義は、資本がその所有者にいかに権力を与えるかを強調して、社会階級のあいだの権力配分に対して疑問を投げかける。どちらの場合にも、権力は闘争と結びつけられている。ただし、この闘争というものは、ある特定の条件のもとでは生産的に用いられることもある。

　AIとも直接関わる権力と理想の対立のもう一つの例は、権力と同意としての自由との対立である。アメリカやヨーロッパでは、データ処理ポリシーやAIの利活用方法が記載されたインターネットプラットフォームの利用規約にクリックして同意してもらうことで、消費者の自由などの消費者の権利を保護しようとしている。しかしながら、E・ビエッティ（Bietti 2020）が論じてきたように、この規制装置は、個人の同意が行われるときの背景にあるさまざまの不当な条件や権力構造を考慮に入れ損なっている。権力の不均衡が「同意しようと決断するときの環境を形成している」場合には、同意は「空疎な構築物」（p. 315）にすぎなくなる。また、権力は、真理を危険にさらし（Lukes 2019）、潜在的には人を欺くものだともみなされる。たとえば、全体主義国家の文脈にみられるように、権力を強制のために使用することができる。しかし、権力はまた、さまざまな形態の操作というかたちをとることもできる。これは、推論や、批判的能力の発達の脅威となる。また、歩みを緩める時間的余裕もないような競争的環境につねにさらされているときも、思考することはむずかしい（Berardi 2017）。そのような場合、権力

は思考そのものの敵だとみなされる。

　しかし、権力は必ずしも悪いものではない。M・フーコーは、影響力がある、間違いなくより複雑な権力観を提示している。ニーチェに触発されて、フーコーは、社会を権力、特に力関係という観点から概念的に説明した（Foucault 1981, p. 93-4）。しかし、彼の見方はマルクス主義とはかなり異なる。フーコーは、中央集権国家や支配者ないしエリートの観点からトップダウンで権力を分析する代わりに、ボトムアップのアプローチを提案する。これは、主体を形成し、特定の身体のあり方を産出し、また社会全体に浸透している権力の微細なメカニズムとその作用から出発するアプローチである。彼は、監獄や病院の中に存在するこうした権力のミクロ・メカニズムを分析する。フーコー（Foucault 1980）は、ホッブズ思想においてリヴァイアサン*77の頭部になぞらえられた中央集権的な権威主義的主権に権力を結び付ける代わりに、権力の複数性と権力の身体とに焦点を当てる。つまり、「権力の効果によって、周縁的な主体として構成される多種多様な身体」（p. 98）と、権力の「無限小のメカニズム」とに焦点を当てるのである。権力は、「社会体*78の上部から」（p. 39）ではなく、むしろ社会体の内部で行使され、社会体を通じて「流通する」（p. 98）のである。さらに、フーコーが関心を抱いているのは、いかにして権力が「個人ひとりひとりにまで到達し、その身体に触れ、彼らの所作や態度やものの

---

*77　イギリスの政治哲学者トマス・ホッブズ（1588-1679）は、その主著『リヴァイアサン』（1651）において、社会契約により自然権の譲渡を受けた国家主権のあり方を、「リヴァイアサン」という怪物になぞらえた。『旧約聖書』では、獰猛な海の怪物として描かれている。しかし、『リヴァイアサン』の口絵では、そうした怪物としてではなく、社会の成員がまるで細胞のように集まって構成され、右手には剣、左手には牧杖を持つ、王冠をかぶった巨大な人間として描かれている。

*78　社会体はフランス語では corps social、英語では social body と表記される。同じ社会に生きる個人の集合のこと。ホッブズにおける「リヴァイアサン」のように、個人の集合体としての社会というイメージが重ねられている。

言い方、さらに学習過程や日常生活といったものの内に浸透してゆく」（p.39）のかについてである。個人は、権力の作用を受ける点であるだけではない。権力を行使すると同時に権力の影響を被っている。すなわち、個人は「権力の中継項であって、作用点ではない」（p.98）のだ。個人とは、権力の効果なのである。

　こうしたさまざまな権力観は、AIの政治学にとってどのような含意を持っているのであろうか。社会的関係を自分の有利になるよう操作して私たちを欺く人びとによって、AIは使用されるのであろうか。また、AIは、フーコーが描き出す権力のミクロ・メカニズムとどのように相互作用するのであろうか。どのような個人、主体、身体がAIによって作り出されるのであろうか。本章では、こうした問題を提起し、権力に関する政治・社会理論をAIに適用する。最初に、F・サッタロフが展開してきたような、権力と技術に関する一般的な概念枠組を用いて、AIが権力に影響を与えうる多様な仕方を区別する。次に、AIと権力の間のいくつかの関係を入念に検討するべく、権力に関する三つの理論を利用する。その三つの理論とは、マルクス主義と批判理論、フーコーとJ・バトラーの理論、そして私自身の著作で提案したようなパフォーマンス志向アプローチ[79] である。これは、私が「人工権力」と呼ぶもの（これが本書のもともとのタイトルだった）についての結論につながることになる。

---

*79　本章では、"performance"や"performative"といった"perform"系統の言葉が頻出するが、それらは異なる三つの意味で用いられている。すなわち、(1)演劇的な意味（演じること）。(2)行為遂行性に関わる意味（特にバトラーの文脈で。ジェンダーに関わる言説を反復するという行為そのものの効果によって、ジェンダー・アイデンティティが構築されてしまうこと）。(3)職務遂行に関わる意味（成果や業績を挙げるべく職務を果たすこと、あるいはその能力）。クーケルバーグ自身は、人間・AIの関係を演劇的な意味でのパフォーマンスになぞらえることで、AIの権力を理解しようとしている。

権力とAI：一般的な概念枠組に向けて

　現代の技術哲学では、政治と技術の関係は今やよく知られた主題である。技術が意図せぬ政治的帰結をもちうることを示すL・ウィナー（Winner 1980）の仕事や、マルクス主義と批判理論（特にマルクーゼ）に触発されるだけではなく、経験的研究への志向も持ち合わせたA・フィーンバーグ（Feenberg 1991）による技術の批判理論を考えてみればよい。しかしながら、カルチュラル・スタディーズ、ジェンダー研究、ポストヒューマニズムなど、他の分野では権力に多大な関心が向けられているのに対して、技術哲学では、この主題を体系立てて哲学的に扱ったり、概観したりする仕事がほとんど存在しなかった。コンピュータ倫理学には、アルゴリズムの権力に関する仕事（Lash 2007; Yeung 2016）があるものの、権力と技術について考えるための体系的な枠組は何十年も存在していなかった。例外は、サッタロフの『権力と技術』（Sattarov 2019）である。この著作は、さまざまな権力概念を区別し、それらを技術に適用する。彼の貢献は、技術の政治哲学よりはむしろ、主に技術倫理と噛み合わせがよいものであるが、AIと権力の関係を分析するという目的に非常に有用である。

　サッタロフは、権力に関する四つの考え方を区別する。一番目の考え方は、彼がエピソード的と呼ぶもので、たとえば誘惑や強制や操作によって、ある行為者（アクター）が他の行為者に権力を行使する関係に関するものである。二番目の考え方は、権力を傾向性として定義するものである。つまり、この考え方は権力を能力や力能、あるいは潜在力として定義する。三番目のシステム的な考え方は、権力を社会的・政治的制度が有する特性の一つとして理解する。四番目の考え方は、権力を、社会的行為者そのものを構成したり産出したりするものとみなす（Sattarov 2019, p. 100）。最後の二つがより構造的なものであるのに対して、一番目のものは行為者と

その行為に関わる。

　サッタロフに従えば、権力に関するこれらさまざまな考え方を、権力と技術との関係に対応づけることができる。まず、技術は、人びとを誘惑したり、強制したり、強要したり、操作したりする（ないしそうすることを助ける）ことができるし、権限の行使にも使用できる。この種の権力は技術に委託されていると言ってもよいし、技術に関するポスト現象学でよく用いられる概念を取りあげるなら、技術は媒介すると言ってもよいだろう。たとえば、オンライン広告はあるウェブサイトを訪問するようユーザーを誘惑でき、スピードバンプは減速するよう運転手に強要できるが、技術は人びとを操作することもできる。技術は「ナッジする」ことができるのである。つまり、人びとが知らず知らずに特定の振舞いをとってしまいやすくなるよう、選択アーキテクチャを変えることができる（第2章参照）。第二に、技術は、行為の能力や潜在力を増大させるという点で、人びとに力（権力）[80] を与えることができる。それは、人びとに力を与える（empower）ことができるのである。H・ヨナス（Jonas 1984）が論じたように、このことは人類一般にも当てはまる。技術は、人類に莫大な力（権力）を与えてきた。人新世の概念について考えてみるとよい。要するに、人類全体がある種の地質学的な力になってしまったのである（Crutzen 2006）。人類は、地球の全表面を変容させてしまうようなハイパーエージェンシー[81] を獲得してきたのだ（第6章も参照）。第三に、システム的権力に

---

*80　政治に関わる意味に限定されがちな日本語の「権力」に比べて、英語の"power"の意味する範囲は非常に広い。カタカナの「パワー」を思い浮かべてみればわかるように、この語は、より一般的な意味での「力」を意味することもある。技術によって増大する「行為の能力」に話が及ぶこの箇所では、「権力」という訳語だけではカバーできないため、「力（権力）」ないし「権力（力）」としてある。

*81　「ハイパー」（hyper）は、過度である様を表す接頭辞であり、「エージェンシー」（agency）は、行為を引き起こしうる能力や、何らかの作用をもたらす力のことを意味する。ここでは、技術的活動によって地球全体に影響を及ぼすほど強大になった人間の行為能力のことを意味している。

ついて言えば、技術がいかにして特定のシステムやイデオロギーを支えうるかが分かる。たとえば、マルクス主義の観点からすると、技術は資本主義の発展を支えている。ここでいう権力とは、個人の行いに関するものではない。むしろ権力は、技術のおかげで成り立っているある特定の政治的、経済的、社会的システムのなかに埋め込まれている。マスメディアが世論を形成するのがその一例である。このことはソーシャルメディアにもあてはまる。ソーシャルメディアは、ある特定の政治-経済的システム（たとえば、資本主義）を支えているのかもしれないのである。最後に、フーコーが論じてきたように、権力が、個人によって所有・行使されたり、個人に対して使用されたりするだけでなく、主体、自己、アイデンティティを構成するものでもあるとすれば、技術もまた、それらのものの構成に使用することができる。多くの場合、技術開発者や使用者の側にその意図がまったくないにもかかわらず、主体や自己、アイデンティティが構成されているかもしれないのだ。たとえば、ソーシャルメディアが、知らないうちにもあなたのアイデンティティを形成していることがあるかもしれないのである。

　権力と AI について考えるにあたり、このことはいったい何を意味するのであるろうか。

　第一に、AI はたとえばソーシャルメディアやレコメンダーシステムを介して、誘惑したり、強制したり、操作したりすることができる。アルゴリズム一般がそうであるように（Sattarov 2019, p. 100）、使用者の態度や振舞いを変化させるよう AI を設計することができるのである。強制的な手段を用いることなく、人びとを誘惑したり操作したりすることにより、AI は「説得型技術」（Fogg 2003）として機能することができる。スポティファイのような音楽レコメンダーシステムや、アマゾンのようなウェブサイトは、たとえば、似たような本の趣味を持っている人たちは本 x と本 y を購入していますよという表示することで意思決定環境を変化させ、これをつうじて人びとをナッジし、その視聴行動や購買行動を操作しよ

うと狙っている。また、フェイスブックの投稿の順序は、アルゴリズムによって決定されているが、このアルゴリズムは、たとえば感情の「感染」（Papacharissi 2015）という過程をつうじて使用者の感情に影響を及ぼすことができる。諸個人はまた、興味や行動の類似性に基づいてグループ分けされるが、このことによって社会的なステレオタイプが再生産されたり、古い権力構造が追認されたりするかもしれないのだ（Bartoletti 2020）。さらに、人びとは、ダイナミックプライシング（動的価格設定）*82 やその他「個別化」技術によっても操作される。こうした技術は、周知のさまざまなバイアスも含め、個人の意思決定の弱みにつけこむのである（Susser, Roessler, and Nissenbaum 2019, p. 12）。あらゆる操作形態がそうであるように、人びとは、知らず知らずのうちにある特定の仕方で行為するよう影響されている。いま見てきたように、個人の意思決定に対するそのような隠れた影響は、個人的自律として理解される自由を脅かす。こうしたことが生じる限り、私たちは自らの選択をもはやコントロールしていないし、こうしたことがいかにして起こるのか、その裏に潜むメカニズムさえ理解していない。自律という近代的な考え方によれば、私たちは、原子的で合理的な個人であり、また、そうであるべきだとされるが、この近代的な考え方は不十分で、主流の西洋哲学の内外から批判されてきた（たとえば、Christman 2004 および Westlund 2009 における関係的自律*83 についての議論を参照）。しかし、私たちは、社会的、関係的存在としてでさえ、自らの意思決定と人生を何がしかの仕方でコントロールしたいと思うし、操作されたくないと思っている。権力という観点からすれば、これまで言及してきたような AI による誘惑や操作

*82　商品やサービスの価格戦略の一つ。需要と供給の状況に合わせて価格変動させる方式。
*83　従来の個人主義的な自律論が、個人の独立性と他者からの不干渉に基づく自己決定を主張するのに対し、関係的な自律論とは、人間の相互依存性と傷つきやすさに着目し、自律を一定の依存関係や社会的環境の中で育まれるものとして捉える考えのこと。

は、私たちのデータを収集し、所有し、収益を得る人びとの側に、権力バランスを（より一層）傾けることになる。さらに、社会における特定の集団（たとえば、人種差別主義者集団）が、ソーシャルメディア上で人びとを操作することによって権力を獲得しようとすることがあるかもしれない。

　第二に、AIは、人びとの個人的能力を増大させることで、力を与えるかもしれない。たとえば、自然言語処理について考えてみればよい。自然言語処理は、翻訳の役に立つことで、個々人に対して新たな可能性を拓く（それと同時に、脱熟練化やプライバシーへの脅威といった問題も生み出す）。しかし、AIは、人間か人間ならざる存在かにかかわらず、他者に対する力（権力）の行使のための潜在力を増大させ、挙句の果てには、自然環境および地球に対する人類の力（権力）をも増大させる。たとえば、検索エンジンとソーシャルメディアについて考えてみればよい。それらは、以前にはこれだけ大量で処理能力を要する情報にアクセスすることができなかった個人や、古典的なメディアでは発言権をもたなかった個人に対して、力を与えるかもしれない。しかし、それと同時に、そうした検索エンジンや、検索エンジンを提供する企業には多大な力（権力）が与えられる。検索エンジンや企業は、情報の流れを形成するため、いわゆるゲートキーパーの役割を果たすのである。加えて、このような企業とそのアルゴリズムでは個別化の手法が用いられている。企業とアルゴリズムは「個人ごとに情報をフィルターする」。しかし、このフィルターは人間的、技術的バイアスを持ち込むのである（Bozdag 2013, p. 1）。ゲートキーパーという役割とこうしたバイアスには、民主主義と多様性にとってさまざまな意味がある（Granka 2010）。第3章ですでに見たように、権力という観点からすれば、この場合、AIはある特定の人びとの利害関心には役立つが、それ以外の人びとの利害関心にはそこまで役立たない。また、監視およびその権威主義的使用を可能にするために、AIが国家レベルで使用されることもありうる。それは、監視のための新しい手

段や能力という点で、政府や諜報機関に力（権力）を与えるが、このことは、抑圧の強化、ひいては全体主義にさえつながりうる。アメリカや中国にみられるように、国家と民間企業が組んでそうした能力の増大を目論むことがある。企業の情報技術部門は、市民の生活について多くのことを知っている（Couldry and Meijas 2019, p. 13）。自由民主主義国家でさえ、国境では顔認証システムを導入し、予測的警察活動を用い、また AI ツールを採用している。そこには、H・S・セートラ（Sætra 2020, p. 4）のいう「アルゴリズム的統治」の新形態が「人間の行動一般」に指示を与えるようになるリスクがある。さらに、AI は、人類全体に力を与える一方で、このことにより、動物や自然環境のような人間ならざる存在に重大な影響をもたらすかもしれない。人新世という文脈において、AI が、自然に介入して自然を変容させる人間の力能をさらに増大させるとすれば、それは、現在進行しつつある、人間ならざる存在から人間への力（権力）の移行を支援することになる。地球から天然資源を取り出すのに役立つ AI や、AI 技術によるエネルギー消費（第6章参照）について考えてみればよい。後に見るように、エネルギー消費はさらに天然資源の使用を必要とするのである。AI が人間に力（権力）を与えるというのは、たしかに個人のレベルで力（権力）を与えるということなのかもしれない。しかし、地球を採掘し、変容させる人類のベーコン的な力（権力）の増大のことを考えれば、こうした力の付与は、非人間たる自然に対してとてつもない影響をもたらすかもしれない。科学的知識と技術が自然を支配するために使用されるのである。次の章では、これらの人間ならざるさまざまな存在と、AI の政治と権力の地球的側面についてさらに述べることになる。

　第三に、AI は、ネオリベラルな資本主義や、権威主義、その他何らかのシステムやイデオロギーを支えうる。AI に関係するソフトウェアとハードウェアのシステムは、社会経済的システムやイデオロギーを含む、「より広範な社会的、経済的、政治的な制度的現

実の一部を形成する」（Sattarov 2019, p. 102）。そうした大規模な社会経済的システムは、たとえば、AIへの投資が行われる文脈を作り出すことで技術の発展に影響を及ぼすが、他方、技術の方でもそうしたシステムの維持に役立ちうる。たとえば、N・ダイアー＝ワイスフォード、A・M・キェーセンおよびJ・シュタインホフ（Dyer-Witheford, Kjøsen, and Steinhoff 2019）が主張するには、AIは資本の道具であり、それゆえ搾取と、ハイテク所有者への権力集中を伴うのだが、そのようなハイテク所有者がさらにアメリカのような特定の地域や国家に集中するのである（Nemits 2018）。このように、AIは単に技術的であるだけではなく、特定の社会秩序、この場合であれば資本主義やネオリベラリズムを作り出し、維持するのである。監視資本主義に関するS・ズボフの主張について改めて考えてみよう。ポイントは、ある特定の技術が問題を孕んでいるということだけではない。AIとビッグデータは、ある社会-経済システムを作り出し、維持し、拡張するのに役立つ。そのシステムとは、（多くの人びとの）データを収集、売却し、そのことを通じて人間本性を収奪し、親密圏に介入する、そうした技術を通じて、（一部の人たちが）資本を蓄積するような社会-経済的システムである。私たちの感情でさえ、モニターされ、収益化される（McStay 2018）。同じAI技術を使用して、全体主義体制を支えることも、抑圧的な政治システムやそれに対応する物語やイメージ（たとえば、人種差別主義者のユートピア）を維持したりすることもできる。民主主義や政治についての私たちの考え方によるところも大きいとはいえ（第4章参照）、原理的に言えば、AIは民主主義を支えるきっかけを与えてくれる可能性も持っている。

　AIおよびAI政治学の研究者のほとんどは、民主的で公正なコーディング方法を支持している。なかには、より多くの制約と規制が必要だと考える人もいる。人種差別主義的で国家主義的な政治を助長するためにAIが故意に使用されることもときおりあるが、抑圧的な効果がいつも意図されているわけではないし、たいていと

いうほどもない。しかし、第3章と4章で見てきたように、問題を孕んだ意図せぬ効果も存在する。AIが、特定の個人や集団に対するバイアスを持ち込むことで、人種差別主義的で新植民地主義的な政治文化やシステムを支えたり、権威主義や全体主義へ向かう条件の創出を助けたりすることがあるかもしれない。（検索）アルゴリズムや分類システムは、「抑圧的な社会関係を強化する」(p. 1)かもしれないという、S・U・ノーブル（Noble 2018）の議論についてもう一度考えてみよう。そのような「アルゴリズム的抑圧」(p. 4)の一例は、グーグルフォトのケースである。このケースでは、グーグルフォトは、アフリカ系アメリカ人に対して「猿」や「動物」というタグ付けを行った*84。ただし、これはグーグルが本当には解決できなかった問題である（Simonite 2018）。しかしながら、AIの特定の使用法や結果がバイアスのかかったものなのかどうか、不公正なものなのかどうかは、いつもこのケースほど明確なわけではない。また、正義や平等についての考え方にもよっている（第3章も参照）。いずれにせよ、ある特定の政治システムを支えるという目的で、意思決定や思考や行動や感情が故意にコントロールされることはありうる。全体主義の場合には、AIは、人びとの精神へのシステムの無制限な介入を支えるかもしれないのである。

　第四に、AIは、たとえ私たちが気づかなくとも、自己の構成及び主体の形成において何らかの役割を果たしうる。ここでポイントとなるのは、AIが人びとの考え方や感じ方に関する推論を助けるという点で、私たちを操作し、個人レベルの深いところにまで介入するということだけではない。その場合には、AIは、顔の表情や音楽の好みのような観察可能なふるまいに基づいて人びとの内的状態を推測するが、その推測が今度は監視資本主義によって予測と収益化のために用いられることになる。AIが、私たちが自分自身を

---

*84　2015年にニューヨーク在住の男性が友人と2人で撮った写真をグーグルフォトのアプリで保存したところ、ゴリラとタグ付けされた問題。「ゴリラ問題」として知られる。

理解し経験する仕方の形成に寄与しているということもポイントなのである。A・ルーヴロワ（Rouvroy 2013）のいう「アルゴリズム的統治性」*85 は、「人間の反省的主体との遭遇」を避けて通り、自己の信念と自分自身に対して人間が判断し、明示的に評価する余地を認めず、個人と個人の間の搾取の関係をもたらす（Stiegler 2019）。とはいえ、この統治性は、私たちの自己（あるいは自己認識）に何の影響も及ぼさないわけではない。AI は、どんな自己知覚や自己認識が創出されるのを助けるのであろうか。たとえば、私たちは自らを、販売のためのデータの生産者やそうしたデータの集合物として理解するようになるのであろうか。自分自身を追跡したり他人に追跡されたりするなかで、自分自身と自分の生を数量化してとらえることになるのであろうか。使用者のデジタルモデルをAI が保存しない（Matzner 2019）場合でも、私たちは自らのデジタルモデルである「データ・ダブル」（Lyon 2014）を有していると考えるであろうか。ネットワーク化された自己感覚を獲得し、伝達しあうことになるのであろうか（Papacharissi 2011）。AI によってどんなアイデンティティと主体性が可能になるのであろうか。

　このような問いを問うことは、人間と技術の関係に関する道具主義的な理解を超えていく。自己と人間の主体性は、AI のような情報技術の外部にあるものではない。むしろ、「デジタル技術は、人間の主体性そのものに影響を及ぼす」のである（Matzner 2019, p. 109）。AI 技術は、私たちが世界の中で知覚したり行為したりする仕方に影響を及ぼして、新しい形の主体性をもたらしてきた。さら

---

*85 「統治性」（governmentality）は、もともとフーコーによる造語（仏：gouvernementalité）である。この言葉を用いることで、フーコーは、18世紀以降のヨーロッパ社会において人口増大に伴って出現してきた「統治の技法」に特に着目している。それは、統計学的手法による人口管理という近代的統治手法である。ルーヴロワは、こうしたフーコーの議論を踏まえたうえで、AI を、アルゴリズムに基づいた現代の「統治の技法」の核心をなすものと捉えている。

に、さまざまな形の主体性がAIと結び付いている。たとえば、自分がどのような主体であるか、自分がどのような共同体に属しているかによって、特定のAIに基づくセキュリティシステムに反応する仕方は異なるだろう。システムから認識されない人がいた場合、ある社会的文脈においてこれまでに何か個人的な経験や緊張状態（その人や共同体に衝撃を与えた人種差別など）を経てきた人には、これは脅威に感じられるかもしれないが、別の背景を持つ人には、そこまで問題ではないかもしれない。T・マッツナーの言い方を借りれば、「AIの特定の適用の仕方は、まったく異なった仕方で、既存の社会的・技術的状況と、それらの状況に応じたそれぞれの形の主体性とに結び付いている」（p. 109）。私たちは状況づけられた主体であるため、AI技術によってさまざまな主体性に対するさまざまな関係が可能になるのだ（p. 118）。フーコーの見方に則して言えば、AIの権力は（トップダウン式の）操作、能力およびシステムに関わっているだけではない。状況づけられた具体的な経験と、技術によって形成される権力のメカニズムとにも関わっているのである。（この章の終わりでも述べるように）次のように言ってよいだろう。つまり、生きて動く状況づけられた存在として、私たちは、自己と権力を演じるのであり、AIは、たとえば自己と権力を共同演出することで、こうした演じるという行為の中で役割を果たすのである。

　以下では、次の三つの理論的方向性に焦点を当てることで、AIと権力について考えるための枠組をさらに明らかにしておきたい。まず、AIが権力に及ぼす影響についての枠組を整え、その影響を理解し、評価するための、おそらくは明らかな理論的資源となるのは、マルクス主義である。次いで、フーコーを用いることで、AIが私たちを主体となすという考え方をさらに入念に検討する。そして、権力は技術をつうじて演じられるという主張を展開することになる。

マルクス主義：テクノ資本主義の道具としての AI

　マルクス主義の見地からは、AI の権力は、資本主義とある特定の社会階級を支えるものという観点から概念化される。AI という手段によって、ビッグテックをはじめとした資本家たちは、私たちを支配する。私たちは、L・スアレズ=ヴィラ（Suarez-Villa 2009）のいう「テクノ資本主義」の新しい形態のもとで生きているのである。企業は、その「権力と利潤の追求」のなかで、公共領域のあらゆる側面はおろか、私たちの生活をもコントロールしようとする（監視資本主義に関するズボフの議論（本章 p. 147）を再度参照のこと）。さらに、AI は、資本主義国家やその国家主義的アジェンダに資するように利用されている。I・バルトレッティ（Bartoletti 2020）は、AI を原子力と比較している。新たな国際軍拡競争に AI が使用されているからである。少なくともこの種の議論にしたがえば、AI によって中央からのトップダウンで非民主的に権力が行使されるという点でも、AI は原子力と似ていると付け加えてよいだろう。私たちのほとんどは、原子力が必要かどうかを一度も聞かれたことはない。それとちょうど同じように、私たちは、AI による監視や生体計測、AI に基づいた意思決定システム、スマートフォンからのデータを処理する AI 等々が必要かどうかを一度も聞かれたことがないのだ。AI は支配を可能にし、一部の人を除く多くの人びとに対しては、抑圧を可能にする。この意味で、AI は個々の市民にとって権力である。データ経済は、徹底して政治的であり、また権力に満ち満ちている。

　しかしながら、技術が自立して作動するかのように、「AI」なるものが私たちを抑圧しているのではない。AI は、孤立した要素あるいは原子的な人工行為者として理解されるべきではない。AI はいつも人間と結び付いており、AI が権力に及ぼす影響はいつでも、人間とともに、人間を通じて生じるのである。AI が権力（たとえ

ば、人間に対する権力）を「持つ」と言えるとすれば、その権力とは、人間を通じて、そして、社会を通じて行使される権力のことに他ならない。マルクス主義の観点からいえば、資本家のために剰余価値を生み出すのは、生きた労働であって、機械そのものではない（Harvey 2019, p.109）。さらに、AIとロボット化は、人間の労働を置き換えることを目指している。D・ハーヴェイが述べるように（Harvey 2019）、「ロボットは、（SFでの説明を除けば）不平を言ったり、言い返してきたり、訴えたり、病気になったり、怠けたり、集中を欠いたり、ストライキをしたり、より多くの賃金を要求したり、労働条件のことを気にかけたり、お茶の時間を欲しがったり、単純に仕事場に現れなかったりすることがない」。ソフトウェアやヴァーチャル世界を生産するいわゆる「非物質的」労働（Lazzarato 1996; Hardt and Negri 2000 参照）でさえ、人間を必要とする。さらに言えば、AIに関する政治的選択は、政府や、それを開発したり採用したりする人びとによって行われるのである。データ経済という文脈では、あらゆるレベル、そしてあらゆる段階で、人びとの手で人びとに関する意思決定が、目に見えない仕方で行われるという点において、AIとデータサイエンスは政治的であり、権力に満ち満ちている。

　どのデータセットを調べるかについての選択は、人間によってなされている。それは、主観的な意思決定であり、政治的な意思決定である。各個人は、ひとたびデータセットに入れ込まれると、それら諸個人をデータセットの中に組み込み、そのデータセットを用いてアルゴリズムを訓練し、最終的にはそうした諸個人に関する意思決定を行う、見えない力との新しい交流関係の一部になる。これは権力の非対称性を表しているが、選択と権力の結果であるこの非対称性こそが、データ政治、ひいてはデータ経済の土台を支えるものなのである。データ政治は、あらゆるレベルにおいて政治的である。それは特に、誰をデータセットに含め、誰を

除外するのかを決定すること、この広範な含意をもちうる決定によって、一部の組織が他の人びとに対する莫大な権力を握ることになるからである。(Bartoletti 2020, p. 38)

AIの運用に「多くの手」が関わっているという点からAIの政治と権力を認めるといっても、中央集権的なトップダウンの権力使用が存在しないということではない。企業も政府も、中央集権的な仕方でAIを使用する。前章で見てきたように、これは、テクノクラシーという形をとる。セートラ (Sætra 2020) は、これを次のように擁護している。すなわち、AIが公益を優先させるなら、ある種の合理的最適化を達成できるうえに、もし適切に理解されるなら、ほとんどの問題は「統計的な分析と最適化という論理的手法 (the logical) で処理できる技術的問題だ」というのである。この見方に対しては、環境哲学と (それに加えて) 技術哲学に則して、技術的問題もまた政治的であり、慈悲と知恵をもちうる政治的動物および道徳的行為者として人間が関与して、責任を担う必要があると主張することができよう。しかし、それでもセートラは、AIがさらなる発展を遂げるとすれば、とりわけ科学や工学、複雑な社会的、マクロ経済学的問題のような分野に関しては、人間よりAIの方が最善の政策を立案したり、特定したりするのにおそらく優れているのだから、私たちにとっては複雑な諸問題もAIが解決してくれるようになるかもしれない、と考える。しかしながら、そうした問題もまた政治的なのだと反論することができよう。政治をテクノクラシー的な仕方で扱うことは民主主義の原理に反しているし、(前章で見たように) 政治には人間の判断が必要であるのだから、政治をもっぱらそのようなテクノクラシー的仕方で扱うことはできないし、扱うべきでもないのである。

しかし、資本主義に言及しなくても、こうした議論を行うことはできよう。マルクス主義の観点からすれば、主たる問題は、テクノクラシーや本来の意味での民主主義の欠如というよりもむしろ、そ

れ自体の論理を備えたある特定の社会-経済的システムなのである。たとえば、ダイヤー゠ウィズフォード、キェーセンおよびシュタインホフ（Dyer-Witheford, Kjøsen, and Steinhoff 2019）は、今日の資本主義が AI に関する諸問題に「憑りつかれている」と述べ、AI は資本と搾取の道具だと論じている。AI は技術的論理を有しているだけではなく、社会的論理、特に剰余価値生産の論理を有している。それは、ある特定の社会秩序の創出と維持に寄与する。すなわち、資本主義的な社会秩序（p. 1-2）である。AI は仕事を置き換える。もし置き換えない場合でも、仕事の強度を高めたり、置き換えの脅威が労働者の委縮を助長したりする。人びとは、使い捨て可能なものにされるか、自分が使い捨て可能なものだと感じさせられる（p. 5）。AI を、たとえばベーシックインカム*86 によって別の社会のあり方を創出する好機とみなす社会主義者もいるが、ダイヤー゠ウィズフォード、キェーセン、シュタインホフは、新しい形の搾取の問題と、人間を抜きにした資本主義という迫り来る不気味な展望という問題に焦点を当てる。

　しかし、AI が人間に及ぼす影響は、狭義の生産および労働の領域には限られない。AI は生産の一部となるだけではなく、知識を抽出したり、私たちの認知や感情を形成したりもする（Picard 1997）。アフェクティブコンピューティング（Picard 1997）からアフェクティブ AI に至るまで、デジタル技術は、個人的、私的、感情的なレベルに介入する。感情認識 AI（MacStay 2018）は、感情的状態の識別、感情分析、幸福度の測定に使用される。たとえば、企業は、感情分析を用いて人びとの情動状態を認識し、モニターし、操作するかもしれない。これは、ある種の認知資本主義であり、情動資本主義である（Karppi et al. 2016）。こうした「個人の人柄、雰囲気、感情、嘘、脆弱さに狙いを定める作戦」（Zuboff 2019, p. 199）は、データ駆動のキャンペーン活動など、新たな形の

---

*86　ベーシックインカムは、最低限所得保障の一種。政府が全国民に対して最低限の生活を送るのに必要な現金を定期的に支給する制度。

搾取、支配、政治的操作につながる（Simon 2019; Tufekci 2018 参照）。ソーシャルメディアもまた、感情的に入り込みやすいメッセージを好む。情動感染（Sampson 2012）が、群衆に影響を与えるべく用いられるのである。これが、過激主義やポピュリズムの勢いを増大させることもありうるし、おそらくは暴力や戦争にまでつながることもありうる。

　政治目的での感情操作といえば、「情念」「情動」「感情」などに関する長きにわたる哲学的議論が思い起こされる*87。それは、スピノザから今日の哲学・認知科学にまで至る議論であり、政治における感情の役割や、次のような関連問題に関する議論を含んでいる。すなわち、政治における身体の役割は何か、「政体」とは何か、情動的な影響を受ける私たちの能力は、政治的に言って弱点なのか、などの問題である。たとえば、M・ハート（Hardt 2015）は、情動的な影響を受ける力は必ずしも弱点ではなく、私たちは非主権的な主体であると論じてきた。この見方からすると、怒りは政治において積極的な役割を果たしうる。それとは対照的に、M・ヌスバウム（Nussbaum 2016）は、正義に関心を持つには怒りが必要だと考える人びとに反論している。それによれば、怒りは規範的に不適切であり、その代わりに私たちに必要なのは、寛容と、公平な福祉制度である。政治における「情念」の役割に関するより積極的な見方を提供してくれるのは、J・ファーカスとJ・ショーの論文（Farkas and Schou 2020）だ。第四章で見てきたように、この論文は、政治と民主主義が、事実・理由・証拠に関わるだけではなく、さまざまな立場の衝突や、「情動や感情や感じ方に関わる」（p.7）ものでもあると論じている。それゆえ、感情は、ムフが想像するよ

---

*87　感情を表す、情念（passion）、情動（affect）、感情（emotion）、感じ方（feeling）、情緒（sentiment）などの言葉は、文化や時代、さらには著者やその著作ごとに異なるので注意が必要である。翻訳はないが、参考図書として、Aaron Ben Ze'ev, Angelika Krebs (eds.), *Philosophy of Emotion*, Routledge, 2017 を挙げておく。

うな（第4章参照）活気に満ちた民主主義において必要になる。そうすると、そのような諸条件に対するAIの役割は何かについて論じることができよう。これは、一般市民はあまりにも感情的で、民主的議論に従事することはできないし、感情よりもむしろ、テクノクラシー的ないし合理主義的な市民教育こそが必要なのだとする見方とは対照的である。感情と政治に関して論争の的になってきたもう一つのトピックは、帰属である。帰属感はおそらく重要ではあるが、ナショナリズムやポピュリズムにつながりうる。そして、その台頭もまたAIに影響されるのである（第4章参照）。政治、資本主義、民主主義の感情的側面にAIが影響を及ぼす仕方についてはさらなる検討が必要である。

　AIと権力に対して批判的な観点をとることに関しては、批判理論の観点からするとAIによる人間および人間生活の搾取は受け入れがたいということを表現するために、もう一つの用語として「データ植民地主義」（Couldry and Meijas 2019）という言葉が用いられてきた。この場合、データの専有は、植民地主義の歴史を通して理解される。歴史上の植民地主義が、利潤のために領土と資源を専有してきたのとちょうど同じように、データ植民地主義は、データの専有をつうじて人間を搾取する（Couldry and Meijas 2019）。第3章で見たように、植民地主義はAIとバイアスに関する議論でも引き合いに出される。

　批判理論の観点からは、ナッジも問題を孕んだものとみなされうる。ナッジがより巧妙な操作手法だからといって、資本主義的なやり方と文脈で利潤をあげるために用いられる以上、搾取的でなくなるわけではない。第2章ですでに示したように、ナッジは、他の理由からも問題を孕んでいる。ナッジは、自律的な意思決定および判断のための人間の能力を迂回するからである。AIによって、ナッジのこうした可能性は増大する。K・ヤン（Yeung 2016）は、アルゴリズムによる意思決定支援技術が、個人の意思決定がそこで生じる選択の文脈を形成するのに用いられることを示している。彼女

は「ハイパーナッジ」について語るが、それは、こうしたナッジが継続的にアップデートされて広まると、民主主義と人間的開花[*88]に対して悩ましい含意を持つからである。しかし、ナッジが問題を孕んでいるのは、特定の人間に直接影響を及ぼすからだけではない。それは、大変悩ましい操作的・搾取的な関係を可能にするような人間観にも関わっている。N・クドリーとU・A・メヒアズ（Couldry and Meijas 2019）は、私たちが情報有機体、すなわちインフォーグであるとするL・フロリディの考えを批判するなかで、インフォーグになる（インフォーグにされる）と私たちは操作と調整とにさらされると述べている。「インフォーグがデータフローに常にさらされてたえず調整できるように作り直されると、インフォーグは、ハイパーナッジが支配するのに最適な生物になる」（p. 158）のである。そして、もしそのようなインフォーグをSFだと思うのであれば、SFもまた、人間の感情やヒューリスティクス（発見的手法）と同じように、資本主義のシステムを支えるべく資本主義によって用いられるということを意識しておくとよい（Canovan 2015; Eshun 2003）。あるいは、資本主義のアジェンダとその運用を批判し、市民に力を与え、抵抗を提案するために、SFを用いることもできるのであろうか。

　AIと権力に関するさまざまな問題を扱う枠組を整え、分析するためのマルクス主義的な仕方は、資本主義に抵抗したり、それを変容させたり、打倒したりする方法があるかという問題につながる。一般的な問題としては、これは、マルクス以来議論され続けてきたもので、主題そのものとしては、本書の範囲を超えている。AIに関して言えば、ヘゲモニー的な制度から権力を取り上げ、AIを社会正義や平等主義と連携させて構造転換をもたらす可能性を見出す

---

*88　「人間的開花」とは、経済成長を目標にしたこれまでの労働力の扱い方に対し、これを逆転させて人間のもつ多彩な資質や才能を伸ばし開花させ、個々人の能力を社会貢献に向けることによって文化・社会・経済にわたる多面的発展を遂げようとするもの。

批判理論の論者がいることは、注目に値する（McQuillan 2019, p. 170）。しかし、AIを抵抗あるいは革命の手段とみなすことは、インターネットに関して同様の期待と主張があったことを考えれば、かなりの難題に直面するかもしれない。M・カステル（Castells 2001）や他の論者たちが示してきたように、インターネットは最初、軍産複合体のなかで生まれ、その後、ハッカーたちが、それを解放や実験のための、それどころかヴァーチャルな共同体主義のための空間とさえみなすようになった（とはいえ、今日ではリバタリアニズムがシリコンバレーで勝利したように見えるが）。インターネットは確かにある種の開放性を有するし、より「水平」な権力構造を約束する。それは、少なくともある程度までは、労働と社会階級の再編成もしてきた。ダイアー＝ワイスフォード（Dyer-Withedord 2015）は、情報技術産業で働く人びとが、階級の枠にぴったりはまらないことを示している。ハッカーの倫理観は、資本主義的ヘゲモニーへの抵抗に力を与え、そうした抵抗への潜在力を有するものであるように見える。たとえば、カステル（Castells 2001, p. 139）が述べているように、ハッカーは、抑圧的あるいは搾取的とみなした政府機関や企業のウェブサイトを攪乱することができる。しかし、批判もある。一般に、情報技術の使用や情報技術の開発者は、企業や軍の優先事項に服従しているである（Dyer-Witheford 2015, p. 62-3）。AIもそうした方向へ向かっているのではないかと不安に思っている人は多い。社会変革の道具となるかわりに、ひょっとすると抑圧と搾取の道具になるかもしれないのである。AIの民主化がビッグテックによって提唱されることがあるが、ビッグテックは、その権力を制約することまでは望んでおらず、外からの介入は受け入れない（Sudmann 2019, p. 24）。ビッグテックが言っていることと、実際にやっていることの間には緊張関係が依然として残っているのである。AI研究は、理想主義によって駆動されていることが多いが、企業のなかにそれが埋め込まれると、競争が優位になるように見えるし（Sudmann 2019, p. 24）、AIとア

ルゴリズムは、たとえばアメリカにおいて、社会的不平等の拡大の一因となるかもしれない（Noble 2018）。最後に、AI に関する SF 的シナリオは、資本主義という支配的な社会-経済的システムを問いに付すのに役立つというよりは、それを維持するのに役立つように見えると論じられてきた。ハーヴェイ（Harvey 2019）が述べるように、「（インターネットやソーシャルメディアのような）新技術は、ユートピア的な社会主義的未来を約束するが、搾取と蓄積以外の行動形態がなければ、資本によって新しい形態および様式の搾取と蓄積に組み入れられるようになる」（p. 113）。しかしながら、たとえばヨーロッパには、AI 資本主義が少なくともある程度までは民主社会の倫理的・政治的規範に従属するような社会-経済的システムが存在するということは注目すべきだろう。

フーコー：AI はいかにして私たちを服従させ、主体へと作りかえるのか

　マルクス主義的な権力観や、権力とは中央から行使されるものだという権力観に誰もが同意するわけではない。この主題に関する影響力のある著作のなかで、フーコーは、権力が、権力をふるう主権的な政治機関に（のみ）関わるものではなく、あらゆる社会関係と社会制度に関わるものだと論じた。さらに、彼は、マルクス主義の権力理論における「経済主義」と彼がみなしていたものに対して批判的であった（Foucault 1980, p. 88）。経済力のほかにもさまざまなものがあるというわけである。権力が「生産関係の再生産」を助け、階級支配を維持するのは確かだが、権力は他のさまざまな機能も助けるし、「もっと繊細な経路を辿る」（p. 72）。本章のはじめにですでに説明したように、フーコーによれば、権力は社会全体に浸透しており、経済の領域に限られないさまざまな文脈、さまざまな仕方で個人的主体とその身体にまで介入してくる。さらに、フーコーは、自己と主体は作られるとともに自らを作るものと考えてお

り、このこともまた権力の一形態なのだと考える。今から、こうした見方についてより詳しく見ていこう*89。

規律化と監視

まず、フーコーは、権力が規律化と監視という形で現れると論じた。『監獄の誕生』で、彼は、近代の規律権力のもとでは、個人が、客体かつ道具として用いられることを明らかにしている（Foucault 1977, p. 170）。要するに、身体は、従順で、従属的で、有用なものにされるのである。この枠組に基づけば、AI の力を用いたソーシャルメディアや監視技術などによって従順な身体が創出されると論じることができよう。ソーシャルメディアのアテンションエコノミー（注意経済）*90 によって、私たちはスクロールしてはクリックするマシンと化しており、人びとは空港その他、出入国管理に関わる環境では監視下に置かれている。AI はまた、新種のパノプティコンの創出にも寄与する（Fuchs et al 2012）。パノプティコンは、18 世紀のイギリスの哲学者、J・ベンサムによって設計されたもので、もともと監房の構成する円の内部に中央監視塔が配置される形をしたタイプの監獄建築であった。看守は、塔からすべての囚人を見ることができるが、囚人からは塔の中まで見ることはできない。つまり、囚人たちは、自分が見張られているのかどうかが分からないのである。規律に関する概念としては、パノプティコンは、本当に見張られているのかが分からなくても、まるでそうされているかのように人びとはふるまうという考え方になる。これは、より巧妙な形態の統制である。つまり、それは、ある種の自己規制であり、「政治的技術」（Downing 2008, p. 82-3）なのである。フーコー

---

*89　著者のフーコー論については、『技術哲学講義』直江、久木田監訳、2023、丸善出版、p. 102 以下も参照するとよい。
*90　アテンションエコノミーとは、インターネットが発達した社会において、情報の質よりも、人びとの関心・注目が経済的価値を持つことをいう経済学の概念。

（Foucault 1980）にとって、パノプティズム（一望監視装置）は、新しい権力行使の方式を確立するものだった。それは、「権力の秩序における技術的発明」（p. 71）だったのである。彼はベンサムの監獄設計に言及したが、今日、AI は、たとえばソーシャルメディアという文脈において、あらゆる種類のより目に見えづらいパノプティコンに寄与しているものと捉えることができる。そのうえ、フーコーは、今日でいうデータサイエンスに基づくガバナンスについてもすでに叙述していた。パノプティズムも、統治行政とデータに関わるものであり、フーコーのいう「全面的な監視」をもたらすものである。この手法は、最初は特定の地方で用いられていたが、それ以降は、18 世紀および 19 世紀において、国家によって、たとえば、警察やナポレオンの行政機構によって用いられるようになった。

> いかにして一連の書類、表記や分類のシステム、個人記録の総合的な会計方法を確立するかを人びとは学習しました。……しかし、一団の学生や病人の恒常的監視というのは、これとは別のことです。これらの方法が、あるときから、全般化されたのです。（Foucault 1980, p. 71）

今日、私たちは、AI の力を用いてそのような手法がさらに全般化していることを経験している。現在行われているデータによる統治、すなわち、「アルゴリズム統治」（Saetra 2020, p. 4）は、フーコー（Foucault 1977）のいう「規律社会」につながる。これは、ベンサムによるパノプティコン設計と同じように機能する社会であるが、今や社会生活のあらゆる側面に浸透している。規律権力の効果は、「たった一つの眺望点から行使されるのではなく、可動的で、多義的で、私たちの日常生活の構造そのものに内在しているのである」（Downing 2008, p. 83）。AI やデータサイエンスは、人びとの社会生活に浸透したソーシャルメディアやスマートフォンなどを介

して、こうしたことをなしうるのである。すでに説明したように、こうしたことから、自律としての自由、民主主義、資本主義に関する懸念が生じてくる。しかし、フーコーとともに考えるならば、脱中心化されたより微細な権力作用という観点からも、それを理解することができる。たとえば、ソーシャルメディアを利用しているとき、人びとは、当局や企業の無抵抗な犠牲者であるだけではない。他の個人利用者たちも、相互に関わり合い、プラットフォームと関わり合う仕方に応じて、さまざまな形の権力を行使するのである。さまざまな形態のピアツーピア方式[*91]の監視や、A・アルブレヒツルント（Albrechtslund 2008）のいう「自己監視」や「参加型」監視もある。これらの監視は、（いじめとは違って）利用者に暴力をふるうのではなく、遊び心に溢れていて、利用者を元気づけさえする。そうした監視のおかげで、利用者はアイデンティティを構築したり、見知らぬ人と交際したり、友情を維持したり、行動のための機会を見出したりできるようになるからである。このアプローチは、脱中心化された水平的な権力理解を反映している。また、この権力理解は、権力のミクロ・メカニズムという観点から AI を理解するのにも利用できるであろう。

　とはいうものの、中央集権的で階級的な権力形態がなくなるわけではない。たとえば、AI は、「非常事態」における統治性を支えるのに使用され、たとえばテロに対応して、「誰が拘留され、誰が拘留されないのかの決定や、誰が監獄の外の生活を再び送ることができ、誰が監獄にとどまるのかの決定」（Butler 2004, p. 62）に関与するかもしれない。安全保障や対テロ行動という名のもとで、AI は「アルゴリズム的統治性」（Rouvoy 2013 を再度参照）の一部となり、誰が政治的共同体の内にいて、誰がその外にいるかの決定を委任されるかたちで、国家権力の行使に利用されるかもしれない。

[*91]　ピアツーピア（Peer to Peer）方式とは、ネットワーク上の端末間で通信を行う際に、対等な関係にある端末同士を直接接続して行う通信方式のこと。P2P とも表記される。

EUにおける自由民主主義国家でさえ、出入国管理にますますAIを使用するようになっている。21世紀には、フーコーの読者が過去のものだと考えていたような統治の形態が、今やAIとデータサイエンスによって媒介されて、息を吹き返している。COVID-19のパンデミックと闘うために、警察による監視や、隔離や検疫のような伝統的な規律手法が用いられているが、それらは今ではハイテクによって可能になっている。AIは、医用画像技術を用いた診断や、薬やワクチンの開発に役立つだけではなく、個人を対象とした接触者追跡調査、入手可能なデータに基づいたウイルス拡散予測、スマートフォンやスマートブレスレットを用いた自宅検疫患者の追跡と監視にも役立つ。言い換えれば、AIは監視に役立つが、それは非常に垂直的なトップダウンの形においてなのである。このような事態を生じさせるのに「唯一」足りなかったのが、パンデミックであった。AIは、ドローンやトリアージシステムでもって、新しい形の監視はおろか、殺し死なせる（killing and letting die）新しい生政治でさえ可能にする、新しい生政治の道具なのである（Rivero 2020）。しかし、フーコーに従って強調しておかなければならないのは、今日において、ほとんどの監視は、ビッグブラザーとしての政治権力に関わるものではなく、公式の政治制度の外側、つまり社会全体の至るところで生じているということである。今日では、AIは、あらゆるものを「見る」ことができるどころか、あらゆるものを「嗅ぐ」ことさえできるのだ。それはいわゆる「臭気監視」[92]である（Rieger 2019, p. 145）。

　これが確かならば、国家に加えて、誰が新しい権力を得るのであろうか。もし権力が、別の新たな中心から発せられるのだとすれば、その中心とはいったい誰あるいは何なのであろうか。一つの答えは、企業、とりわけビッグテックだというものである。C・ヴェリス（Véliz 2020）は、ビッグテック企業と政治的アクターたち

---

*92　surveillance の語源が super（over）+ videre（see）＝見渡すであるのをもじって、odor（臭気）+ veillance で「臭いによる監視」を意味させた造語。

は、私たちのデータを収集することで知識を権力に変容させている
と論じている。それらの企業や政治的アクターが「私たちについて
ほとんどあらゆることを知っている」（p. 86）以上、そこには権力
の非対称がある。AIによって監視と操作が可能になるのであるが、
データ収集そのものがすでに問題を孕んでいるのである。ヴェリス
は、情報技術（テック）のハードパワーとソフトパワーを区別す
る。ハードパワーとは、許諾を拒否するなどして私たちが抵抗した
としても、データがとられてしまう（p. 55）ということである。
対照的に、ソフトパワーは、これとは別の仕方で、多くの場合は操
作的な仕方で働く。「ソフトパワーによって、私たちは、自分のた
めになるという見せかけのもと、他人のために何かをさせられる。
私たちの意に反して、私たちの意志を召し募るのである。ソフトパ
ワーの影響のもとで、私たちは、自身にとっての最善の利益を台無
しにするようなふるまいに従事する」（p. 58-9）。ヴェリスは、
フェイスブックのニュースフィードをスクロールするという例を挙
げている。私たちがこの操作にのめり込むのは、何かを見逃してい
るかもしれないと不安になるからなのだが、こうしたことは故意に
行われている。つまり、自身の最善の利益に反するような仕方で、
注意がひきつけられているのである。コンピュータやスマートフォ
ンを使用している際にこうしたことが行われるが、パーソナルロ
ボットやデジタルアシスタントのような装置もまた、こうしたソフ
トパワーを行使するのに用いられる。

知識、権力、および主体と自己の制作・形成

　第二に、AIとデータサイエンスは、規律と監視を可能にすると
いう点で、権力に満ちた道具であるだけではない。それらはまた、
新しい知識を生成し、私たちが誰であり、何であるかを共同定義す
る。『監獄と誕生』以降の著作の至るところで、フーコーは、知識
が権力の道具であると論じるだけではなく、権力こそが知識と新し
い主体を産出するのだとも論じている。グーグルは私たちのデータ

によって力を得るようになるが、それだけではない。「そのような権力のおかげで、グーグルは、個人データの利用を通じて、あなたに関する知識として何が重要なのかを決定できるようになる」（Véliz 2020, p. 51-2）のである。このようにして、情報技術系（テック）企業は、私たちに影響を与えるだけではなく、私たちを人間主体として構築する。そうした企業は、私たちの欲望（たとえば、スクロールしたいという欲望）を産出し、別の世界内存在の仕方を持つ別の存在者に私たちを作りかえるのである。人文学においてさえこうした技術が用いられているが、これもまた、新しい形の知識と権力につながる。たとえば、アルゴリズムによる談話分析を通じて、人間の意図やものの見方を迂回しつつ、非-人為的な仕方で知識が創出される。

> データマイニングとテキストマイニングによって、意図の問題だけでは必ずしも尽くされないような知識のパターンおよびその形態が可視化される。ここでは、事物を秩序づけたり、分類したり、類似性を見極めたり、系譜を創り出したりなど、人間の知性が科学的ナルシシズムに浸りつつその真正の活動領域とみなすあらゆることが、アルゴリズムに委ねられている。（Rieger 2019, p. 144）

　フーコー（Foucault 1980）によれば、個人のアイデンティティもまた、権力の産物である。「個人というのは、アイデンティティといくつもの特徴を持っているわけですが、それは、諸々の身体、多様性、運動、欲望、力の上に行使される権力関係によって産み出されたものなのです」（p. 74）。今日では、こうしたアイデンティティの産出は、ソーシャルメディアというより「水平的」な社会構造および過程の中で生じている。そこで、私たちは、政府や企業のような権力の階級的主体のみならず、同僚たち、ひいては自分自身によっても監視下に置かれ、規律されている。私たちは、そのこと

に気づくことなく、自らの身体に働きかけては自己とアイデンティティを形成する。ソーシャルメディアで他者と交流し合い、AIに分析・類別されたりしているとき、私たちは、資本主義的な統治性と生権力の犠牲になるばかりではなく、自らの主体性を自己規律し、自己数量化し、自己産出してもいるのである。フーコーにとって、規律された身体は、社会の至るところに見いだされる。デジタルメディアやAIは、まさしくそのような社会の一部なのである。

このように身体を重視する見方のおかげで、主体の規律化と形成に対するフーコーのアプローチが非常に具体的なものとなるだけではなく、常に社会のレベルと結び付いたものとなっている。この見方は、たとえば、J・バトラーのフェニミズム関連の業績に引き継がれているものでもある。フーコー（Foucault 1980, p.58）は、社会が異なれば、異なる種類の身体が必要になると論じた。18世紀から20世紀半ばにかけて、学校、病院、工場、家族などにおける規律体制は、権力による身体への重圧的な備給を伴ったが、その後、より巧妙な形態の権力が身体に対して行使された。今日、私たちは、AIや他のデジタル技術による規律化をつうじてどんな種類の身体が必要とされ、創出されるのか、これらの技術のおかげで、どんな巧妙な、あるいは、巧妙でない新しい権力形態とが可能になるのかと問うことができる。現代の「AI社会」が必要とするのは、データ化、数量化できる身体であり、スマートフォンやその他のデバイスとのやりとりをつうじてそれらのデータと数字を引き渡すべく動いてくれる（ないし、動かないでいられる）身体であるように思われる。これによって、はるかに柔軟で目に見えづらいが浸透力の強い形をとる身体に対する権力が構成される。このように、規律、権力、主体性という点でAIが私たちに何をなすかという問題は、「認知」ということを脱身体化された完全に非物質的なものとして理解しておくとすれば、単に「心的」な操作や認知の問題ではない。要するに、AIは身体的な影響も及ぼすのである。しかし、現代の認知科学（たとえば、Varela, Thompson, and Rosch 1991）

がもたらした教訓を考慮に入れるならば、語るに値する認知とは、身体化された認知である。思考と経験は身体に依存している。つまり、身体は認知過程において能動的な役割を果たすのである。さらに、ポストヒューマニズム（たとえば、ハラウェイ。第6章参照）から得られる洞察を受け入れるならば、身体とは生物学的身体であるだけではない。身体は、それ自体が物質的なものと結び付いて融合したものとしても、つまり、「サイボーグ」の性格を持つものとしても、理解できる。この意味で、非物質的な労働が行われているという一部のマルクス主義の学者たちがなす主張は、誤解を招きかねないものである。私たちが身体と心によって行うことは、私たちが使用する物質的な技術と非常に密接に結びついており、身体、健康、福祉に及ぼす影響など、実に物理的な影響をもたらす。たとえば、AIを搭載したスマートフォンやアプリの使用をつうじて私たちが自らを規律したり、規律されたり、自らの自己や主体性を産出したりするとき、このことは、私たちの筋肉や目等々に影響を及ぼし、ストレス、ネガティブな感情、睡眠障害、うつ、依存につながりうる。この場合のAIは、ソフトウェアやデータベースという形で現れるという点では、「ヴァーチャル」で「非物質的」なのかもしれないが、その使用と影響は物質的かつ物理的であり、身体と心を巻き込んでいる。マルクスが用いた吸血鬼のメタファーでいえば、監視資本主義は、あの生きた労働の血を吸う（sucks that living labor）のである。

　しかしながら、権力と、主体・身体・知識の産出は、それ自体としては必ずしも悪いものではないし、どんな場合にも暴力的・抑圧的だというわけではない。フーコーは、物理的ではあるが必ずしも暴力的ではない巧妙な仕方でも、権力と力は行使されうると論じた（Hoffman 2014, p.58）。すべては、それがいかになされるか、結果が何であるかにかかっている。権力は何を産出し、技術はどんな力を創出するのであろうか。

　フーコーが採用した権力に対する生産的アプローチについて立ち

入って検討しておこう。権力に満ちた技術的な自己形成という考え方は、フーコーの後期の著作に基づいて展開することもできる。その後期の著作で、彼は、古代ギリシャおよびキリスト教世界における自己の変容について書いており、そうした自己変容は、「自己の技法」を用いることで達せられるとした。これは、人間が自己自身に関する知識を展開する方法の一つである。自己の技法のおかげで、

> 個人は、単独でもしくは他者の助けを借りて、幸福、純潔、知恵、完全性ないし不死性のある一定の状態に到達するために自己を変容するべく、自己の身体および魂、思考、行為、存在様態に対する一定数の操作に影響を及ぼすことができる。(Foucault 1988, p. 18)

フーコーは、こうした「技法」を物質的なものとはみなさず、生産技術と区別する。彼が関心を向けているのは、ギリシャ・ローマ哲学およびキリスト教の霊性と実践における「自己の解釈学」と、自己配慮の徳と実践である。しかしながら、現代の技術哲学に照らしてフーコーを見直すとすれば、書くことを、自己配慮、自己構成、および徳の達成を助ける物質的な「自己の技法」とみなすことができよう。古代の哲学者やキリスト教の僧侶、人文主義の学者たちが自分自身について書いたとき、これらの人びとは、自らに対して配慮と権力を行使したのである。そうすると、こう論じることができよう。すなわち、自己監視や自己追跡、自己配慮、自己規律を可能にする AI のような技術もまた、「自己の技法」として用いられているのであり、他の誰かによって支配と規律のために用いられる──これは依然として事実だ、マルクス主義の分析と初期フーコーを改めて思い起こしてみるとよい──だけではなく、自己に対するある種の権力を行使するためにも用いられるのだ、と。食事と運動を規律する健康管理アプリや瞑想用アプリについて考えてみれ

ばよい。これらのアプリは、自己配慮に用いられると同時に、ある特定の種類の自己知識（たとえば、自己の数量化）につながるような、自らの自己、精神、身体に対する権力の行使を伴う。このような権力行使は、物理的な力の作用を伴うとともに、ある特定の種類の主体や身体を構成する。この場合の権力は、既存の何かを抑制するのではなく、何か（自己、主体、身体）を生み出すがゆえに生産的なのである。この意味で、それは、何かを抑制するというよりはむしろ、何かを可能にする。AI は、そのような自己構成の実践の中で使用できる。そうなると、AI がどんな種類の自己や主体を産出するかだけではなく、どんな種類の自己配慮や自己実践が伴うかについても批判的な問いが問われるべきである。技術はそれ自体としてはこのような権力をもたない。そのような権力を持つのは、自己配慮、自己規律等々において使用されるものとしての技術なのである。しかし、技術は、ある特定の種類の自己形成に影響を及ぼす。たとえば、AI とデータサイエンスは、特定の種類の知識、すなわち、数字の形をとる知識を生み出す自己追跡の実践をつうじて、「数量化された自己」を生み出すのだと主張することもできよう。

　こうした自己形成は、バトラーの仕事を用いることでさらに理論化することができる。フーコーと同様に、バトラーは権力を生産的なものとみなすが、彼女にとって、これは行為遂行的*93 な自己構成という形をとる。言語行為がいかにしてものごとを行うかに関す

---

*93　この箇所でも言及されているように、「行為遂行的」（performative）とは、オースティンの言語行為論に由来する言葉である。オースティンは、ある言葉を発することではじめて遂行されるような行為を「言語行為」と呼んだ。たとえば、約束という行為は、「約束します」と言うことではじめて成立する。この場合、「約束します」という発話は、約束という行為遂行の一部をなしていることから、「行為遂行的発話」と呼ばれる。これと似た仕方で、バトラーは、歴史的・文化的に蓄積されてきたジェンダーをめぐる言説をまるで引用するかのように反復的に実践するうちに、そうした言説の行為遂行的な作用によってジェンダー・アイデンティティが構築されてくると考える。

るＪ・Ｌ・オースティン（Austin 1962）の記述に基づいて、彼女は、私たちの自己や、ジェンダー・アイデンティティのようなアイデンティティが、本質なのではなく、行為遂行的に構成されるものだと論じる（Butler 1988）。ジェンダーとは、一種の行為遂行（パフォーマンス）なのである（Butler 1999）。この議論に従えば、こうした自己やアイデンティティは、固定されたものでも、自明のものでもなくなる（Loizidou 2007, p.37）。こうして、フーコーに則して、彼女は、従属化（たとえば、規律化のような）があるだけではなく、主体への生成（たとえば、主体化）もあるのだと論じる。しかし、こうした実践および活動における行為遂行的な次元を強調することで、彼女は、権力の説明をフーコーほどには受動的ではないものにしていると主張する（Butler 1989）。権力は、主体を構成する行為に関わるものである。私たちを何かへと作りかえるのは、誰か他の人だけではない。たとえば何かを語ることによって、私たち自身もまた自分自身を形成する。さらに、これは時間的な問題でもある。バトラー（Butler 1993）は、行為遂行性を一度限りの行為としてではなく、反復的な実践として理解する。「行為遂行性は、一度限りのあるいは意図的な「行為」としてではなく、むしろ、言説がそれの名指す効果を生み出すような反復的で引用的な実践として理解されるべきだ」（p.2）。この見方は、自己配慮の実践について語るフーコーと両立しうるだろう。また、Ｐ・ブルデュー（Bourdieu 1990）に触発される形で、こう付け加えてもいいだろう。自己構成とはハビトゥスの問題なのだ、と。自己の構成は、自らに対する習慣的で行為遂行的な力の作用をつうじて、作動するのである。

　しかし、行為遂行性に関するバトラーの考え方と、政治に関する彼女の考え方（Butler 1997）は、依然として言語に焦点を当てている。フーコーの場合と同様に、その力点は言説にある。これに付け加えなければならないのは、自己やアイデンティティやジェンダーが、言語を通じてだけではなく、技術的実践を通じても産出さ

れ遂行されるという考え方である。書くことのほかにも、技術的実践はいろいろある。たとえば、ソーシャルメディアのような Web 2.0 の技術（Bakardjieva and Gaden 2011）はもちろん、AI もそうだ。AI を通じた自己の構成には言語的な側面もあるかもしれないが、それは、「数量化された自己」が産出される場合のように、非常に技術的で物質的だ。さらに、それは常に社会的な問題でもある。自己と他者はともに、この過程で形成される。たとえば、ランニングアプリや、他の着脱可能な自己追跡技術の使用をつうじて、他者は、調査や競争の対象となる（Gabriels and Coeckelbergh 2019）。

　こうした技術的な自己形成および自己配慮の方法によって、少なくとも二つの問題が提起される。一つは、自他の数量化が、誤解を招きかねない仕方でこう示唆してしまうことである。すなわち、自己あるいは他者は、デジタル情報の集まりに還元できる、つまり、デジタルな自己こそが実際の自己にほかならない（データ化〈本章 p. 166〉について改めて参照）ということである。あるいは、少なくとも同じくらい問題含みだが、デジタルな自己ないし他者の方が、非デジタルな自己ないし他者以上の自己なのだと示唆してしまうのである。後者の想定は、アップローディングによる不死と復活に関するトランスヒューマニズムの幻想の少なくとも一つに作用している。R・カーツワイルは、亡くなった父親のデジタル版を機械学習によって再構成できるようになり、そのアバターと話せるようになると想像してきた。「それは非常にリアリスティックになり、まるで父親と話しているかのようになるだろう」し、それどころか、「仮に生きていたら父がそうなるよりも、父らしくなるだろう」（Berman 2011）。これを批判して、M・アンドレイェヴィッチ（Andrehevic 2020）は、自己（と他者）の理想化されたイメージと、実際の主体よりも整合的で首尾一貫したイメージを作ることをカーツワイルは目指していると論じている。しかし、実際の主体は常に「ギャップと不整合によって構成されている」ので、自己およ

び主体を完全なものにしようとする試みは何であれ、それを抹消する試みになってしまう」（p. 1）。心的生産およびそのために必要とされる関連する人間知性、これらのものの自動化も、主体を再構成しようとするからこそ、主体を抹消しようとする試みとなってしまう。動機、意図、欲求を度外視してタスクを抽出することで、「主体性の反省的な層」が回避されるのである。このことが含意するのは、H・アレントなら同意するように、人間の判断力と思考が迂回されるというだけではなく、人間主体が、煩わしいほど邪魔になるのではないにしろ、余分なものではあるということである。自動化された主体という幻想に異議を突きつけるのは、「統制、管理、統治のシステムを脅かさんばかりに予測不能で手に負えず、そうでなくとも不合理ではありうる」（p. 2）ような、自動化された社会の円滑で摩擦のない運営を妨げる実際の主体の現実性だ。それとちょうど同じように、アップロードされた自己という幻想は、もはや自己ないし主体にはまるで似つかないようなデジタルアバターを創出しようとする。ソーシャルメディアやAIの助けを借りて自分自身と他者を形成しようとする際にも、このことは問題になる。私たちは、自分自身と他者を何かへと、おそらくはアバターへと形成しようとするが、人格を有する人間や自己や主体へとは、もはや形成しようとしないのである。さらに、クドリーとメヒアズ（Couldry and Meijas 2019, p. 17）がヘーゲルに基づいて指摘するように、媒介されていることそれ自体は問題ではない。しかし、自己自身への反省的関係が欠けていて、自分自身と関わる余地がないような生は、自由な生ではない。

　さらに、こうした自己形成はすべて骨の折れるものであり、潜在的には搾取的である。そして、自己搾取もまた問題を孕んでいる。私たちは、フーコーの規律社会から、B-C・ハン（Han 2015）のいう「達成社会」へと移行してきた。第3章で、資本主義が、遂行すべき義務を内在化し、機械に取って代わられることを恐れる不安な自己を生み出すことはすでに見た。ハンは、現代社会において、禁

止と命令が、「計画、自発性、動機づけ」（p. 9）に取って代わられていると論じる。規律社会が狂人や犯罪者を生み出す一方で、「達成社会が生み出すのは、うつ病患者と無能な人間である」（p. 9）。うつ病の個人は、自己自身にならなければならないことに疲れている。業績をあげ、能力を発揮し（パフォーム）なければならない仕事環境では特に、個人は自らを搾取する。それらの個人は、機械になるのである。この場合、搾取者と被搾取者が同一である以上、抵抗は不可能に見える。「労働と能力（パフォーマンス）の過剰によって、自己搾取がはじまる」（p. 11）。うつ病が「発症するのは、達成主体がもはや何もできないときである」（p. 10：強調点はハンのドイツ語原著による）。この見方をマルクス主義的分析に結び付けることができよう。すなわち、資本主義システムがこうした自己搾取を要求するのである。資本家の観点からすれば、それは見事なシステムである。というのも、十分に能力を発揮して業績を挙げられなかったり、自分のすべきことを十分に果たせないでいたりするとき、人びとは自分自身を責めるよりほかないからである。私的領域においてさえ、私たちはこうした自己労働を行わなければならないようにたえず感じている。AIおよび関連するさまざまな技術は職務遂行能力の向上に用いられているが、私たちは自分自身に働きかけるためにもそれらを用い、ついには、もはや何もできなくなるまでに至るのである。自己構成でさえ、業績達成の問題になってきている。そして、そうした業績達成は、もはや能力を発揮（パフォーム）できなくなって燃え尽きるまで私たちの能力（パフォーマンス）をモニターし、分析し、押し高める技術によって促進される。ついていけないことに関しては自分自身を責めるほかないように思える以上、そのような権力と統治性のシステムに抵抗することは難しい。正しい種類のアプリを使い、より多くの自己労働を行うべきだったということになるのである。私たちがうつになったり、燃え尽きたりするとすれば、それは自分のせいであり、業績を挙げそこねたということなのである。

しかしながら、原理的に言えば、さまざまな自己形成の仕方とさまざまな自己の技法が可能だ。フーコーの理論的枠組は、生産的で、知識構成的、自己構成的な権力使用が、人に力を与えるような別の形態もとりうる可能性を残している。パフォーマンスという観点から言えば、さまざまな自己のパフォーマンスが可能なのである。AIを理解し、評価するためのパフォーマンス志向の権力観の可能性を示すために、パフォーマンスと技術に関する私自身の仕事からいくつかの示唆を与えておこう。

テクノパフォーマンス、権力、AI

　これまで見てきたように、バトラーは、「パフォーマンス」[行為遂行] という言葉を用いて、自己の構成を概念化する。しかし、この言葉を用いて技術使用を概念化したり、技術が私たちに対して権力を及ぼす仕方を強調したり、個人のパフォーマンスと政治的文脈の関連を明らかにしたりすることもできる（Coeckelbergh 2019b; 2019c）。この場合、技術をパフォーマンスに関連付けることのポイントは、デジタル技術がアートパフォーマンスで用いられる（Dixon 2007）ということだけではなく、むしろ、パフォーマンスという言葉を、技術について考えるためのメタファーおよび概念として用いることができるということである。権力に関して言えば、このアプローチをつうじて、技術がより大きな行為者性[*94] を獲得するようになると権力に関して何が生じるのかを記述し、また評価することができるようになる。私は、そうした技術が私たちに指図し、私たちを振り付けると論じてきた（Coeckelbergh 2019b）。私たちが「テクノパフォーマンス」（Coeckelbergh 2019c）に従事するとき、技術は、主導的な役割や組織化する役割をますます果たすようになる。私たちが技術とともに演じる（パフォーム）というだけでは済まないところがある。「技術もまた、私たちとともに演じ

---

*94　行為者性とは、能動的に行為を引き起こし得る能力あるいはそうした性質のこと。

る（パフォーム）」のである。人間は不在なのではない。私たちは、共同で実演し、共同で演出し、共同で振り付け合う。しかし、技術もまた、パフォーマンスを形成する。そうなると、問題は、技術とともにどのような演戯や振り付けを私たちが創り出したいのか、そうしたパフォーマンスにおける私たちの役割は何か、である（Coeckelbergh 2019b, p. 155）。このアプローチに基づいて、AIは、権力の行使のために人間によって使用される道具であるだけではなく、意図せざる効果を持つものであると主張してもよいだろう。こうした効果の一つは以下のように記述できるといえよう。つまり、自動運転車、ロボット、インターネット上で運用されるアルゴリズムといった形でAIにさらなる行為者性が与えられ、AIの意図せざる影響がさらに広がるようになるとき、またその限りにおいて、AIは、私たちの運動、談話、感情および社会生活の振付師、演出家等々になるということである。AIは、単なる道具や事物であるだけではなく、私たちがものごとを行う仕方を組織するのだ。改めて言えば、このことは、人間が関与していないとか、人間には責任がないとかいうことではなく、むしろAIが、私たちの行いやものごとを行う仕方を形成するという点で、道具以上の役割を持っているということを意味する。AIは、私たちのパフォーマンスを組織する権力を持っており、力および権力に満ちた関係の場を変えるのである。

また「パフォーマンス」という言葉をAIとの関係で使うことにより、権力に関係する技術使用の数々の側面が浮かび上がる。第一に、こうした言葉を使うおかげで、AIの使用は常に、共同パフォーマンスとして理解される社会的な事柄であると言えるようになる。AIは、社会的で、それゆえ政治的でもある文脈で相互作用して活動する人間を巻き込む。その使用に反応する「オーディエンス」も巻き込むかもしれない。AIはこうした社会的環境の中に常に位置づけられており、フーコーが示すように、そこには権力が浸透していると言えよう。たとえば、ビッグテックによるAIの使用

は、ある社会-政治的文脈において生じており、そうした企業の行いに反応する使用者および市民というオーディエンスを持っている。この「オーディエンス」もまた、権力を持っており、権力関係の一部でもある。第二に、AIの使用がパフォーマンスとして概念化されるとすれば、このことは、身体が巻き込まれていることも意味する。前に言及したように、AIが、たとえばソフトウェアなどの「非物質的」ないし「ヴァーチャル」な形で現れるということは、身体に対する権力の効果がまったく存在しないということではない。あらゆるパフォーマンスと同様に、テクノパフォーマンスは、人間の身体を巻き込む。このことは、身体に対するフーコーおよびバトラーの注目に一致しているが、ただし、身体の概念を言説、知識、アイデンティティにただただ貼り付けるばかりではない。この場合に権力が作動する仕方は、まったく文字通りの意味で、動き、つまり動く身体に関わるものである。私が、スマートフォンに入っているアプリを介してAIを使用するとき、私は、「心的」ないし「認知的」な機能しか用いない脱身体化された使用者なのではない。私は、身体と手を動かす一方で、身体の一部は静止しているなどする。こういうことになるのは、AIとその設計者が、デバイスとアプリをある仕方で作動させるのに必要な、それゆえ、私と私の身体に対して権力を行使するのに必要な動きを振り付けるからである。第三に、パフォーマンスという考え方は、時間的側面を浮き彫りにする。AIによる、AIをつうじた技術権力の行使は、時間の中で生じ、私たちの時間経験を形成し、私たちの物語や日々や人生を構成するという点で時間を構成することさえする。たとえば、私たちはスマホをしばしば手に取り、メッセージとレコメンデーションを見る。そしてこれが日々のルーティーンの一部となる。この意味で、AIは、私の時間を定義する権力を持っているのである。データ収集とデータ分析によって、私の物語は、AIによって作り出される統計的カテゴリーおよびプロフィールの観点から構成される。このことは、個人レベルだけではなく、文化的・社

会的レベルにおいても生じる。現代は AI の時代であり、AI が私たちの社会の物語を形成するのである。

このアプローチは、フーコー的なダンス理論やパフォーマンス理論など、フーコー的な思考と共鳴する。S・コーゼル（Kozel 2007）は、J・マッケンジー（Mckenzie 2001, p. 19）のいう「行為遂行的権力のメカニズム」に関する主張を行うために、権力と知識に言及してきた。パフォーマンスは、「あらゆる種類の時間性、ネットワーク、身体に配分されたもの」とみなされる（Kozel 2007, p. 70）。そして、権力についても同様だと付け加えてもよいだろう。つまり、テクノパフォーマンスの権力もまた、時間性、ネットワーク、身体に配分されているのである。さらに、私たちは、「生産的な」権力観と再びめぐり合う。AI は、（ある特定の仕方で）私たちの時間を形成する権力を持っているのである。フーコーとバトラー（Butler 1988）に則して、AI を巻き込んだテクノパフォーマンスは、私たちを規律したり、監視下に置いたりするだけではなく、私たちを新たな主体、市民、アイデンティティとして構成するのだと論じることができよう。そのようなテクノパフォーマンスは、ある特定の種類の自己と主体性も生み出す。私は、AI の使用をつうじてある特定の仕方で自分自身を理解するようになる。このことは、物語の観点からでもほかの観点からでも、理解できる。たとえば、私たちは、こうしたテクノパフォーマンスをつうじて、ネットワーク化された自己感覚（Papacharissi 2011）や、以前私が示唆したように、データ化された自己感覚を獲得するかもしれない。J・チーニー＝リッポルド（Cheney-Lippold 2017）は、アルゴリズムと、グーグルやフェイスブック等、それらを採用している企業とが、私たちの世界とアイデンティティーを構築するべくデータを利用していると論じている。この意味で、チーニー＝リッポルドの論文のタイトルが示しているように、「私たちはデータ」なのであり、私たちはますますそう信じるようになっている。これが、データの収益化をビジネスモデルとするフェイスブック［現

Meta〕のような企業にとっては信じられないほど有益だということは、批判理論の観点から指摘しておかねばならない。私たちは消費者であるだけではなく、同時にデータの生産者でもある。私たちは、これらの企業のために働いている。これらの企業が、使用者の興味関心を特定・分類し、ターゲット広告を可能にするような、C・フックスとその共著者たち（Fuchs et al 2012, p.57）のいう「パノプティコン的な選別機」によって私たちを搾取するにもかかわらず、だ。しかし、このような世界と自己の構築、およびそれに関係する搾取は、単に私たちに降りかかってくるだけのものではないと付け加えておく。AIとのテクノパフォーマンスが展開されるのは、私たちがその技術に関わっているときである。それは能動的な過程であり、人間の努力の結果なのである。他の誰かあるいはAIアルゴリズムが私たちをデータに作り変えるというだけではない。ソーシャルメディアやその他の場所において自らをテクノパフォーマンス的に構成するとき、技術とのパフォーマンスをつうじて私たちもまた自らをデータに作り変えている。こうして、私たちは自己構成にも、自分自身の搾取にも、寄与するのである。

　技術を（テクノ）パフォーマンスの観点から見ることは、技術を活動とみなす技術観と軌を一にする。そのような考え方をとることで、私たちは、社会的で政治的な次元を取り込めるようになる（Lyon 1994）。確かに、技術は、人工物と事物に関するものでありうるが、その政治的次元を検討するためには、私たちが技術を以て何をなすのか、技術が私たちに何をなすのか、その双方が社会的な（そして、知識の）文脈にいかにして埋め込まれているのかをよく見る必要がある。技術を活動およびパフォーマンスとみなすことで、人間が常に関与していることを改めて強調できるようにもなる。ポスト現象学のような技術哲学における現代の動向が、技術が人間の知覚や行為を共形成する（たとえば、マイクロ波は私たちの食習慣を形成し、超音波技術は私たちが妊娠を経験する仕方を形成する、等々）という点で、技術がものごとを「行う」（Verbeek

2005）とするのは当を得たことである。その一方で、技術の行いは、常に人間を巻き込む。次章でポストヒューマニズムの見解について考える際、私はこの論点に立ち戻ることになるだろう。

　最後に、人間が、その社会的、身体的、時間的パフォーマンスを共同演出し、共形成し続けることで権力の行使と流通に参与することを考えれば、どの人間が私たちのテクノパフォーマンスを（共同で）振り付けるのか、こうしたパフォーマンスへの参与が常に自発的なものなのかを問わねばならない。J・パルヴィアイネン（Parviainen 2010）が言ううように、誰が私たちを振り付けているのか、を問わねばならないのだ。たとえば、ビッグテックは、アプリとデバイスに埋め込まれた AI によって私たちを振り付け、ますます私たちの行いを設計し、私たちの物語を形成するようになる。しかし、私たちはたいていこのことに気づいていないうえ、その技術が説得的であるよう設計されている以上、こうしたパフォーマンスや物語への私たちの参与は、とても自発的だとはみなせない、こう主張することができようと。そして、テクノパフォーマンスが常により広い社会的、政治的文脈に結び付いているとすれば、誰がAI のパフォーマンスに（その使用と開発の双方において）参与することを許されているのかを問うことが重要である。つまり、誰が包摂され、誰が排除されているのか、その参与の条件は何かを問うことが重要なのである。

　第一に、私たちの多くは、利用への同意に関して見せかけの選択肢を与えられているだけではなく（Bietti 2020）、AI の開発やその利用法の形成に関しては、排除されてもいる。そのため、私たちはビッグテックの掌中にある。政府でさえ、技術部門がする提案にただ従うだけということがよくある。多くの国々では、規制は最小限である。パフォーマンス志向の観点をつうじて、このことについて批判的な問いを発せられるようになる。そのパフォーマンスにおける演者（アクター）と振付師は誰なのだろうか。誰が演技と振り付けから排除されているのだろうか。どの演者と振付師が、他の演者

や振付師よりも権力を持っているのだろうか。私たちは、完全な支配から脱する戦略を展開できるだろうか。これらの問いは、民主主義に関する議論とも関係する。

　第二に、AI パフォーマンスは、組織内政治（governmental politics）＊95 と結び付いているという点で、高度に政治的でありうる。振り付け概念を用いて、パルヴィアイネンと私は、AI とロボティクスが政治的利益および戦略という文脈で使用されていると論じてきた（Parviainen and Coeckelnergh 2020）。私たちは、AI が関わっているとされるソフィアというヒューマノイドとのパフォーマンスが、AI 政治と結び付いていることを示した。「ソフィアとのパフォーマンスは、ある一つの民間企業（ハンソン・ロボティクス）の利益に資するだけではない。関連技術を拡大し、これらの技術と結び付いた関連市場を拡大しようとする人びとの利益にも資するのである」（p. 7）。こうしたことは、「権力」という言葉を用いて、AI とロボティクスの開発に関わる民間部門は、市場を拡大し、それゆえその権力と収益を増大させる方法としてテクノパフォーマンスを上演する、というように表現することもできよう。同様に、AI に関する計画と戦略を実現させることで競争相手となる他の国々に対するその権力を増大させるべく、政府がそのようなパフォーマンスを支援し、参与することもありうる。さらに、ソーシャルロボットの知能や倫理的身分に関する議論のせいで、こうした政治的次元から人びとの注意がそれてしまうこともありうる。というのも、そうした議論によって、AI とロボットについては技術的ないし倫理的な問いしかあり得ないかのように見えてしまうからである。問いうるのは、技術との直接の相互作用や、技術をとりまく環境に関する問いであって、より広い社会的で政治的な領野については問えないかのように見えてしまうわけである。こうしたこと

＊95　組織内政治（governmental politics）は、組織（政府）内の意思決定を、政策決定に携わるリーダー同士の「交渉ゲーム」として考えるもの。合理的意思決定モデルなどと対比される。

は、技術が権力的に中立であり、政治的に中立だという誤解を招きかねない。このように、AIとのパフォーマンスと、それに関連する諸議論は、AIがあらゆる技術と同じくきわめて政治的で権力に満ちているし、またそうでありうるということを覆い隠しかねない。研究者やジャーナリストは、こうしたより広い政治的文脈を明らかにして、局所的で具体的なAIパフォーマンスを、政治および権力ゲームという「マクロ」なレベルで生じることとを結びつけることができる。

　このように、パフォーマンスという言葉の使用と、それが権力に対して持つ関係は、AIに対して批判的観点を採るための枠組みを提供してくれる。この枠組は、マルクス主義的分析ともフーコー的アプローチとも両立可能だし、その両方によって支持されうるものである。それは、AIが権力と結び付いている無数の仕方を明らかにするのに役立つ。ここでいう権力とは、テクノパフォーマンスにおいて、またテクノパフォーマンスを通じて行使される権力のことであり、また、このテクノパフォーマンスと、企業や政府のようなよい広い範囲の権力や権力プレーヤーとの間で循環する権力のことである。

結論と残された問題

　本章では、権力とAIについて語ることによって、AIの政治的側面を概念化するのに有用な社会的、政治的な理論の導入がいかにして可能になるかを明らかにしてきた。当然のことながら、この試みは、権力に関わるだけではなく、他の政治的な概念や問題にも結び付いている。たとえば、ナッジに関する議論は、自由に関する問題に関係しているし、平等と正義について扱った第3章でもすでに登場した、バイアスの問題とも関係している。こうした結び付きのどれについても、まだまだ言いうることがある。たとえば、AIにおけるバイアスの問題（Bozdag 2013; Criado Perez 2019; Granka 2010）は、権力の問題としてのみならず、正義と平等に関わる問題

という枠組でも扱うことができる。アルゴリズムによるフィルター処理や、検索アルゴリズムや、AIを訓練するためのデータセットにバイアスが存在するとすれば、このことは他者に対して権力を行使する人びとと関係があるのである。ある特定の社会には、ある特定の権力構造（たとえば、資本主義的な権力構造、家父長的な権力構造等）が作動しており、その権力構造がAIの使用をつうじてバイアスにつながるのだと言うこともできよう。この点を明るみに出すのに役立つ概念は複数あるように思われる。しかし、それでも、権力の概念は、AIの政治を分析したり、議論したりするための有用なレンズであり続けている。本章は、技術が政治的であることや、それがいかにして政治的なのかについて概念化する、さらにもうひとつ独特な仕方を提示する。本章が明らかにしたのは、権力について語ることが、具体的に何が起きているのか、何が問題になりうるのかを分析するのに役立つということなのである。

　近代的観点からすると、技術と政治のこうした概念的な接合、とりわけ、AIが権力に対して非−道具的な影響を及ぼすという主張は、依然として問題を孕んでいる。というのも、近代においては、技術と政治は別々の領域にあるものであるからである。前者が技術的で物質的な事物に関わるものとされるのに対して、政治は人間と社会に関わるものとされる。この近代的な考え方は、少なくともアリストテレス以来の古代哲学に根差しており、今日にいたるまで影響を及ぼし続けている。AIは政治的に中立だと前提され、政治は、人間がAIを使用する目的に関わると前提されているのである。本章における議論はこうした近代的に分断された領域を横断する。たとえば、AIがいかにして私たちの自己を形成し、新しい形態の主体性を創り出し、私たちを振り付けるかについて議論してきた。権力に満ちたAIパフォーマンスでは、手段と目的が混ざり合い、ついには人間と技術も混ざり合うのである。しかし、繰り返し強調してきたように、こうした議論の狙いは、人間が技術に取って代わられるとか、技術がこうしたことをすべて自力で行っているとかいう

ことにあるのではない。AI に対して振り付けのような言葉を適用することの真意は、権力の行使やテクノパフォーマンスに人間が関わっていないという点にではなく、むしろ、AI がより一層の行為者性を与えられることがあり、その意図せざる効果をつうじて私たちがいかにしてものごとを行うのか、私たちが誰ないし何であるのかを共に形成するという点にある。この意味で、AI は私たちに対する権力を持つのである。技術と政治の境界線、とりわけ AI と権力の境界線を曖昧にすることで、AI を「人工権力」として語ることができる。それは、AI が全権を掌握しているからではなく、AI をつうじて権力が行使されるからである。私たちが何をなし、誰ないし何であるのかを形成する、人間のテクノパフォーマンスの一部としてのみ、AI は権力に満ちた政治的なものであるのである。

しかし、これと関連する境界線がもう一つ存在しており、それは論じるに値する。すなわち、人間と人間ならざる存在との境界線である。政治、ひいてはまた、AI の政治は、もっぱら人間に関わる事柄だと前提されることがよくある。しかし、これには異議を唱えることができるし、唱えられてきた。これが次章の主題となる。

第 6 章

非人間については？　環境政治とポストヒューマニズム

AI とロボティクスに関する人間中心的な政治を越えて

　これまでの章で取り上げたほとんどの理論では、政治哲学、ひいては AI への政治哲学の応用は、人間の政治に関するものであることが前提にされていた。自由、正義、平等、民主主義などの政治原則は、人間にとっての自由、人間にとっての正義などを意味することになっている。デーモス（*demos*）つまり公衆と国政は、人間とその制度から構成されると考えられている。そして、ほとんどの人は、「権力」という言葉が人間と人間の関係にしか通用しないと思っている。フーコーが主張するように、権力が社会的な身体を通じて循環しているとすれば、その身体は人間だけで構成されていると考えられている。さらに、AI やロボティクスの倫理と政治は、しばしば人間中心主義的な（anthropocentric）やり方で組み立てられている*96。AI やロボティクスは、技術や経済に振り回されるのではなく、人間中心（human-centered）であるべきだと主張されているのである。しかし、このような前提に挑戦し、政治的な境界を人間以外の存在に開放したらどうなるだろうか。これは AI やロボットの政治にとって何を意味するのだろうか。また、政治哲学や関連する理論は、これを概念化するうえでどのような役に立つのだろうか。

---

*96　人間という種に着目する anthropocentric と、やや一般的な human-centered とはしばしば違った意味で用いられるが、ここでは単に人間中心主義的と人間中心的と訳し分ける。

185

この章では、まず、すでに人間と非人間（人間以外の存在）の境界を越えている政治理論である、動物や自然環境に関する理論について検討することで、これらの問いに答える。特に、関係論的アプローチやポストヒューマニズム的アプローチに根ざした議論のような、動物の政治的地位に関する比較的最近の議論に注目する。次に、この政治理論の転換がAIとロボティクスの政治に何を意味するのかについて論じる。本章では、二種類の問いを投げかけている。第一に、AIが人間以外の存在（たとえば、動物）や環境に与える影響について考察する。AIやロボットに関する政治的思考は、（人間以外の）動物や生態系といった非人間が政治的地位を持ちうることを想定して、それらへの影響を考慮する必要があるのだろうか。もしそうであれば、どのような概念を用いればそれを正当化することができるのだろうか。第二に、AIシステムやロボット自体が政治的地位を持つことができるのだろうか。たとえば、それらは一種の市民となりうるのだろうか。トランスヒューマニズムやポストヒューマニズムはこの問いにどう関わってくるのだろうか。たとえば、AIは政治をコントロールできるのだろうか、またすべきなのだろうか。そして、非人間を含む形で政治的・社会的なものをどのように再構築することができるのだろうか。

政治に含まれるのは人間だけではない：動物や（人間以外の）自然の政治的地位

　動物倫理学や環境哲学では、道徳的・政治的考察の境界を人間以外の動物や環境にも広げようとする提案が見られる。本書のテーマからして、政治学的考察に焦点を当て、さらに、環境政治や気候変動の政治にも触れるが、議論の範囲を動物の政治的地位に関する主要な議論のいくつかに限定することにする。

　この分野でよく知られているのは、P・シンガーの『動物の解放』（2009）である。この本は、私たちが食物や衣服などを生産す

るために使用し、殺している動物の解放について、功利主義の立場から主張したことで有名である。私たちは、これらの習慣的行いが動物に及ぼす影響を評価し、もし動物に苦痛を与えるのであれば、その苦痛を軽減し、もし必要なら、その慣行を完全に廃止すべきなのである。シンガーはこれを倫理学と位置づけているが、この書は政治哲学的な著作として読むことも可能であり、重要な政治的原則を訴えている。まず、この本は解放を目的としており、動物解放運動によって動物を解放するための根拠として使われている。1975年の初版の序文は「この本は人間以外の動物に対する人間の専制政治について書かれたものだ」（Singer 2009, p.8）という言葉から始まる。このようにシンガーは、政治的自由の反対語である専制政治という政治的な用語を使って、自分の倫理を定式化している。しかし、彼は政治的自由だけを訴えているのではない。動物の利益を考え、平等の原則を人間から人間以外の動物に拡大することや、長い歴史を持つ偏見や差別をなくすことも述べている。「種差別（speciesism）」[97]をめぐる彼の主張の中心は、ある種の偏見と差別を告発することにある。あらゆる領域で動物を虐待や殺戮から解放するという目標は、ほとんどの動物が人間と同じように痛みを感じているわけだから、彼らを虐待したり殺戮したりすることは「種差別」であるという主張によって正当化される。そうした扱いは、異なる種に属しているという事実のみに基づいて人間以外の動物を不当に差別することなのだというのである。種差別とは、「自分の種の構成員の利益を優先し、他の種の構成員の利益に反する偏見や態度」である（p.6）。そして、（肉食の）私たちのほとんどが抑圧者であり差別者であるため、変化はむずかしいのだ。シンガーは動物解放運動を他の重要な政治運動になぞらえている。たとえば、公民権運動がそれであり、この運動においては黒人たちが要求を掲げたからこそ権利を獲得したのである（一方、動物たちは自分たちの

---

*97　人種差別（racism）などにならって作られた用語で、種が違うことを根拠にヒトのみを特権づけ、他の生物をないがしろにする差別。

意見を言うことができない）。また、奴隷制廃止のための闘いや、性差別に抗議するフェミニズム運動などもそうである。こうした対照により、物事を変えるためには抗議と闘争が必要であるという彼の主張は裏付けられる。このようにシンガーの本は、倫理学であると同時に政治哲学でもあるのだ。哲学者が彼の著作に反応する際には、通常、彼の功利主義倫理に注目する。だが、この倫理は、実はこれまでの章で取り上げたほとんどすべての範囲にわたる一連の政治哲学的概念と結びついている。また、シンガーが倫理学や政治哲学において普遍主義的な立場をとっていることにも注目しなければならない。彼はアイデンティティを基準とせず、種に関係なく、苦痛に対する普遍的な能力に基づいて論じているのである。

　動物に政治的配慮を求めるその他の主張も、やはり普遍主義的な自由主義の伝統の中にとどまり、正義という政治的原則に依拠している。たとえば、動物に対する正義について契約主義的に議論することができる。この分野で影響力のある理論は、ロールズの正義論である。J・ロールズは動物を正義の理論から除外しており（Garner 2003）、この種の契約主義は一般に人間の合理性を重要視している。だからこそ、M・ヌスバウム（2006）は、正義の観点から動物に道徳的・政治的立場を与える際に、ケイパビリティ（潜在能力）*98 の概念に依拠することを選択したのである。すなわち、ヌスバウムにおいては、人間と同様に、動物にも機能や繁栄のためのケイパビリティが与えられている。彼らは人間の理性を持っていないかもしれないが、種固有の能力を持っており、私たちは彼ら自

---

*98　センやヌスバウムによるやケイパビリティ（capability）・アプローチでは、幸福を実現するための自由とは、人びとが何をして、何になれるか、つまりどのような人生を送ることができるかという問題であると考える。自由であるためには、権利や福祉などの「財」が与えられるだけでなく、その財を活用できるための能力、すなわち、教養や知識、健康など、ケイパビリティ（潜在能力）が必要なのである。なお、ヌスバウムは、センとは異なり、人間の中心的なケイパビリティをリスト化して考察を進めている。

身の尊厳を尊重すべきである。ヌスバウムは、彼女のケイパビリティないしエンタイトルメント（権原）*99のリストが動物にとって何を意味するのかを考えている。たとえば、動物には健康な生活を送る権利があり、そのことは残酷な扱いを禁止する法律が必要であることを示唆している（Nussbaum 2006, p. 394）。これはそれ自体、政治理論の興味深い適用である。最初は人間のためのものであったものが、動物に適用されるのである（また、ヌスバウムのケイパビリティアプローチと古代の徳倫理学や人間的開花（human flourishing）*100に焦点を当てた政治学の間には興味深いつながりがあるが、ここではこれ以上論じないことにする）。

　しかし、それでもなお、動物に対する正義は契約主義に基づいて支持されうると提案する著者もみられる。元のロールズの立場を修正して、無知のヴェール*101には、人間として終わるか動物として終わるかの無知も含まれるとすることも可能であろう。たとえば、M・ローランズ（Rowlands 2009）のバージョンでは、合理性は本来備わる優位性としては過分のものだから、無知のベールの後ろに隠されているとされる。また、人間と動物の協力関係を強調する路線もある。私は、動物が協力関係の図式の一部となっているのであれば、分配的正義の領域に引き込むことができると主張してきた（Coeckelbergh 2009b）。この考えによれば、人間と非人間とはさまざまな形で相互依存しており、時には協力し合うということになる。（たとえば家畜の場合にそうであるように）もしそうであれば、これらの動物も正義の領域の一部とみなされるべきである。

---

*99　エンタイトルメント（権原）とは、人間の尊厳を尊重する最小限のもののことである。ヌスバウムは、中心的ケイパビリティとして、10のケイパビリティ・リストを挙げている。

*100　p. 157 訳注 *88 を参照のこと。

*101　無知のヴェールとは、ロールズによって導入された思考実験で、自分の立場を知らずに、公正な社会を設計することを想像するものである。これにより、個人的な利益や状況に偏ることなく、正義や公正について客観的に考えることができるようになるとされる。

S・ドナルドソンと W・キムリッカも『人と動物の政治共同体』（*Zoopolis,* 2011）において倫理的な議論を政治理論の領域に移し、同様に、私たちは動物に対して関係的な義務を負っており、共有市民権という協力プロジェクトに動物を含めるべきであると主張している。彼らは、動物が政治的な行為主体性の能力を低下させている可能性があることは認めるが、それでも市民と見なすことができると考えている。

　この主張は、私が「関係的」な見方と呼んでいるものでもある（Coeckelbergh 2012）。ドナルドソンとキムリッカは内在的な特性やケイパビリティの代わりに、人間と動物の関係を重視している。この関係によって、私たちに依存している動物に対して世話をする義務のような義務が、私たちに生じるというのである。このことは、すべての動物が同じ形での市民権を持つことを意味するものではない。人間社会と同じように、政治的共同体の完全な一員となるべき動物（たとえば、家畜）もいれば、独自の共同体を持つ動物（たとえば、野生の動物）もいると彼らは主張する。しかし、R・ガーナー（Garner 2012）はこうした議論を批判している。彼によれば、本来の立場を再定義すべきだと主張する論者たちは、実際には契約以外の原理に依拠しているのであって、社会的協力に依拠することは家畜には有効だが、他の動物には有効ではないのである。私たちは次のように応答することができるだろう。(1)なぜ同じく既存の規範的判断に言及するロールズ（たとえば、彼の場合、正義は人にのみ適用されるという見解）よりも、これらの契約主義者に高い基準が要求されなければならないのかがはっきりしない。そして(2)契約主義者の議論は、動物に政治的配慮を与えることに関しては確かに限界があるが、幸いにも、より広い適用範囲を持つ他の道徳的議論がある。それは、より広範囲の保護を正当化できるが、厳密に言えば、政治的権利や義務には関係がない、という応答である。私たちは、あらゆる種類の議論（たとえば、感覚に基づく議論）に基づき、多くの動物に道徳的配慮を与えることができるが、しか

し、これらの動物のすべてが政治的正義の受益者として適格である
とは限らない。たとえば、（シンガー風の苦痛緩和の義務や同情の
義務に基づいて）森の中で苦しんでいる野生動物に対して私たちは
道徳的義務を負うかもしれないが、しかしその動物は私たちの政治
的共同体の一員ではないので、これは政治的義務ではないと言うこ
とも可能かもしれない。

　この制約に対して、政治的共同体の範囲をすべての動物に拡大す
ることを求めることもできるかもしれないが、それが何を意味する
のかは難しい問題である。たとえば、野生動物に政治的地位を与え
るとして、彼らに対する私たちの義務は何だろうか。彼らは具体的
にはどのような意味で私たちの政治的共同体の一員なのだろうか。
また、特定の動物だけでなく、たとえば川や生態系も政治的地位を
持つべきかという議論もあり得るだろう。たとえば、2018 年にコ
ロンビアの最高裁はアマゾンの森林に人格権を認めたし、ニュー
ジーランドではワンガヌイ川と生態系に法的地位が認められてい
る。ワンガヌイ川の例は、内在的価値に関する道徳的議論に依拠し
て正当化することもできるが、川（たとえばスピリチュアルな特
性）と先住民族イウィ*102 の相互依存関係に関する関係的・政治
的議論によって支持することもできる（もちろん、両者の議論はつ
ながっている可能性もある）。大地あるいは総体としての地球の価
値にも、同様の議論が可能である。たとえば、2008 年にはエクア
ドルが憲法でパチャママ（自然）の権利を保護するように動き、
2010 年にはボリビアが、地球を生き物と見なすアンデス先住民の
世界観の影響を受けて、母なる大地（mother earth）を「公共の利
益の集合的対象」と定義し、生命と生命の多様性など、この存在が
持つ権利をいくつか列挙した「母なる大地の権利法」を成立させて
いる（Vidal 2011）。これは、母なる大地の内在的価値を尊重する
こととも、先住民の政治的権利を尊重することとも、あるいはその

---

*102　マオリ語で「国」または「人」を意味する語。ニュージーランドでは
　　先住民マオリ族の政治的な意思決定体としての役割を担う組織を指す。

両方であるともいえる。

　環境倫理学では人間中心主義（Callicott 1989; Curry 2011; Næss 1989; Rolston 1988 など）と内在的価値（Rønnow-Rasmussen and Zimmerman 2005）の議論が長年にわたって行われてきた。たとえば、T・レーガン（Regan 1983）が内在的価値を高等動物に限定しているのに対し、J・B・キャリコット（1989）、H・ロルストン（1988）、A・レオポルド（Leopold 1949）は、種、生息地、生態系、（ロルストンの場合には）生命圏に内在的価値を認める倫理を主張している。この見解は、人間の内在的価値しか認めない人間中心主義の道徳哲学とは反対に、自然を生態学的に理解することに基礎をおいている（McDonald 2003）。これらの議論は倫理学の観点から組み立てられているが、内在的価値に基づく政治的考察を含むように拡張し、上述のより広い自然物の権利を正当化するために利用することができるだろう。

　ポストヒューマニズムの理論も、非人間中心主義的なアプローチの基礎を提供する。この理論は人間以外の動物を政治的に考慮することを支持するものとも解釈されうる。ポストヒューマニズムという言葉は、ヒューマニズムの「後（after）」ないしヒューマニズム「を超えて（beyond）」という意味であり、それゆえヒューマニズムや現代の社会・文化に批判的ないくつかの理論的方向性を指している。ポストヒューマニズムはトランスヒューマニズムとは区別される。トランスヒューマニズムは、人間の能力を向上させることを目的とし、少なくともその立場の一つでは、AI が人間に取って代わる、あるいは AI が人間から権力を奪うことになると考えている（本章 p.209 参照）。哲学としてのポストヒューマニズムは、「人間なるもの」や、階層的および二元的な視点を脱構築し（Ferrando 2019）、それゆえ人間中心主義に反対の立場をとる。ポストヒューマニズムは西洋哲学の伝統における人間の特権的地位に疑問を呈し、人間以外の存在やハイブリッド形成に注目するので、たしかに完全に還元することはできないが、ポスト人間中心主義的である

(Braidotti 2016, p. 14)。たとえば、この立場のいくつかのバージョンでは、構造的な差別や不正義に強く焦点が当てられている。例としてフェミニストのポストヒューマニズムやポストコロニアル理論を考えてみればよい。また、人間中心主義に関する西洋の伝統には多様性があり（たとえば、カントやヘーゲルとアリストテレス、マルクスを比較してみよ）、したがって人間中心主義にもさまざまな度合いがあることを認識する必要がある。ポストヒューマニズムにおけるポスト人間中心主義と反二元論は結びついている。言いかえれば、ポストヒューマニズムは主体と客体、男性と女性といった二元論に加えて、人間と非人間、人間と動物、生物と無生物といった二元論を乗り越えようとする。したがって、ポストヒューマニズムはまた、技術に対する西洋的な恐れを和らげようともする。つまり、技術を道具的あるいは脅威的なものとみなすのではなく、J・デリダ（Derrida 1976; 1981）や B・スティグレール（Stiegler 1998）らが人間の「根源的技術性」（Bradley 2011; MacKenzie 2002, p. 3 も参照）と呼ぶものを強調し、機械という他者と共に生きるという想像力を生み出すのである。ポストヒューマニズムは、技術を含むより開かれた存在論を提唱している。その結果、AI は人間の自律を脅かす存在とは見なされなくなる。脱構築の後では、「人間なるもの」は存在せず、また AI に脅かされるかもしれないその非関係的な自律性も存在しないのである。主体は、決して完全にコントロールできるものではなく、常に他者に依存している。関係的自律性に関するフェミニストの説明とも合致するように、人間も主体もともにきわめて関係的であるとみなされている。A・ルブロワ（Rouvroy 2013）が（J・バトラーや L・P・アルチュセールに倣って）主張したように、完全な自律など存在しないのである。さらに、ポストヒューマニズムは哲学的なものであると同時に、政治学的なプロジェクトでもある。ポスト植民地主義的、フーコー的、（なかでも）フェミニスト的アプローチと並んで、たとえばD・ハラウェイや R・ブライドッチ、N・K・ヘイルズの仕事には、

人間中心的で人間例外主義の世界観と政治を持つ人びとが人間以外の動物に与える暴力と全体化に対する批判が含まれている（Asdal, Druglitrø, and Hinchliffe 2017）。さらに、ポストヒューマニズムは人間であれ非人間であれ、私たちがすべて相互依存関係にあり、また私たちがみな地球に依存していることを認めている（Braidotti 2020, p. 27）（また、技術哲学においては、たとえばL・フロリディ［2013］の情報倫理など、異なる理論的方向性に由来するこの他の非人間中心主義的な倫理的枠組も存在することに留意してほしい）。

このポストヒューマニズムの一連の理論を、まず動物や自然環境に対する姿勢の違いを浮き彫りにしながら、紐解いていこう。ポストヒューマニズムの中心人物はハラウェイである。「サイボーグ宣言」（2000）で「政治的・虚構的（政治的・科学的）分析」を行い、サイボーグ（「同時に動物でも機械でもある生き物」）の姿によって、自然と人工の境界をすでに越えていたハラウェイは、少なくとも二つの方法で、動物の繁栄に関与する政治について論じている。まず、犬のような「伴侶種」（Haraway 2003）が存在し、そのような人間以外の重要な他者との関係、共生、そして最終的には共進化によって、互いのアイデンティティが共構成されると彼女は主張している。この見解に基づけば、少なくとも伴侶種とみなされる動物には、道徳的・政治的地位を与えるべきであると主張できるだろう。第二に、ハラウェイは、類縁関係の構築（making kin）と複数種の政治（multispecies politics）という概念によって、政治的なものの境界を動物に対してさらに開いている。彼女は、地球の形成に際して人間という行為者性を強調する人新世に関する議論に応じて、人間だけでなくバクテリアなど他の「テラフォーマー」[103] も地球を変えており、生物種と技術の間には多くの相互作用が存在すると主張する。ハラウェイ（Haraway 2015）によれば、政治は

---

[103]　地球という惑星（Terra）を形成する（form）ものという意味。

「人間を含む豊かな複数種の集合体のための繁栄」だけでなく、「人間以上のもの」「人間以外のもの」の繁栄も促進すべきである（p. 160）。この「構成主義的」（p. 161）な見解に基づけば、国政（body politic）はあらゆる種類の存在に拡大され、私たちはそれらと類縁関係を構築する可能性があり、それらに応答しなければならないのである。ハラウェイが『トラブルと一緒にいる』（*Staying with the Trouble*, 2016）で述べているように、私たちは「複数種が繁栄するための条件を形成する」（Haraway 2016, p. 29）責任があり、この責任は新しい種類の類縁関係を生み出す絆を形成する。しかし彼女はこの本の脚注で、一般化に対する警鐘を鳴らし、人間の政治（特にアメリカ政治）を直接取り上げながら、多様性と歴史的状況を尊重することを強調している。

> 類縁関係を構築することは、歴史的に状況づけられた多様な類縁関係を尊重しながら行われなければならず、それを一般化したり、手っ取り早く手に入る共通の人類性や複数種の集合体、あるいはそれらと同様のカテゴリーに流用したりしてはならない。……米国の多くの白人リベラルが、黒人に対する警察の殺人やその他の暴挙に反対するアフリカ系アメリカ人や同盟者の組織化をきっかけに、#BlackLivesMatter（黒人のいのちは大事だ）に対して #AllLivesMatter（みんなの命が大事だ）と主張して抵抗した残念な光景は、示唆的である。同盟を結ぶには、特異性、優先度、緊急性を認識する必要がある。……過去から現在に至るまで続く植民地政策やその他の絶滅・同化政策に目を向けず、類縁関係を作ろうとすることは、控えめに言っても非常に機能不全な「家族」を予感させる。（p. 207）

別のポストヒューマニズム主義者、C・ウルフは、フーコーの生権力と生政治の概念が「種を超えた関係」（Wolfe 2010, p. 126）に与える影響を探っている。『法以前：生政治的な枠組みにおける人

間と他の動物』（*Before the Law: Humans and Other Animals in a Biopolitical Frame*, 2013）において、彼はアリストテレスからハイデガーに至る西洋の伝統における動物の排除に疑問を投げかけている。彼は、人間性と動物性が「存在論的に対立する区域」（Wolfe 2013, p. 5-6）であるというハイデガーの仮定を批判し、フーコーに触発されて（Wolfe 2017）、生政治という概念を用いて、私たちは法以前にはすべて動物であると主張している。

> 生政治のポイントは、もはや「人間」対「動物」ではない。新たに拡大された生者の共同体と、その中で暴力や免疫的保護がどのように位置づけられるかという、私たち全員が持つべき懸念がそのポイントである。なぜなら、結局、私たちは法以前にはみな潜在的に動物であるのだから（Wolfe 2013, p. 104-5）。

　B・マッスミ（Massumi 2014）も、動物を政治的なものから排除することに疑問を呈している。彼は、西洋のヒューマニズムや形而上学における人間と動物の二分法に疑問を呈し、人間を「動物の連続体」（p. 3）上に位置づけている。私たちが自分たちを他の動物たちから切り離して考え、自分たちを動物から除外し、（たとえば動物園や実験室、あるいはスクリーンの前で）自分たちを動物から離れたところに置くことや、カテゴリーにより分離する類型論的思考そのものに疑問を投げかけ、「動物の人間的政治学」ではなく、「統合的動物政治学」を提案する（p. 2）。ここでは、動物的活動と「動物への生成変化」（p. 56-7）に焦点が当てられている。この言葉は、G・ドゥルーズとF・ガタリ（1987）やプロセス哲学の影響を受けたもので、人間と動物に関する階層的で硬直した考え方を否定し、人間以外の動物の抑圧を問題視しようとするものである。

　同様に、ブライドッチ（Braidotti 2017）は、主観性を「人間と非人間というアクター、技術的媒介、動物、植物、そして地球全体を包含する一つの集合体として」検討し直すことを主張している

（p.9）。そして、彼女は具体的な規範的、政治的見解を加えている。すなわち、私たちは、人間以外の他者に対してより平等主義的な関係を築くよう努力し（p.10）、「創造の王としての人間の支配的な配置」（p.15）を拒否する必要があるというのである。ドゥルーズやスピノザの影響を受け、彼女は一元論的なアプローチを主張し、擬人化されない他者との相互依存を、思いやりを持って認めることを強調する（p.22）。カッドワースとホブデン（2018）もポストヒューマニズムを解放的なプロジェクトとして捉えている。彼らは、人間を脱中心化しながらも、現代の危機、すなわち生態学的課題や世界的不平等への批判的関与の可能性を失わないことを目指している（Cudworth and Hobden 2018, p.13）。彼らの批判的ポストヒューマニズムは、新自由主義に対する代案を探求しており（p.16-17）、「生きるものすべてのための政治」という意味で「テライスト（terraist）」＊104 である（p.136）。私たちは関係する風景の中に組み込まれ、他の生き物・生物と脆弱性を共有している。ハラウェイに影響されて、E・カッドワースとS・ホブデンは、脆弱な身体性を持つ「家畜（critter）」の不安定性（precarity）について述べている（デジタル時代の脆弱性についてのより実存的な観点からの研究については、Coeckelbergh 2013 や Lagerkvist 2019 も参照されたい）。私たちは、新自由主義を超え、人新世と資本新世＊105 を超え、そして（ラトゥールに倣って）近代を超えた、より包括的な未来を想像するよう求められているのだ（Cudworth and Hobden 2018, p.137）。

　科学と社会に対する非近代的な考え方で知られている B・ラトゥール（Latour 1993; 2004）は、社会的なもの、政治的なもの

＊104　地球（Terra）主義者のこと。

＊105　ジェイソン・W・ムーアが提示した概念（ムーア『生命の網のなかの資本主義』山下範久訳、東洋経済新報社）の「人新世」が、人類が地質や生態系に影響を与えるようになった時代を指すのに対し、「資本新世」は、そうした影響が産業革命以降の化石燃料に依存した資本主義経済がもたらしていることを重視する。

を理論化する際の、人間とモノ、自然と文化の区別を問題視する。ラトゥールによれば、地球温暖化（に関する論争）は、政治、科学、技術、自然のハイブリッド・混合体である。彼は、自然という概念を用いない政治生態学を主張している。ラトゥールやT・インゴールドに触発されて、私もいくつかの著作物で「自然」という用語の使用に疑問を呈している（たとえば Coeckelbergh 2015b; 2017）。さらに、S・アライモ（Alaimo 2016）が指摘するように、「自然」という用語は「人種差別、性差別、植民地主義、ホモフォビア*106、本質主義を支持するために長く用いられてきた」（p. 11）ため、政治的な中立性からは程遠いのである。それゆえ、ポストヒューマニストたちは政治的共同体の境界線を根本的に引き直すことになる。人間だけでなく非人間がその政治的共同体の一員となる（可能性がある）のである。これは必ずしも境界線や排除の不在を意味するわけではないが、政治に関して人間と非人間との間に深い溝があるというドグマをもはや受け入れないものである。また、ポストヒューマニズム論者は、倫理的なものと政治的なものの区別そのものにも疑問を投げかける。アライモによれば、「家庭という領域での最も小さく、最も個人的な倫理的実践でさえ、グローバル資本主義、労働・階級の不正義、気候の不正義、新自由主義、新植民地主義、産業的農業、工場畜産、汚染、気候変動、絶滅など、数多くの巨大な政治・経済の苦境と切っても切れない関係にある」（p. 10-11）。そのため、ポストヒューマニストたちは、距離を置かないアプローチを擁護し、たとえば「自然」について距離を置いた主張をするのではなく、私たちの生活を変えるべきだと主張する環境活動家たちに同意する（しかし、多くの環境主義者は「自然」に言及し続け、それが環境主義とポストヒューマニズムが完全に重ならない理由の一つである）。

　ポストヒューマニズム論者の中には、マルクスを利用する者もい

---

*106　homo（＝ホモセクシュアル・同性愛）+ phobia（恐怖症）。同性愛嫌悪とも訳される。

る。たとえば、N・アタンソスキとK・ボラ（Atansoski and Vora 2019）は、マルクスは依然として「ポスト資本主義、ポストヒューマン世界のテクノユートピア*107的な空想に適用できる」(p. 96) と考え、これを人種、植民地主義、家父長制に焦点を当てたアプローチと組み合わせている。マルクス主義と生態学的アプローチを組み合わせた興味深い見解として、J・W・ムーアの「自然における資本主義」の分析があるが、その分析は自然と社会の二元論に疑問を投げかけている。彼は、自然を外部とみなすことは資本蓄積の条件であり、そうではなく、自然を組織化する方法として資本主義をみなすべきだと主張する（Moore 2015）。彼は、サイボーグ、集合体（assemblage）、ネットワーク、ハイブリッドなどを語る人たちは、デカルト的な二元論的思考から脱却できていないと批判している。

ポストヒューマニズムに関連するものとして、正義についての人間中心主義的な説明に疑問を投げかける、環境政治の興味深い概念として「複数種正義（multispecies justice）」もある。この概念は、人間例外主義や、人間は他の種から分離される、あるいは分離可能であるという考え方に挑戦している（Celermajer et al. 2021, p. 120）。P・ツァカート（Tschakert 2020）は、気候変動の非人間的な側面を強調し、気候非常事態により正義の原則と実践が人間と自然界の両方を包含するように見直されることが要求されている、と論じている。彼女は、私たちの生が絡み合っている人間以外の「他者」を認識するための出会いを探求することで、気候変動と複数種正義とが相互に結びついていることを明らかにしている（p. 3）。法理論においても、誰が、あるいは何が「正義の共同体」（Ott 2020, p. 94）に属するのかを考えることが多くなってきている。たとえば、地球システム内の不正義に関連して、人新世における非人間の法的地位について考えることが多くなっている。J・C・ゲ

---

*107　techno＝技術の発達が utopia＝理想郷をもたらすという考え。

ラーズ（Gellers 2020）は、正義の共同体を拡大し、自然人ととも
に人工物である非人間を法的主体として含めることを提案してい
る。

　さて、もし（一部の？）動物や自然環境に道徳的・政治的地位が
あり、政治的共同体が人間以外にも開かれているとしたら、AI や
ロボティクスの政治はどうなるのだろうか。

AI やロボティクスの政治に対する意味

　人間中心主義を離れ、動物や人間以外の自然にまで政治的な対象
を広げると、AI が持ちうる意味合いについて、少なくとも二種類
の立場をとることができる。第一に、AI の利用や開発は、動物や
環境などが道徳的・政治的地位を有することを考慮すべきであり、
それゆえ、これらの自然物への危害を避け、可能であれば、より環
境に優しい実践、そして気候変動などの問題解決に積極的に貢献す
るべきだと主張することが可能である。環境や気候に配慮した AI
を推進することができるのである。第二に、AI そのものが政治的
な地位を持ち、それゆえ AI、あるいは、どのような意味であれ、
少なくともある種の AI について、自由、正義、民主主義、政治的
権利などを語るべきだと主張することができる。これらの立場を解
きほぐし、さらに発展させるために利用可能な理論的資源をいくつ
か挙げてみよう。

AI が非人間や自然環境に与える影響の政治的意義

　第一の立場は、AI 自体の政治的地位（すなわち、AI を政治的共
同体に含める必要のある非人間とみなすかどうか）については不可
知論をとるが、自然物の政治的価値や利益を考慮すれば、AI の政
治はもはや人間中心主義的に考えることはできない、と主張する。
この立場によれば、AI は単に人間中心的である（すなわち、人間
の価値や利益を指向する）のでも、ましてや資本中心的であるので
もなく、動物や生態系、地球などの自然物の価値や利益にも向けら

れるべきものである。たとえば、AI研究者のなかにはロボットの設計のために生物学からヒントを得たり、生物学における社会的な組織化の方法を取り入れたりしている人もいるが（Parikka 2010）、ここで重要なのは、動物が研究対象になりうることではなく、動物もそれ自体で政治的な価値や利益を持ち、それらが尊重されるべきであるということである。したがって、AIを開発し利用する際には、技術が動物、自然環境、気候に及ぼす影響に配慮する必要がある。

　こうした結論は必ずしも悪いことではない。AIは気候変動などの環境問題への取り組みにも役立つ。たとえば、機械学習によるデータ解析やシミュレーションが、気候変動や環境問題への科学的理解を深めたり、天然資源の違法採取の追跡を可能にしたりする。また、おそらくAIは、生息地の管理や保全など、動物との関わり方についても支援してくれることだろう。しかし同時に、そもそも技術はこうした問題を助長するものでもある。それがはっきりと目に見える形で現れることもある。たとえば、家庭内でAIを搭載したパーソナルアシスタント[108]がペットを殴ったり、その話し方がペットを混乱させたりすることがありうる。また、農業や食肉生産を組織的に行うためのAIが系統だって動物に害をもたらすかもしれない。さらに、工業生産で使用されるAIが気候や環境に悪影響を与える可能性もある。しかし、これらすべてのことが原理的にはユーザーや観察者の目に見えるとしても、人間中心の政治には盲点がある。なぜなら、それは人間のための政治、ひいては人間のためのAI政治に焦点を合わせているからである。政治を人間以外の存在に開放することで、こうした問題を明らかにし、想像し、議論することができるようになる。

　しかし、AIの使用は、使用される場所からずっと離れたところで、目につきづらい結果をもたらすことも多い。先にも述べたが、

---

*108　一般には「個人秘書」などと訳されるが、ユーザーを支援する機能やアプリケーションなどの技術を指す言葉しても用いられる。

ここでより注目されるべき重要なトピックが、エネルギー使用や資源利用の面で AI が環境や気候に与える影響である。ある種の機械学習で必要となる計算量は飛躍的に増加しており、そのために大量のエネルギーが消費されるが、そのエネルギーは多くの場合再生可能エネルギー以外から供給されている。たとえば、自然言語処理（NLP）のためのニューラルネットワークの学習は、電力使用のためにかなりの資源を必要とし、それゆえ、かなりの二酸化炭素排出量を発生させる。1 つの NLP モデルを学習させると、平均的な自動車が使用期限までの間に生み出す量の 5 倍に相当する二酸化炭素を排出することになる（Strubell, Ganesh, and McCallum 2019）。現在、研究者たちはこの問題に対処する方法を模索しており、たとえば、より少ないデータで学習したり、データを表現するのに必要なビット数を減らしたりしている（Sun et al. 2020）。アップルやグーグルなどの大手 IT 企業は、再生可能エネルギーに関与している。それでも、ほとんどのハイテク企業は依然として化石燃料に依存しており、この分野は全体として世界的に大きな二酸化炭素排出量を抱えている。グリーンピースの報告書によると、2017 年、この分野のエネルギー消費量はすでに世界の電力の 7 ％と見積もられており、今後も増加すると予想されている（Cook et al. 2017）。

　ストリーミングサービス*109 の利用は、AI によるレコメンドシステムと結合し、より多くのデータを必要とするため、問題の一因となっている。また、AI と連携する電子機器の生産には原材料の採取が必要であり、これは社会的・環境的影響を及ぼす。歴史的な植民地主義の形態と同様に、「データ植民地主義」（Couldry and Meijas 2019, p. xix）は天然資源の搾取と密接に関係している。現在の人間の搾取は、「天然資源の代わりに」（p. xix）起こっているのではなく、天然資源の採取に加え、それに基づく形で起きているのである。したがって、AI をはじめとするデジタル技術の利用は、

---

*109　ネットフリックスやスポティファイなど、インターネットに接続した状態で好みの音楽や動画を視聴できるサービス。

一部で期待されているような経済の脱物質化には必ずしもつながらないのだ。それはまた、より多くの消費、ひいてはより多くの「生態学的圧力」（Dauvergne 2020, p. 257）につながる。同様に、監視資本主義も人間の尊厳の破壊だけでなく、環境的な側面も持っている。こうした環境や気候への影響が、AIの使用時点ではあまり目につかず、それを使用する特定の時点から離れた場所で起こることが多いという事実は、それが政治的に重要でないとか、政治的な問題が少ないということにはならない。さらに、前述のように、AIは気候変動対策に役立つが（Rolnick et al. 2019）、これは必ずしも指摘された問題を補うものではない。

　この分析に基づいて、二酸化炭素排出量や環境への影響という観点からAIの影響が政治学的に問題視されるのには二つの理由があると規範的に主張することができる。第一に、地球温暖化ないし気候変動や天然資源の枯渇は、通常政治的地位を有すると想定される人間や人間社会に対して影響を与えるが、それらは自然環境や気候条件に依存するものである。第二に、非人間の政治的利益や内在的価値などに関する議論に基づいて、非人間もそれらの政治的地位ゆえに問題であると加えることができるだろう。AIによって特定の動物や生態系、地球全体が影響を受けるとする。AI機器の原材料の採取や食用に飼育される動物のAIによる管理といった直接的にも影響もあれば、AIの稼働に必要な電力生産を炭素ベースで行うことによる生息地の破壊や気候変動の多面的な影響といった間接的な影響もあるだろう。こうした場合、人間だけでなく、動物や環境なども政治的なものと見なされ、また見なされるべきであるのだから、この影響は政治的に問題ということになる。

　しかし、AIの非人間中心主義的な政治への転換という考えは、単に「非人間」「気候」「環境」といった一つの政治的価値や原則に関わるものとして分類されるべきではない。むしろ、これまでの章で考察し、構築したすべての原則や議論の全体に共鳴するものである。たとえば、もし（一部の）動物が政治的なものとみなされるの

であれば、それらの自由について考えたり、種間の正義について
語ったり、これらの動物も民主主義の市民となりうるかどうかを問
うたりするなどしなければならない。そうなると、AIの政治はも
はや人間中心ではなく、私たちが他の動物と共有する利益やニー
ズ、そして共有はしないが政治的に重要である特定の利益やニーズ
が中心になるのである。AI政治にとって非人間中心主義的な転換
は、動物、環境、気候を既存の枠組みに追加して考慮することなの
ではなく、政治的なもの考え方そのものに根本的な変化をもたらす
ものであり、政治的なものが非人間とその利益を含むように拡張さ
れるのである。

　さらに、地政学（ここでは私たちが住む大地または地球の政治と
定義する）は、人間を中心から外す場合には再定義される必要があ
る。人間中心主義でない視点をとり、先に述べたポストヒューマニ
ズムの考えに沿えば、もはや「人新世」という言い方は、人間が中
心となって支配している、あるいは中心となって支配すべきである
ことを示唆する可能性があるため、適切ではないのである。その代
わり、私たちは他の多くの存在とこの大地、この地球を共有してい
ることを強調することが重要である。人間がハイパー・エージェン
シーを身につけ、地球とそこに住む人間や人間以外の存在を自分た
ちの宇宙船として扱うということになるかもしれない。人間は、
AIなどの技術を駆使してこの宇宙船を管理したり、ともすると設
計し直したりすることができるし、またそうしなければならないか
もしれないというわけである。しかし、これは問題であって、解決
策ではない。非人間中心主義的なAI政治学は、技術中心主義的な
ものではなく、そのような態度ややり方を問題視するものとなろ
う。この政治学は、AIがすべての問題の解決策であることに疑問
を呈し、少なくとも、AIやデータサイエンスによって地球への支
配力を増大させるのではなく、むしろそれを緩和するという考えを
持つことになろう。テクノソリューショニズム（Morozov
2013）*110、あるいはM・ブルサード（Broussard 2019）が「テク

ノショービニズム」と呼ぶもの、すなわち技術（テクノ）が常に解決策であるという信念にいったん疑問を呈するならば、もはや AI はすべての問題に対する魔法の解決策とはみなされず、AI が人間や非人間のためにできることの限界にもっと注意が払われるようになる。

AI そのものの政治的地位？

第二の立場は、AI を単に人間や非人間に奉仕する道具と見なすのではなく、それがどのような意味を持つかはさておくとして、たとえば「機械」という形で、ある AI システム自体が政治的地位を得る可能性も考慮する。ここで考えられているのは、AI は単に政治的目的を達成するための技術的手段つまり政治のための道具ではなく、道具以上のものになりえるし、それ自体が政治的価値と利益を持つかもしれない、そして一定の条件のもとでは政治的共同体に含まれるべきものであるということである。ここでは、AI 政治は人間による非人間（および人間）のための政治であるだけではなく、もしかすると非人間による政治であるべきかもしれないということが主張されている。ただし、「誰のため」ということは未解決であり、やはり技術的な非人間も含まれる可能性もある。

技術哲学では、この種の問いは通常、「機械は道徳的地位を持ちうるか」という道徳的な問いとして定式化される。過去 20 年間、AI やロボットの倫理を考える人びとの間で、このテーマが活発に議論されてきた（Bostrom and Yudkowsky 2014; Coeckelbergh 2014; Danaher 2020; Darling 2016; Floridi and Sanders 2004; Gunkel 2018; Umbrello and Sorgner 2019 など）。しかし、AI やロ

---

*110　ソリューショニズムとは、データと適切なソフトウェアがあればどんな問題にも解決策（ソリューション）が見つかると考える立場。ショービニズムとは、愛国主義やナショナリズムの一形態であるが、男性ショービニズム（男性の方が女性より優れるという信念・態度）を指すこともある。

ボットの政治的地位はどうだろうか。たとえば、それらの存在の政治的権利、自由、市民権、私たちがそれらとどのように関わるかに関する正義、などはどうだろうか。

こうした方向での主張や議論を探求するための興味深い方針をいくつか紹介しよう。第一の方法は、機械の道徳的地位に関する議論から学ぶことである。政治的地位に関する議論の一部は、おそらくそうした議論を反映することになるだろう。たとえば、意識や苦痛を感じる能力といった特性がないことを理由に AI に道徳的地位を与えることに抵抗がある人は、おそらく同じ論法で AI に政治的地位を与えないだろう。しかし、そうした内在的な特性は政治的地位には重要ではなく、むしろ関係性や共同体的な側面が重要であると主張する人もいるかもしれない。もし私たちが社会的・共同体的にAI と関係しているのであれば、そのことだけでそれらの存在に何らかの政治的地位を与えるには十分ではないだろうか。たとえば、D・グンケル（Gunkel 2014）やクーケルバーク（Coeckelbergh 2014）は、内在的な特性に基づいて道徳的地位を付与することに疑問を呈し、どこで線を引くかは政治的な交渉（ないし再交渉）の問題であって、排除と権力という人間の歴史と結びついている、それゆえ、現在、他の存在に道徳的地位を与えることに私たちは慎重でなければならないことを示してきた。同じことが、政治的地位についても言いうる。機械を政治から排除することを再交渉する時期が来ているのだろうか。政治的地位にも関連するのが、道徳的行為者性（moral agency）と道徳的被行為者性（moral patiency）の区別である。道徳的行為者性は、AI が他者に対して何をすべきか（すべきでないか）、道徳的被行為者性は、AI に対して何をなし得るかに関することである。同様の区別は、AI の政治的行為者性と AI の政治的被行為者性の間でも可能である。たとえば、AI が政治的判断や参加に必要な特性を備えているかどうか（行為者性）、あるいは、ある条件のもとで政治的に AI に何がなされて当然のことか（被行為者性）を問うことができる。

権利の概念に注目することによって、このような道徳的地位に関する議論と政治哲学（および法哲学）との間に興味深いつながりが生まれる。ロボットの社会的状況を考察するために、ロボットの道徳的・法的立場を論じたグンケルの『ロボットの権利』（*Robot Rights*, Gunkel 2018）は、このための優れた出発点となる。グンケルは、ロボットの権利に関するさまざまな立場について有益な分類を提供するだけでなく、人間中心主義を超えて、権利が必ずしも人権を意味しないこと、そして私たちが「権利」という言葉を誤解して使っていることを指摘している。権利には、特権、請求権、権限、免責など、さまざまな種類があるのである。ほとんどの人はロボットやAIに人権を与えることを拒否するだろうが、この分析を使って、機械に人権以下の、あるいは人権とは異なるタイプの権利を主張し、その政治的意義を考えてみることもできる。権利が人権やそのレベルの権利である必要はないという認識によって、こうしたことを行う余地がある程度開かれる。しかし、このような企ては、アプリオリに*111 ロボットの権利という考え方に反対する人びとから拒絶されるだけでなく、関係性の面からも異論があるかもしれない。批判的ポストヒューマニズムとポストモダニズムに即して、この種の推論自体が哲学を全体化する一形態となっており、道徳哲学と政治哲学を一つのプラットフォームに置いて、そこから存在を分類し、道徳的・政治的権利を与えていると主張することができるのである（Coeckelbergh 2014; Gunkel 2018）。また、ロボットに対して奴隷に匹敵する政治的地位を与えるためにローマ法を引き合いに出したり、より一般的にはローマ法の権利と市民権の区分を基に政治的権利の枠組みをモデル化したりすることは、マルクス主義、ポスト植民地主義、アイデンティティ政治の観点からも同様に、いやそれ以上に問題があると思われることに注意されたい（第3章参照）。

＊111　立証せずに初めからの意味。

もう一つの方針は、動物や環境の政治的地位に関する議論を AI に適用しようとするもので、たとえば、政治的地位を協力や内在的価値と関連付けるものである（本章の最初の節参照）。動物の場合に意識や感覚が道徳的・政治的地位を保証する内在的性質と見なされるのならば、人工的に知能を有する存在が同じ性質を示せば、私たちはその存在に同じ地位を与えなければならないだろう。もし AI が、ある種の動物と同じように、利害関係を持つとみなされるならば、あるいは協力関係のシステムにおいて協力する仲間として行動するとみなされるならば、たとえばドナルドソンとキムリッカ（Donaldson and Kymlicka 2011）の議論によれば、意識や感覚がなくても、AI に政治的地位が与えられる可能性がある（ただし、何を感覚とみなすかについては、かなりの議論があることに注意されたい）。また、川や岩などの非人間的存在が、意識や感覚がなくても、その内在的価値に基づいて政治的地位を与えられるとすれば、ある種の AI や AI の「生態」も、特にそれが神聖なもの、あるいは特定の共同体で特に価値のあるものとして認識されるならば、同様の地位を得ることができるのではないだろうか。さらに、合成生物学や生物工学の可能性を考えると、生物と非生物の境界はますますあいまいになってきている。科学者の研究室では、生物と人工的な存在の間のハイブリッド体が生み出されている。将来的には、「合成生物」や「生きた機械」がさらに増えるかもしれない（Deplazes and Huppenbauer 2009）。たとえば、生物工学者はプログラム可能な細胞を作ろうとしている。その細胞は生きているように見えるが、設計されているので、同時に機械でもある。もし AI が「生命」の方向に進む（たとえば「生きた機械」になる）場合、そしてその限りにおいて、生命それ自体が政治的地位（たとえば、政治的被行為者性）の十分条件と見なされるならば、少なくともある程度は（他の）生物と同じ政治的地位の条件を満たすことになるであろう。また、「生命」というカテゴリーはどれほど重要なのだろうか。もし、一部の環境保護主義者が主張するように、種や特定

の自然環境がそれ自体で価値を持ち、それによって政治的権利が与えられるのであれば、「人工種」や「人工環境」（Owe, Baum, and Coeckelbergh 近刊）も、同様の機能を果たし、内在的価値があると見なされる場合、政治的に保護されるべきなのだろうか。ポストヒューマニズム主義者もまた、あらゆる種類のハイブリッド体を政治的共同体に迎え入れることができるだろう。彼らにとっては、生きている機械や人工的な生命は問題ではなく、生命と非生命という古びた二元論にしがみついていることが問題なのであり、そうした二元論や境界線に揺さぶりをかけることが、彼らの哲学的でまさに政治学的なプロジェクトの一部なのである。

　機械の道徳的地位に関する議論と同様に、政治的地位に関する議論の中にも、AI が人間を凌駕した最近の成功例（チェスや囲碁など）に後押しされ、将来、人間が汎用人工知能（AGI）や人工超知能（ASI）を開発する可能性があると想定するものがあるかもしれない。N・ボストロム（Bostrom 2014）、R・カーツワイル（Kurzweil 2005）、H・モラベック（Moravec 1988）などのトランスヒューマニストたちはこの可能性を真剣に考え、人間を超える知能が出現し、地球を植民地化し、宇宙に拡散していくシナリオを論じている。こうしたシナリオに関して、政治的問題は、これらスーパーインテリジェンス[*112]のような存在の政治的地位（政治的行為者性あるいは政治的被行為者性）に留まらず、人間の政治的地位にも関わる。スーパーインテリジェントな AI は人間から政治権力を引き継ぐのだろうか。そして、そのことは人間の政治的地位にとって何を意味するのだろうか。現在、一部の動物が人間の奴隷であるように、人間は人工的な主人の奴隷になるのだろうか。人間は（現在、一部の動植物で行われているように）生体材料やエネルギー源として利用されるのだろうか（映画『マトリックス』も参照）。それともデジタル領域にアップロードされるのだろうか。人

---

*112　機械が人間の知能をはるかに凌ぐことになるという考え。

間はそれでも存在するのだろうか。「実存的」という言葉を人類が滅亡するかもしれないという意味で用いるとして、人類にとっての実存的なリスクとは何だろうか（Bostrom 2014）。AIに人間の目標と互換性のある目標を与えることができるのだろうか。それともAIはその目標を変更し、人類の利益ではなく、自分自身の利益を追求するようになるのだろうか。最初の選択肢は、J・ヒューズ（Hughes 2004）のようなトランスヒューマニストによって支持されている。彼らは（ポストヒューマニストとは対照的に）人間が根本的に変更されるとしても、啓蒙主義だけでなくヒューマニズムや民主主義の継続と先鋭化を目指している（Ferrando 2019, p. 33）。また、人間は完全に克服されなければならず、私たちよりも知的な存在のためにスペースを確保したほうがいいと考える人もいる。いずれにせよ、トランスヒューマニストは、教育や人間の文化よりも、AIのような技術がより優れた人間や人間以上の存在を生み出すだろうし、そうすべきであることに同意している。また、このことが人類全体に対して政治的影響を与えるだろうということにも同意している。というのは、このことは（もし残っていれば）人間と強化された存在・スーパーインテリジェンスという主人との間のパワーバランスを変化させる可能性が高いからである。そのとき、Y・N・ハラリ（Harari 2015）が示唆したように、民主主義やその他の古い制度はもはや必要ないのかもしれない。トランスヒューマニストの多くは、具体的な人間や人間社会に対するより直接的な政治的影響をあまり考えようとしないが、トランスヒューマニズムの中には、リバタリアン（2016年の選挙で米大統領に立候補したゾルタン・イシュトヴァン）から、社会問題への関心を呼びかける民主主義・左派（ジェームズ・ヒューズ）まで、明確に政治的であり、現在に関係しているさまざまな潮流もある。

　未来のことではなく、現在すでに問題となっているのが、AIが政治やガバナンスにおいて果たす政治的行為者としての役割である。政治的専門性とリーダーシップの問題をもう一度考えてみよ

う。政治にはどのような判断力や能力が必要だろうか。また、テクノクラシーと民主主義のバランスをどのようにとればよいだろうか。もし人間が困難な政治的問題に対して判断力を発揮し、その能力が人間の自律や規範的地位に関係しているとすれば、AIはそのような判断力を身につけ、ひいては政治的行為者性を獲得できるのだろうか。AIは人間から政治を引き継ぐ可能性があるのだろうか。政治的リーダーシップに必要な知識、専門性、スキルを持つだろうか。そして、そのようなAIの政治的役割は、民主主義と両立するのだろうか。こうした疑問のいくつかはすでに第4章で議論されているが、いまや私たちの関心は、知識、テクノクラシー、民主主義に関するAIの道具的役割にとどまらず、むしろ、AIが自らの政治的行為者性を獲得することができるか、またどのように獲得しうるかということにある。

この問いに答えるためには、非人間の道徳的地位、特に道徳的行為者性についての議論に立ち戻ることができる（たとえば、Floridi and Sanders 2004を再度参照）。また、もう一度、非人間に関するポストヒューマニズム的思考（ラトゥール）を検討したり、第4章のように、リーダーシップやシチズンシップに関する政治理論に言及し、理性的能力が必要かどうか、感情の役割は何か、政治的専門性は何か、などについて考察したりすることによって議論を精緻化することもできる。たとえば、アレントが政治には常識、思考、判断が必要だと警告していることを考えると。第2章と第4章で提案したように、AIがこれらの能力を獲得できるかどうかについて疑念を提起することができる。

もちろん、「ありうる」という問いに加えて、「あるべき」という問いもある。AIによるテクノクラシーの可能性に公然と熱狂する著者はほとんどいない。トランスヒューマニズムの文献の中でさえ、テクノクラシーが否定されることがある。もっとも顕著なのは、ヒューズが『市民サイボーグ』（*Citizen Cyborg*, 2004）のなかで、技術は私たちの民主的コントロールのもとにあるべきだと主張

していることである。理性、科学、技術だけでなく、民主主義も必要なのだ。さらにヒューズは、技術による自然支配は「徹底的な民主化を必要とする」（p. 3）と主張する。彼は、民主主義的な形態でのトランスヒューマニズムとスーパーインテリジェンスを呼びかけている。私たちは他の形態の知性を誕生させるだろうが、今は「戦争、不平等、貧困、病気、不必要な死を終わらせる」べきである。というのは、このことがそのトランスヒューマニズムの未来の形を決定することになるからだ（p. xx）。さらに、現在の人間が未来の人間のあり方をデザインするという考え方は、今ここに関係しながら、世代を超えた正義に関する問題を提起し、そのような責任を私たちが必要としているかどうかを問う。にもかかわらず、多くのトランスヒューマニズム主義者たちは、遠い未来、すなわち必ずしもこの地球上で、私たちが知っているような人類に起こるとは限らない遠い未来に焦点を当てることを好む。今日、イーロン・マスクやジェフ・ベゾスのようなテック億万長者は、そうしたビジョンを支持し、宇宙を植民地化する計画を立てているようだ。

　ポストヒューマニズムの理論の中には、機械の政治的地位という考えや政治的共同体を機械に拡大するという考えに言及するものもある。前節で、ハラウェイがヘゲモニー的な秩序や二項対立に抗して、生物と機械の境界、生物種と技術の境界を越える政治を主張していることをすでに指摘した。このことは、動物の政治的地位だけでなく、機械の政治的地位にも関連している。サイボーグの比喩は、人間と機械の二元論を脱構築するためのものである。ハラウェイはポストヒューマニストであることを表明し、「新しい技術との絡まり合いを受け入れるフェミニスト政治」を主張している（Atanasoski and Vora 2019, p. 81）。しかし、ここでもポイントになるのは、技術について異なる考え方をするだけでなく、人間と政治について再考する必要があるということである。C・H・グレイ（Gray 2000）は『サイボーグ市民』（*Cyborg Citizen*, 2000）〔前出ヒューズの本とは別の本〕のなかでハラウェイのサイボーグ的な仮

想を取り上げている。このサイボーグ市民という言葉は、人間という種が技術的に自らを変化させ続けているという考察に由来している。その意味で、私たちはサイボーグなのだ。では、いったい「サイボーグ社会」（p. 2）とは何を意味するのだろうか。「電子的複製の時代」（p. 21）において、市民権とは何を意味しうるのだろうか。グレイは、技術は政治的なものであり、技術的秩序をより民主的なものにしなければならないと主張する（p. 198）。知識は力であるから、サイボーグ市民は統治のための情報を必要とする。また、新しい技術が開発されるときには、新しい政治制度が必要なのである。

　ハラウェイと同様に、K・バラッド（Barad 2015）は新しい政治的な仮想に関心を持っている。M・シェリーの『フランケンシュタイン』やクィア・トランス理論を引きながら、彼女は、モンスターが新しい形の生成変化と類縁関係の探求を私たちに促すかもしれないと主張し（p. 410）、非人間的・ポストヒューマン的な他者との融合を想像しているのである。また、『中間の世界に出会う』（*Meeting the Universe Halfway*, 2007）の中で、彼女は世界を社会と自然のようなカテゴリーに分けることに疑問を投げかけている。彼女は量子力学をメタファーとして用いながら、こうした区分の代わりに「社会的なものと自然的なものを一緒に理論化する」べきだと主張する（p. 24-5）。彼女は、自らがエージェントリアリズム（agential realism）と呼ぶところの実在論においてこれを行おうとするが、それはまた、言説的実践の行為遂行的な理解（再び p. 154 参照）にも呼応している。バラッドによれば、行為者性には人間的な形態と非人間的な形態が存在する。彼女はフーコーやバトラーに触発されてこれを権力の概念と結びつけるが、しかし（S・フェルナンデスに触発されて）機械的な行為者性によって再構成される、生産関係についても語っている。機械と人間は「特殊な絡まり合い」（p. 239）を通じて出現する。それらは互いを構成しているのである。また別の論文（Barad 2003）では、表象主義を批判し、

それを政治的個人主義と結びつけている。彼女の代替案は、ポストヒューマニズム的な行為遂行性という概念で、この概念によって人間的と非人間的（p.808）、社会的と物質的といったカテゴリーに疑問を投げかけ、権力を社会的なものとしてだけでなく、物質化のなかで働くものとして理解する（p.810）。行為遂行性と「行為者の内部行為」（p.823-4）を通じて、人間的身体も非人間的身体のどちらもが「問題になる」（p.823-4）のである。

このようなアプローチに基づき、これまでの章で論じた現象の多くは、人間だけでなく、非人間も関与していると捉え直すことができる。偏見、不平等、全体主義的な管理・監視を生みだすのは、人間だけでなく、技術や制度を含む非人間にも依拠すると理論化することができる。たとえば、ドゥルーズとガタリの影響を受けて、K・ハガティとR・エリクソン（Haggerty and Ericson 2000）は、現代の監視を説明するのにパノプティコンのメタファーを使う代わりに、人間と非人間の両方に関わることから「監視のアッサンブラージュ（集合体）」*113という言葉を使うべきだと主張している。

AIに関する人間と非人間の二元論に対するもう一つのアプローチは、いくぶんポストヒューマニズム的で、かつ確実に脱構築主義的なものである。このアプローチは、人間とAIという区別を問うことは、固定された二つの用語を問うことではなく、その過程で二つの用語も変化していくと主張する。AIとは何かを議論するとき、私たちは技術について議論するだけではなく、メタファーを使って議論している。すなわち、「人工知能」という言葉を使うことは、人間の知能との比較に依拠しているのである。現在、メタファーは、それが接続する二つの用語を変更する傾向がある。P・リクールのメタファーに関する見解、特に、メタファーは「メタファーに

---

*113　アッサンブラージュとは、立体的なものを寄せ集めたり、積み上げたりして制作された美術作品やその技法のことであるが、ここでは異質な要素が別々に機能するのではなく、有機的に結びついて作動する関係から構成されていることを指している。

よる結合以前には存在しなかった、新たな類似性の絆」を生みだすとする彼の「述定的同化（predicative assimilation）」という用語に触発されて、J・リー（Rhee 2018, p. 10-11）は、AIに関して、人間と機械の間の「メタファー的崩壊」を指摘した。すなわち、AIの擬人化によって、AIの人間化以前には存在しなかった人間が生み出されるのである。言い換えれば、AIは私たちに機械だけでなく、人間についても異なる考え方を迫るのである。このことは、政治的な意味合いも持っている。リーに倣って言えば、人間とAIの関係をどのように形成するかを決めることは、権力行為であると言えるだろう。「AI」という言葉を作り、そして使うこと自体が、この意味で政治的行為なのだ。メタファーもまた、特定の信念を促進する。たとえば、ブルサード（Broussard 2019）は、「機械学習」という用語は、コンピュータは学習するものであるので、行為者性や感覚を持つということを示唆していると主張している。このような「言語的混乱」（p. 89）は、権力の（行為遂行的な）行使と見なすこともできる。

　ポストヒューマニズムが政治理論と明確に結びつくこともある。M・ゾルコス（Zolkos 2018）は、政治の非人間中心主義的な理論化を伴うポストヒューマン的転回を政治理論の中に見ている。これはとりわけ、生物学的な有機体と機械が、その政治的な行為者性の観点から考察されることを意味する。たとえば、M・ラッツァラート（Lazzarato 2014）は、象徴的なもの（記号）と技術的なもの（機械）を結び付けている。機械（マシン）は社会的アクターであり、巨大機械（メガマシン）（技術哲学者L・マンフォードから借用した用語）は人間、人間以外の動物、無生物を含むアッサンブラージュである。ラッツァラートは、後期資本主義において、人間はメガマシンの働きに服従していると論ずる。そうであるならば、政治は人間の問題であるばかりでなく、（メガ）マシンの内部で生じている。（メガ）マシンにおいては、人間だけでなく機械、物体、記号が行為者であり、また（メガ）マシンによって主観性が生み出

されるのである。機械は、「ある行為・思考・影響を示唆したり、可能にしたり、勧誘したり、促したり、奨励したり、禁止したりする」(p. 30) ため、フーコーが理論化したような権力関係を確立しているのだ。特にラッツァラートは、機械による奴隷化を見てとる。すなわち、「科学、経済、通信ネットワーク、社会保障制度がそこで機能するところの様式」(p. 31) を見て取るのである。彼は新自由主義を批判し、中断を迫るような出来事に根本的な政治的変化の可能性を見出している。

　しかし、トランスヒューマニズム、さらにポストヒューマニズムは、そのような変化を十分に支え、重要な役割を担うことができるのだろうか。批判理論の観点からは、AI の道徳的・政治的地位をめぐるこの議論全体が、資本主義的搾取によって少数者に利益を生み出すために AI を利用したり開発したりすることを支持するリスクをはらんだ SF 的な物語りやパフォーマンスだと見なされるかもしれない。前章では、権力に関して、人型ロボット「ソフィア」を例に挙げた。そのパフォーマンスと物語りは、政治的地位（市民権）という概念に訴えるものだが、批判理論の論者たちであれば、これは実際には利益を上げ、資本を蓄積することだと主張するかもしれない。AI が人間に与える影響、そしておそらくは人間以外の存在に与える影響も絶対に議論しなければならない。しかし、AI の（行為者ないし被行為者としての）政治的地位について語ることは、人びとや地球（上の他のもの）にとって好ましくない資本主義的搾取の形態から目をそらすことになるかもしれない。

　最後に、ポストヒューマニズム主義者、環境保護主義者、フェミニストが思い起こさせるように、「人類」の未来や「自然」との関係、あるいは（一部のポストヒューマニズムの研究のように）人間ではない機械の「他者」について語ることは、家庭や個人の領域のレベルでの政治、つまり「大きな」政治と結びついた「小さな」政治から私たちを遠ざける可能性が十分にある。私たちが日常生活の中で AI を使って行ったり、互いに行ったりすることも政治的であ

る（そして、これまでの章の平等と権力に関する議論が示すように、私たちがその「私たち」をどう定義するかも政治的である）。AIの政治は、家庭や職場で行うことや、友人といっしょに行うことなど、私たちが技術ともに行うことの奥深くにまで及び、それが政治性を形成しているのだ。これがAIの本当の力なのかもしれない。私たちが日常生活（世界）でスマートフォンやその他のスクリーン上で行うことによって、私たちはAIとそれを資本蓄積に利用する人びとに実際に力を与え、特定のヘゲモニー的社会構造を支持し、二項対立を強化し、複数性を否定しているのだ。この意味でも、「データは新しい石油」である。データも石油も、もし私たちがそれを使わず、依存することがなければ、それほど重要なものではないだろう。繰り返しになるが、AIとAIの政治学は人間に関するもの、すなわち、私たちを中毒にさせておくことに関心を持つ人間に関するものである。同時に、この政治学は抵抗と変革の可能性を開くものでもある。

第 7 章

結論：さまざまな政治的技術

本書での議論と導き出される結論

　AIとその関連技術が提起するさまざまな規範的問題に対して、本書では、実践哲学の知的資源を利用する場合には、倫理学だけではなく政治哲学も活用することが有効であると主張してきた。それぞれの章では、具体的な政治理念や問題に着目し、それらをAIと関連づけることで、AIと政治哲学の橋渡しとなるような提案を行ってきた。自由、人種差別、正義、権力、民主主義（やそれに対する脅威）など、現在私たちが政治や社会の議論において気にかけているさまざまな問題が、AIやロボットなどの技術的発展に照らして新たな緊急性と意味を持つということが明らかになった。それらの問題やその意味を概念化し、議論するうえで、政治哲学は役立つのである。本書では、自由、正義、平等、民主主義、権力、非人間中心主義の政治に関する理論が、AIを考える上でどのように生産的に利用できるかが示されている。

　より正確に言うならば、本書は次のような二重の課題を引き受けてきた。一つには、政治哲学や社会理論の概念や理論が、AIが提起するさまざまな規範的・政治的課題を設定し、理解し、それらに取り組むうえでどのように役立つのかを示した。これによりAIの政治哲学についての概観が得られた。AIの政治哲学は、AIの政治について考えるうえで役立つ概念的な道具箱の一つである。ただし、それは独占的なものではなく、むしろ私としては別の方向からの取り組みは大歓迎である。また、本書で引用した文献のなかには、厳密に言えば政治哲学以外のものも含まれている。さらに、本

書は入門書を意図したものであるが、それぞれのトピックについてさらに研究を進める余地が十分に残されている。とはいえ、本書ではAIの政治的な側面について考えるために必要な評価的、規範的な枠組のいくつかの実質的な構成要素が示されている。これらは研究、高等教育、ビジネス、政策におけるAIの規範的側面に関心を持つ人びとに役立つであろう。本書で述べられた概念的なツールや言説が、学術的に興味深いだけでなく、人工知能および人工権力であることが判明したものによって提起される諸課題に対処する現実の取り組みのための指針となることを期待している。AIは技術的なものであると同時に、政治的なものでもあるのだ。

　他方、このような実際的な使い方と並んで、本書で行ったAIの応用政治哲学の演習とでも呼ぶべきものには、単なる応用を超えた哲学的な意義もある。AIやロボットの政治を概念化することは、単に政治哲学や社会理論における既存の概念を応用するというような問題ではない。概念や価値（自由、平等、正義、民主、権力、人間中心の政治）そのものに疑問を投げかけ、政治の本質と未来についての興味深い問いの再検討へと私たちをいざなうものなのだ。たとえば、政治における専門知、合理性、感情の役割とは何であり、どうあるべきなのか。また、人間がこれまで占めてきた中心的でヘゲモニー的な立場をいったん疑うならば、ポスト人間中心主義の政治とは何を意味するのか、などがそれである。本書では、AIに関する議論が、政治哲学的な概念や議論の再検討を私たちにある意味で「強制」し、最終的には、人間やヒューマニズム、少なくともこれらの概念のうちいくつかの問題となるありかたに疑問を投げかけるということが明らかになった。

　これまでに述べてきたような、技術について考えることは政治について考えることを刺激し、ときとしてそれを不安定にするという経験を踏まえて、私は、21世紀の政治哲学はもはや技術に関する問いに応答することなしに行えないし、もはや行うべきでもないと提言したい。私たちは、政治と技術とを「一緒に考える」べきなの

である。一方を考えることは他方を考えることなしにはあり得ないのだ。この二つの思考の領域の間でもっと多くの対話がなされることが急務なのは言うまでもない。おそらく最終的には二つの領域を融合する必要があるのではないだろうか。

　そしてそろそろそうした対話の時期が来ているのではないだろうか。ヘーゲルは 1820 年に『法哲学綱要』の中で、哲学とは「思考の中で捉えられた時代そのもの」（Hegel 2008, p. 15）であると述べているが、すべての哲学がそうであるように、政治哲学もその時代に応答し、時代を反映すべきなのであり、またおそらくは時代に対応し反映する以外のことはできないし、時代を本当に超越することなどできないのである。ヘーゲルが引用したラテン語の格言を言い換えれば、今こそ命がけの跳躍の時なのだ（it's time for a s salto mortale）。私たちの時代は、社会的、環境的、実存的-心理的な不安と変容の時代であるだけではない。AI などの新しい技術がこれらの変化と発展に密接に絡みあっている時代でもある。私たちの時代は AI の時代なのだ。そして、政治の未来について考えるには、技術や政治との関係について考えることが必要不可欠である。この場合、AI はここにあり、AI は私たちの時代（のもの）であるのだから、AI こそ私たちが跳躍して考えなければならない場所なのだ。本書では、政治哲学や関連する重要な理論（権力に関する社会理論、ポストヒューマニズム理論など）に基づいて、この跳躍と思考のためのガイダンスを提供した。

　しかしこれは、政治と AI、そしてより一般的には政治と技術に関するより大きなプロジェクトへの最初の一歩、あるいはプロレゴメナにすぎない。もし言いたければ、批判的な導入部と言ってもよい。本書の最後に、この先に待ち受けている仕事について述べておこう。

次になされるべきこと：政治的技術をめぐる問い

　本書は入門書および哲学書として、答えを出すことよりも問いを立てることに重点を置く方針をとってきた。政治哲学がどのように役立つのかについてのいくつかの提案を行ってきた。それらは AI の政治性を議論するための道具箱や枠組、構造へと発展させられてきた。しかし、さらに多くの作業が必要である。より正確には、少なくとも次のステップとして 2 種類のことが必要である。

　第一に、この枠組をさらに発展させるためには、より多くの研究と思考が必要である。それらのものは足場のようなものであって、支えにはなるが当座のものにすぎない。今必要なのはさらなる議論構築である。AI の政治性に関する文献が急速に増えるにつれ、AI におけるバイアス、ビッグテックの力、AI と民主主義などの問題について、さらなる議論構築がなされるであろうことは疑いがない。しかし、AI の政治哲学の誕生を支援するという本書が取組んできたプロジェクトの観点から、私は特に次の点を希望する。(1)より多くの哲学者が AI の政治について見解を著すこと（現在、それはしばしば他の分野の人びとによって行われ、表面を擦るだけの非学術的な文章もたくさんみられる）と、(2)政治哲学や社会理論を用いた研究がもっとさかんに行われること、である。政治哲学や社会理論の知的資源は現在 AI についての規範的な思考や技術哲学のなかではほとんど活用されていない。それはおそらく倫理学よりも馴染みがなく知られていないためだと思われる。著名な技術哲学者である L・ウィナーが 1980 年代にすでに主張しているように、「技術は政治を持つ」のである。彼は、新しいテクノロジーは、より民主化された社会的平等をもたらすのではなく、すでに多くの権力を手にしている人びとにより多くの権力をもたらすことになりかねないと警告している（Winner 1986, p. 107）。本書が示すように、政治哲学のリソースを用いることで、技術は政治的であるという考えを

222

さらに発展させ、AIなどの技術がもたらす影響を批判的に議論することが可能になる。

　第二に、もし政治が公共の関心事であり、私たち全員が参加すべきものと定義されるなら、AIの政治について思考することはアカデミズムの外でも、あらゆる種類のステークホルダーによってあらゆる種類の文脈で行われるべきものである。AIの政治は、私たち哲学者が考え、本に書くものだけのではなく、私たち自身でも行うべきものなのである。哲学者や専門家だけが支配するプラトン的な考え方を否定するならば、私たちは一緒になって、AIの観点から見たときに良い社会とは何かを見つけるべきなのである。AIの政治は、公の場で議論され、参加型で行われるべきものである。それは人びとを包摂するやりかたでなされるべきなのだ。しかし、これは哲学や哲学者の役割を否定するものではない。本書が提供するような政治哲学の概念や理論は、そうした公の場での議論の質を高めるのに役立つだろう。たとえば、今日、AIが民主主義を脅かすとよく言われるが、それがなぜであり。民主主義ということで何が意味されるかは不明確である。第4章で示したように、政治哲学は、技術哲学やメディア哲学の助けを借りて、これらの点を明らかにすることができる。さらに、本書で示されたいくつかの危険性（社会におけるバイアスや差別の形態、ソーシャルメディアによるエコーチェンバー現象やフィルターバブル、AIの全体主義的利用の危険性など）を考えると、私たちはこれらの課題にどう取り組み、どう議論を改善していくかという課題に直面しているのだ。AIやその他のテクノロジーについて民主的で人びとを包摂する議論を行うためには、どのような手続きやインフラ、知識の形態が必要なのだろうか。また、実際、どのような技術が必要であり（必要ではなく）、それらをどのように使う（使わない）のがベストなのだろうか。どのようなソーシャルメディアが必要であり、AIの役割と位置づけは（もしそうしたものがあるとすればだが）どうあるべきなのだろうか。AIの政治をどのようにして民主的かつ包摂的な方法で行う

かについて考えることは、いかにしてそれらを行うのかという、民主主義や政治そのものについて問われるべき基本的な問いに立ち戻ることになる。そして、政治に関する問いと技術に関する問いが本当につながっているのだとすれば、この問いは、「私たちはどんな政治的技術を必要とし、また求めているのか」とも言い表すことができる。

　最後に、本書は英語圏の標準的な政治哲学を利用し、それと応答している。その限りで、ここに提示された枠組も、そのバイアス、文化的・政治的方向性、限界を部分的に取り入れていることにもなる。たとえば、私が英語圏の政治哲学の世界を見て回っている間に出会った多くの議論は、アメリカの政治的文脈と文化を自明なものとし、世界のその他の地域の他のアプローチや文脈を無視するだけのものだった。さらに悪いことに、それらの議論は自らの哲学的な見解、議論、前提がいかに自分たちの属する政治的・文化的文脈によって形成されているかも視野の外に置いていた。さらに、現代のほとんどの政治哲学は国民国家のコンテクストに焦点を合わせていて、グローバルなコンテクストで発生する課題には対処できていない。AIと政治に関する学問的および学問外的な思考をさらに発展させるためには、これらの問題が生じるグローバルな文脈を考慮し、異なる人びとや文化が技術や政治さらには人間についてどのように考えるかについての文化的差異に十分な感受性をもたせたうえで、これらの問題に取り組み、AIの政治が提起する課題を解決することが不可欠になるであろう。AIが国境内に留まることなく、国民国家を超えた影響を持ち、そして世界にはさまざまなAIのアクターがいること（アメリカだけでなく、ヨーロッパ、中国など）を考えると、まず重要なのは、AIの政治をグローバルな文脈で考え、おそらくAIのグローバルな政治を展開することである。このようなプロジェクトには、それ特有の課題がある。たとえば、さまざまな政府間組織や非政府組織が、すでにAIに対処するための政策を策定している。しかし、はたしてこのような国際的、つまり国

家間での活動で十分なのだろうか、それとも（もっと）超国家的な統治の形態が必要なのだろうか。AIをグローバルなレベルで統治するには、新しい政治制度、新しい政治技術が必要なのだろうか。どのようなグローバルな政治的技術が必要なのだろうか。第二に、本書で提示される文献は、特定の政治的文脈を反映していることが念頭に置かれなければならない。たとえば、V・ユーバンクス（2018）は貧困に対する特定の道徳主義的な対処法を批判するが、この批判は米国の政治文化の中に位置している。それは必ずしも他の国々と共有されていないし、アメリカの政治文化に関連する独自の課題を抱え込んでいる。AIの政治についての思考は、この文化的差異の次元により敏感になる必要があるだろう。とりわけ、ローカルとグローバルの両方の文脈において、より関係的で、より想像力に富み、より責任感があり、より実践的であることを目指す場合には、そうである。

　結論を述べよう。本書はAIについて考えるために政治哲学を利用することを推奨するだけにはとどまらず、より一般的かつ野心的な試みとして、政治と技術を一緒に考えるというこの命がけの跳躍の危険を冒すことにお誘いするものである。こうしたことは、私たちの社会や世界で起こっていることに対応するようなかたちで行われることになる。今こそそうする時であり、そうすることが強く求められているのだ。もしこの道を歩まないならば、AIのような技術がすでに自分たちや政治にもたらしているものがあるにもかかわらず、私たちはそれらから十分な批判的・反省的距離をとることができず、人工知能や人工権力の無力な犠牲者になってしまうであろう。私たちは自分自身と社会との無力な犠牲者になるのである。言い換えれば、自分たちを支配することを私たちが許している極めて人間的、あるいはあまりにも人間的な技術、メタファー、二元論、権力構造の犠牲者になるのである。このことは、本書の中で何度も出てきたディストピア的な物語や、残念ながら現実の事例を思い起こさせる。それらは重要な政治的原則や価値がいかに脅威にさらさ

れているかを表す物語や事例である。私たちはもっとうまくやることができるし、またそうすべきなのである。政治的技術について考えることは、技術についての思考と、社会やグローバルな政治秩序の基本原則や基本構造を問うこととを結びつけ、私たちがもっと良い状態を作り、もっと良いストーリーを生きることに役立つのである。それは遠い未来についての物語ではなく、今ここにおける物語なのだ。それは AI に関する物語、私たちに関する物語、そして他の人びとに関する物語なのである。

日本の読者のための読書案内

　AI関連の主な図書は、既刊『AIの倫理学』の巻末「読書案内」をご覧いただきたい。ここでは主に政治学に関係する本のいくつかを紹介する。

1．情報哲学一般

(1)ロージ・ブライドッティ『ポストヒューマン　新しい人文学に向けて』門林岳史監訳、フィルムアート社、2019

(2)ルチアーノ・フロリディ『情報の哲学のために　データから情報倫理まで』塩崎亮、河島茂生訳、勁草書房、2021

　(1)は人文学研究者の立場から、近代・西洋・白人・男性的な人間観を批判し、ポストヒューマン時代のあるべき姿を描きだした本。(2)は情報に関する多様な概念をコンパクトに整理した書。やや専門的だが、「データから情報倫理まで」という副題にもあるように、哲学・倫理を展開する基礎も提供してくれる。

2．政治哲学、正義論の入門書

(3)齋藤純一、谷澤正嗣『公共哲学入門　自由と複数性のある社会のために』NHKブックス、2023

(4)神島裕子『正義とは何か　現代政治哲学の6つの視点』中公新書、2018

(5)マイケル・サンデル『これからの「正義」の話をしよう　いまを生き延びるための哲学』鬼澤忍訳、ハヤカワ・ノンフィクション文庫、2011年。同『公共哲学　政治における道徳を考える』鬼澤忍訳、ちくま学芸文庫、2011

(6)宇佐美誠、児玉聡、井上彰、松元雅和『正義論　ベーシックスか

らフロンティアまで』法律文化社、2019

いずれも定評のある著者による入門書。カント、功利主義、ロールズ、リバタリアニズムなどを明解に整理し、民主主義や正義についての議論を概観するのに便利。自由、フェミニズム、福祉国家といったテーマを考える上でも参考になる。

3．不平等を論じるために

(7)ヤーデン・カッツ『AIと白人至上主義　人工知能をめぐるイデオロギー』庭田よう子訳、左右社、2022

(8)ミランダ・フリッカー『認識的不正義　権力は知ることの倫理にどのようにかかわるのか』佐藤邦政監訳、飯塚理恵訳、勁草書房、2023

(9)藤高和輝『ジュディス・バトラー　生と哲学を賭けた闘い』以文社、2018

(10)重田園江『統治の抗争史　フーコー講義 1978-79』勁草書房、2018

(7)は AI の開発に組み込まれたイデオロギーを明らかにし、(8)はより広く、認識実践が社会的な力と結びつき、偏見によって歪められることを分析した上で、徳に基づいた解決法を提示する。(9)は日本語で読める数少ないジュディス・バトラーの解説書で、ジェンダーをめぐるアイデンティティの政治について知るのに格好の書。(10)は AI には言及していないが、その基盤となっている統計学・確率の歴史が「統治性」との関連において抑えられている。

4．AIと労働

(11)稲葉振一郎『AI 時代の資本主義の哲学』講談社選書メチエ、2022

(12)トマ・ピケティ『21 世紀の資本』山形浩生ほか訳、みすず書房、2014 年

(11)は AI との兼ね合いでマルクスも含めた広い文脈をおさえてい

る本。⑿は、資本主義が孕む格差拡大傾向を分析したベストセラー。富の不平等を、富の再分配を取り入れることで解決することを説く。

5．科学と政治、倫理

⒀ハリー・コリンズ、ロバート・エヴァンズ『民主主義が科学を必要とする理由』鈴木俊洋訳、法政大学出版局、2022

⒁三上直之『気候民主主義次世代の政治の動かし方』岩波書店、2022

⒂ローリー・グルーエン『動物倫理入門』河島基弘訳、大月書店、2015

⒀ポピュリズムとテクノクラシーを避けて民主主義社会は科学とどのように関わるべきか。民主主義社会は科学を必要とする理由を丁寧に説明し、社会における科学の役割を解き明かした著作。⒁は、気候危機から脱するために既存の政治システムが有効な策を講じられていないのに対し、市民の直接参加による話し合いや意思表示が果たしうる役割を具体的に示す。AIによる気候の政治への関わりについて考える参考になる。⒂は人間と動物の倫理的問題を包括的に説明してくれる本。

興味のある人は、ロールズ『ロールズ政治哲学史講義』Ⅰ・Ⅱ、岩波現代文庫、2020やアマルティア・セン『不平等の再検討　潜在能力と自由』岩波現代文庫、2018、ヌスバウム『正義のフロンティア　障碍者・外国人・動物という境界を越えて』法政大学出版局、2012など、参考文献にも挙げられた本に挑戦してみてはいかがだろうか。

訳者あとがき

　本書は、Mark Coeckelbergh, *The Political Philosophy of AI: An Introduction*, Polity, 2022 の全訳である。著者のマーク・クーケルバークは、ウィーン大学哲学・教育学部でメディア哲学および技術哲学の教授を務めるこの分野の第一人者の一人（経歴については『AI の倫理学』を参照していただきたい）。クーケルバークの著作の翻訳は、『AI の倫理学』（直江清隆訳者代表、丸善出版、2020年）、『自己啓発の罠　AI に心を支配されないために』（田畑暁生訳、青土社、2022年）、『技術哲学講義』（直江清隆・久木田水生監訳、丸善出版、2020年）に続き、本書で 4 冊目である。クーケルバークは、近年、月刊、季刊と言っていいほど精力的に、多方向にわたる著作を出しているが、本書は『AI の倫理学』で広く概観された AI に関する様々な倫理的議論を引き継ぎ、そのいくつかを政治哲学という方面からより掘り下げたという性格をもっている。『AI の倫理学』を脇に置きながら、その続編として、じっくり読み進めて欲しい一冊である。

　「AI の政治哲学」というテーマに対しては、AI がはたして政治や政治哲学の課題になるのかどうかという疑念がいだかれることであろう。政治はそもそも人と人の関係に関わるものであって、AI はせいぜい特許権や個人情報保護などの、法的な制度を介して間接的に政治に関わるだけだからである。AI が主権者になるわけではないという意味では、この指摘はまったく正しいし、ここではそのような遠い未来の仮想を相手にしているわけではない。AI を介することで既に人と人の政治的関係がこれまでと違った様相を取り始めているが、こうした関係のありかたないし「現実の姿」が政治哲

学の対象となる。

　ところで、「倫理」と「政治学」というとまるで別もののように思われるかもしれない。たしかに「倫理」は個人のよき振る舞いに関するもの、「政治学」は国家や社会制度に関するものと考えるならそうかもしれない。しかし、西洋の知的伝統に照らしてみると、必ずしもそうとは言えない。いま、アリストテレスを例に取ってみよう。彼にとって「人間は本性的にポリス的動物」であることはよく知られている。人間が「善く生きる」ことは、生涯にわたってポリス共同体において「善く生きる」ことであり、善い人間になることができるためには政治学に通じなければならないとされている。倫理学が人間にとっての善さが何であるかに関する理論的知識を扱うとすれば、政治学は善い人間になるための実践的方法が論じられるのであって、倫理学は政治学の一部をなすとみなされる。もちろん、今日、共同体的な生を第一とするアリストテレスの見方がそのまま受け入れられるわけではない。しかし、例えば、本書でも出てくる功利主義の創始者のベンサムが、効用の原理に基づいて道徳と法の革新を図ったように、基本原理に立ち返って倫理や政治を問うという伝統は現代にも引き継がれている。本書でAIに関連して取りあげられる、ロールズやセン、その他の多くの論者がそうである。

　本書を含む、現在の技術哲学の基本的な立場として、技術は政治的に中立ではなく、「技術は政治をもつ」というものがある。もちろん、AIも例外ではない。本書の全編がこの立場をもとに構成されているが、分かりやすいのは差別と平等を扱った第3章であろう。ここではまず、AIがバイアスを帯びていることが取り上げられる。再犯予測システムのCOMPASが、おそらく過去の決定データに基づいて訓練されたため、白人の被告人に有利な判定を下す傾向があるというのが一例である。また、銀行が融資の判断をアルゴリズムに委託するとき、応募者の財務経過や職歴だけではなく、その人の郵便番号や過去の統計的情報を基準に加える場合などで、裕

福な地域であるかどうか、人種はどうであるかなどさまざまなバイアスが入り込む余地があることがいわれる。こうしたさまざまな例を踏まえて、著者は「AIアルゴリズムはけっして中立ではなく、社会におけるバイアスと、アルゴリズムとデータサイエンスのプロセスから帰結するバイアスの両方を評価する必要がある」（p. 48）と主張する。AIは、意図すると意図せざるとにかかわらず、既存の差別や不平等のパターンを再現し、社会秩序に根強く残るこれまでのバイアスを受け継いだり、増幅したりする可能性をもつゆえに、それ自体が政治的なものなのだというのである。そして、ここからが政治哲学の出番となる。どのような区別は許されず、どのようなものなら許されるのだろうか。そもそも平等や公正さとはいったい何を意味するのだろうか、などなど。私たちはここから一歩進もうとすると、たちまちこうした一連の難問に出くわすことになる。これが本書で調査お供に取り組むことになる課題の一つである。

　しかし、こうしたバイアスの存在は、問題の一端にすぎない。私たちは検索エンジンを使うにせよその他の動作をするにせよ、インターネット上でGAFAをはじめとする巨大企業と否応なく関わりを持たざるを得ない。私たちはインターネットに繋ぐことで、利便性と引き替えに、自ら進んで情報を提供し、情報の集中化に手を貸すことになる。確かに、私たちは情報を手にすることで、より多くの力を獲得する。他方、こうした情報の集中が、回り回って権力の集中にならないかどうかも悩ましいところである。これらは技術的な問題であると同時に、政治哲学な問題でもある。また、環境に関する意思決定についても考えてみよう。地球温暖化が切迫した課題であることは今日ほとんどの人が認めるところであろう。その場合、「地球を救う」ということを何にも増して優先すべき課題とみなすならば、人間能力を超えた膨大な量のデータとシステムの複雑さに対応すべく、人間の代わりにAIに地球のコントロールを委ね、AIが私たちをより環境保護な行動に誘導するべきだという考

えも成り立つであろう。あるいは、企業、国家、その他のアクターが気候変動に対して何をする（しない）かについて自由にしておくのではなく、権威主義的な国家がより効果的な方法で行動を統制するするしかないという考えや、あるいは人類と他の種の生存を確保するために AI による新しい種類の権威主義を確立すべきとかいう考えも、ばかげたものとして一蹴にすることはできない。本書では、環境について考えるために、人間以外の存在も含めた「事物の共同体」が簡単に触れられるが、その点を俟つまでもなく、ここで問題となっているのは AI とともに誰が、どのような形で意思決定をするかである。こうした意思決定の形態をめぐっては政治や政治哲学が主題されなければならない。かつてウィナーは、新しいテクノロジーは、より民主化された社会的平等をもたらすのではなく、すでに多くの権力を手にしている人びとにより多くの権力をもたらすことになりかねないと警告している（本訳書 p.130 参照）。情報の集中や権力の集中と、民主主義や自由と折り合いをいかにして、どのような原理で付けていくか、は古くて新しい問題である。本書はその解決に向けたよい手引きとなると思われる。

　今回の翻訳であるが、またしても丸善出版の小林秀一郎氏に、最初から最後までたいへんお世話になった。遅々として進まない訳業であったが、氏の叱咤激励のおかげで、賞味期限を過ぎないうちに刊行に漕ぎつけることができた。訳者一同厚くお礼を申し述べたい。

2023 年 5 月

訳者代表　直江清隆

参考文献

Aavitsland, V. L. (2019). "The Failure of Judgment: Disgust in Arendt's Theory of Political Judgment." *Journal of Speculative Philosophy* 33 (3), pp. 537-50.

Adorno, T. (1983). *Prisms*. Translated by S. Weber and S. Weber. Cambridge, MA: MIT Press. (テオドール・W. アドルノ『プリズメン』渡辺祐邦、三原弟平訳、ちくま学芸文庫、1996 年)

Agamben, G. (1998). *Homo Sacer: Sovereign Power and Bare Life*. Translated by D. Heller-Roazen. Stanford: Stanford University Press. (ジョルジョ・アガンベン『ホモ・サケル　主権権力と剥き出しの生』高桑和己訳、以文社、2003 年)

AI Institute. (2019). "AI and Climate Change: How They're Connected, and What We Can Do about It." *Medium*, October 17. Available at: https://medium.com/@AINow Institute/ai-and-climate-change-howtheyre-connected-and-what-we-can-do-about-it-6a a8d0f5b32c

Alaimo, S. (2016). *Exposed: Environmental Politics and Pleasures in Posthuman Times*. Minneapolis: University of Minnesota Press.

Albrechtslund, A. (2008). "Online Social Networking as Participatory Surveillance." *First Monday* 13 (3). Available at: https://doi.org/10.5210/fm.v13i3.2142

Andrejevic, M. (2020). *Automated Media*. New York: Routledge.

Arendt, H. (1943). "We Refugees." *Menorah Journal* 31 (1), pp. 69-77. (ハンナ・アレント「われら亡命者」寺島俊穂、藤原隆裕宜訳／ハンナ・アレント『パーリアとしてのユダヤ人』未來社、1989 年収録)

Arendt, H. (1958). *The Human Condition*. Chicago: University of Chicago Press. (ハンナ・アレント『人間の条件』志水速雄訳、ちくま学芸文庫、1994 年)

Arendt, H. (1968). *Between Past and Future*. New York: Viking Press. (ハンナ・アーレント『過去と未来の間　政治思想への 8 試論』引田隆也、齋藤純一訳、みすず書房、1994 年)

Arendt, H. (2006). *Eichmann in Jerusalem: A Report on the Banality of Evil*. New York: Penguin. (ハンナ・アーレント『エルサレムのアイヒマン　悪の陳腐さについての報告』大久保和郎訳、みすず書房、2017 年新版)

Arendt, H. (2017). *The Origins of Totalitarianism*. London: Penguin. (ハンナ・アーレント『全体主義の起源』1-3、大久保和郎、大島通義、大島かおり訳、みすず書房、2017 年新版)

Asdal, K., Druglitro, T., and Hinchliffe, S. (2017). "Introduction: The 'More-Than-Human' Condition." In K. Asdal, T. Druglitro, T., and S. Hinchliffe (eds.), *Humans, Animals, and Biopolitics*. Abingdon: Routledge, pp. 1-29.

Atanasoski, N., and Vora, K. (2019). *Surrogate Humanity: Race, Robots, and the Politics of Technological Futures.* Durham, NC: Duke University Press.

Austin, J. L. (1962). *How to Do Things with Words.* Cambridge, MA: Harvard University Press. (J. L. オースティン『言語と行為』坂本百大訳、大修館書店、1978年)

Azmanova, A. (2020). *Capitalism on Edge: How Fighting Precarity Can Achieve Radical Change without Crisis or Utopia.* New York: Columbia University Press.

Bakardjieva, M., and Gaden, G. (2011). "Web 2.0 Technologies of the Self." *Philosophy & Technology* 25, pp. 399-413.

Barad, K. (2003). "Posthumanist Performativity: Towards an Understanding of How Matter Comes to Matter." *Signs: Journal of Women in Culture and Society* 28(3), pp. 801-31.

Barad, K. (2007). *Meeting the Universe Halfway: Quantum Physics and the Entanglement of Matter and Meaning.* Durham, NC: Duke University Press.

Barad, K. (2015). "Transmaterialities: Trans*Matter/Realities and Queer Political Imaginings." *GLQ: A Journal of Lesbian and Gay Studies* 21(2-3), pp. 387-422.

Bartneck, C., Lütge, C., Wagner, A., and Welsh, S. (2021). *An Introduction to Ethics in Robotics and AI.* Cham: Springer.

Bartoletti, I. (2020). *An Artificial Revolution: On Power, Politics and AI.* London: The Indigo Press. BBC (2018). "Fitbit Data Used to Charge US Man with Murder." *BBC News*, October 4. Available at: https://www.bbc.com/news/technology-45745366.

Bell, D. A. (2016). *The China Model: Political Meritocracy and the Limits of Democracy.* Princeton: Princeton University Press.

Benjamin, R. (2019a). *Race After Technology.* Cambridge: Polity.

Benjamin, R. (2019b). *Captivating Technology: Race, Carceral Technoscience, and Liberatory Imagination in Everyday Life.* Durham, NC: Duke University Press.

Berardi, F. (2017). *Futurability: The Age of Impotence and the Horizon of Possibility.* London: Verso.

Berlin, I. (1997). "Two Concepts of Liberty." In: I. Berlin, *The Proper Study of Mankind.* London: Chatto & Windus, pp. 191-242. (アイザィア・バーリン「二つの自由概念」生松敬三訳／アイザィア・バーリン『自由論』みすず書房、1971 年収録)

Berman, J. (2011). "Futurist Ray Kurzweil Says He Can Bring His Dead Father Back to Life Through a Computer Avatar." *ABC News*, August 10. Available at: https://abcnews.go.com/Technology/futurist-ray-kurzweil-bring-dead-father-back-life/story?id=14267712

Bernal, N. (2020). "They Claim Uber's Algorithm Fired Them. Now They're Taking It to Court." *Wired*, November 2. Available at: https://www.wired.co.uk/article/uber-fired-algorithm

Bietti, E. (2020). "Consent as a Free Pass: Platform Power and the Limits of Information Turn." *Pace Law Review* 40(1), pp. 310-98.

Binns, R. (2018). "Fairness in Machine Learning: Lessons from Political Philosophy." Proceedings of the 1st Conference on Fairness, Accountability and Transparency.

Proceedings of Machine Learning Research 81, pp. 149-59. Available at: http://proceedings.mlr.press/v81/binns18a.html

Birhane, A. (2020). "Algorithmic Colonization of Africa." *SCRIPTed: A Journal of Law, Technology, & Society* 17(2). Available at: https://script-ed.org/article/algorithmic-colonization-of-africa/

Bloom, P. (2019). *Monitored: Business and Surveillance in a Time of Big Data.* London: Pluto Press.

Boddington, P. (2017). *Towards a Code of Ethics of Artificial Intelligence.* Cham: Springer.

Bostrom, N. (2014). *Superintelligence: Paths, Dangers, Strategies.* Oxford: Oxford University Press. (ニック・ボストロム『スーパーインテリジェンス』倉骨彰訳、日本経済新聞出版社、2017 年)

Bostrom, N., and Yudkowsky, E. (2014). "The Ethics of Artificial Intelligence." In: K. Frankish and W. Ramsey (eds.), *Cambridge Handbook of Artificial Intelligence.* New York: Cambridge University Press, pp. 316-34.

Bourdieu, P. (1990). *The Logic of Practice.* Translated by R. Nice. Stanford: Stanford University Press. (ピエール・ブルデュ『実践感覚』1-2、今村仁司、港道隆、塚原史訳、みすず書房、2018 年)

Bozdag, E. (2013). "Bias in Algorithmic Filtering and Personalization." *Ethics and Information Technology* 15(3), pp. 209-27.

Bradley, A. (2011). *Originary Technicity: The Theory of Technology from Marx to Derrida.* Basingstoke: Palgrave Macmillan.

Braidotti, R. (2016). "Posthuman Critical Theory." In: D. Banerji and M. Paranjape (eds.), *Critical Posthumanism and Planetary Futures.* New Delhi: Springer, pp. 13-32.

Braidotti, R. (2017). "Posthuman Critical Theory." *Journal of Posthuman Studies* 1(1), pp. 9-25.

Braidotti, R. (2020). "'We' Are in This Together, but We Are Not One and the Same." *Journal of Bioethical Inquiry* 17(4), pp. 465-9.

Broussard, M. (2019). *Artificial Unintelligence: How Computers Misunderstand the World.* Cambridge, MA: MIT Press.

Bryson, J. J. (2010). "Robots Should Be Slaves." In: Y. Wilks (ed.), *Close Engagements with Artificial Companions.* Amsterdam: John Benjamins Publishing, pp. 63-74.

Butler, J. (1988). "Performative Acts and Gender Constitution: An Essay in Phenomenology and Feminist Theory." *Theatre Journal* 40(4), pp. 519-31.

Butler, J. (1989). "Foucault and the Paradox of Bodily Inscriptions." *Journal of Philosophy* 86(11), pp. 601-7.

Butler, J. (1993). *Bodies That Matter: On the Discursive Limits of "Sex."* London: Routledge. (ジュディス・バトラー『問題＝物質となる身体』佐藤嘉幸監訳、竹村和子、越智博美訳、以文社、2021 年)

Butler, J. (1997). *Excitable Speech: A Politics of the Performative.* New York: Routledge. (ジュディス・バトラー『触発する言葉』竹村和子訳、岩波書店、2004 年)

Butler, J. (1999). *Gender Trouble: Feminism and the Subversion of Identity*. New York: Routledge. (ジュディス・バトラー『ジェンダー・トラブル　フェミニズムとアイデンティティの撹乱』竹村和子訳、青土社、1999 年)

Butler, J. (2004). *Precarious life: The Powers of Mourning and Violence*. London: Verso. (ジュディス・バトラー『生のあやうさ』本橋哲也訳、以文社、2007 年)

Caliskan, A., Bryson, J. J., and Narayanan, A. (2017). "Semantics Derived Automatically from Language Corpora Contain Human-Like Biases." *Science* 356(6334), pp. 183-6.

Callicott, J. B. (1989). *In Defense of the Land Ethic: Essays in Environmental Philosophy*. Albany: State University of New York Press.

Canavan, G. (2015). "Capital as Artificial Intelligence." *Journal of American Studies* 49 (4), pp. 685-709.

Castells, M. (2001). *The Internet Galaxy: Reflections on the Internet, Business, and Society*. Oxford: Oxford University Press. (マニュエル・カステル『インターネットの銀河系　ネット時代のビジネスと社会』矢澤修次郎、小山花子訳、東信堂、2009 年)

Celermajer, D., Schlosberg, D., Rickards, L., Stewart-Harawira, M., Thaler, M., Tschakert, P., Verlie, B., and Winter, C. (2021). "Multispecies Justice: Theories, Challenges, and a Research Agenda for Environmental Politics." *Environmental Politics* 30(1-2), pp. 119-40.

Cheney-Lippold, J. (2017). *We Are Data: Algorithms and the Making of Our Digital Selves*. New York: New York University Press. (ジョン・チーニー=リッポルド『WE ARE DATA　アルゴリズムが「私」を決める』高取芳彦訳、日経 BP 社、2018 年)

Chou, M., Moffitt, B., and Bryant, O. (2020). *Political Meritocracy and Populism: Cure or Curse?*. New York: Routledge.

Christiano, T. (ed.) (2003). *Philosophy and Democracy: An Anthology*. Oxford: Oxford University Press.

Christiano, T., and Bajaj, S. (2021). "Democracy." *Stanford Encyclopedia of Philosophy*. Available at: https://plato.stanford.edu/entries/democracy/

Christman, J. (2004). "Relational Autonomy, Liberal Individualism, and the Social Constitution of Selves." *Philosophical Studies* 117(1-2), pp. 143-64.

Coeckelbergh, M. (2009a). "The Public Thing: On the Idea of a Politics of Artefacts." *Techne* 13(3), pp. 175-81.

Coeckelbergh, M. (2009b). "Distributive Justice and Cooperation in a World of Humans and Non-Humans: A Contractarian Argument for Drawing Non-Humans into the Sphere of Justice." *Res Publica* 15(1), pp. 67-84.

Coeckelbergh, M. (2012). *Growing Moral Relations: Critique of Moral Status Ascription*. Basingstoke and New York: Palgrave Macmillan.

Coeckelbergh, M. (2013). *Human Being @ Risk*. Dordrecht: Springer.

Coeckelbergh, M. (2014). "The Moral Standing of Machines: Towards a Relational and Non-Cartesian Moral Hermeneutics." *Philosophy & Technology* 27(1), pp. 61-77.

Coeckelbergh, M. (2015a). "The Tragedy of the Master: Automation, Vulnerability, and

Distance." *Ethics and Information Technology* 17(3), pp. 219-29.

Coeckelbergh, M. (2015b). *Environmental Skill*. Abingdon Routledge.

Coeckelbergh, M. (2017). "Beyond 'Nature'. Towards More Engaged and Care-Full Ways of Relating to the Environment." In: H. Kopnina and E. Shoreman-Ouimet (eds.), *Routledge Handbook of Environmental Anthropology*. Abingdon: Routledge, pp. 105-16.

Coeckelbergh, M. (2019a). *Introduction to Philosophy of Technology*. New York: Oxford University Press. (M. クーケルバーク『技術哲学講義』直江清隆、久木田水生監訳、七沢智樹、前田春香、水上拓哉、猪口智広訳、丸善出版、2023 年)

Coeckelbergh, M. (2019b). *Moved by Machines: Performance Metaphors and Philosophy of Technology*. New York: Routledge.

Coeckelbergh, M. (2019c). "Technoperformances: Using Metaphors from the Performance Arts for a Postphenomenology and Posthermeneutics of Technology Use." *AI & Society* 35(3), pp. 557-68.

Coeckelbergh, M. (2020). *AI Ethics*. Cambridge, MA: MIT Press. (M. クーケルバーク『AI の倫理学』直江清隆、久木田水生、鈴木俊洋、金光秀和、佐藤駿、菅原宏道訳、丸善出版、2020 年)

Coeckelbergh, M. (2021). "How to Use Virtue Ethics for Thinking about the Moral Standing of Social Robots: A Relational Interpretation in Terms of Practices, Habits, and Performance." *International Journal of Social Robotics* 13(1), pp. 31-40.

Confavreux, J., and Ranciere, J. (2020). "The Crisis of Democracy." *Verso*, February 24. Available at: https://www.versobooks.com/blogs/4576-jacques-ranciere-the-crisis-of-democracy

Cook, G., Lee, J., Tsai, T., Kong, A., Deans, J., Johnson, B., and Jardin, E. (2017). *Clicking Clean: Who Is Winning the Race to Build a Green Internet?* Washington: Greenpeace.

Cotter, K., and Reisdorf, B. C. (2020). "Algorithmic Knowledge Gaps: A New Dimension of (Digital) Inequality." *International Journal of Communication* 14, pp. 745-65.

Couldry, N., Livingstone, S., and Markham, T. (2007). *Media Consumption and Public Engagement: Beyond the Presumption of Attention*. New York: Palgrave Macmillan.

Couldry, N., and Mejias, U. A. (2019). *The Costs of Connection: How Data Is Colonizing Human Life and Appropriating It for Capitalism*. Stanford: Stanford University Press.

Crary, J. (2014). *24/7: Late Capitalism and the Ends of Sleep*. London: Verso. (ジョナサン・クレーリー『24/7 眠らない社会』岡田温司監訳、石谷治寛訳、NTT 出版、2015 年)

Crawford, K. (2021). *Atlas of AI: Power, Politics, and the Planetary Costs of Artificial Intelligence*. New Haven: Yale University Press.

Crawford, K., and Calo, R. (2016). "There Is a Blind Spot in AI Research." *Nature* 538, pp. 311-13.

Criado Perez, C. (2019). *Invisible Women: Exposing Data Bias in a World Designed for Men*. New York: Abrams Press. (キャロライン・クリアド＝ペレス『存在しない女たち　男性優位の世界にひそむ見せかけのファクトを暴く』神崎朗子訳、河出書房新

社、2020 年）

Crutzen, P.（2006）. "The 'Anthropocene.'" In: E. Ehlers and T. Krafft（eds.）, *Earth System Science in the Anthropocene*. Berlin: Springer, pp. 13–18.

Cudworth, E., and Hobden, S.（2018）. *The Emancipatory Project of Posthumanism*. London: Routledge.

Curry, P.（2011）. *Ecological Ethics*. An Introduction. Second edition. Cambridge: Polity.

Dahl, R. A.（2006）. *A Preface to Democratic Theory*. Chicago: University of Chicago Press.（ロバート・A・ダール『民主主義理論の基礎』内山秀夫訳、未來社、1970年）

Damnjanović, I.（2015）. "Polity without Politics? Artificial Intelligence versus Democracy: Lessons from Neal Asher's Polity Universe." *Bulletin of Science, Technology & Society* 35（3-4）, pp. 76–83.

Danaher, J.（2020）. "Welcoming Robots into the Moral Circle: A Defence of Ethical Behaviorism." *Science and Engineering Ethics* 26（4）, pp. 2023–49.

Darling, K.（2016）. "Extending Legal Protection to Social Robots: The Effects of Anthropomorphism, Empathy, and Violent Behavior towards Robotic Objects." In: R. Calo, A. M. Froomkin, and I. Kerr（eds.）, *Robot Law*. Cheltenham: Edward Elgar Publishing, pp. 213–32.

Dauvergne, P.（2020）. "The Globalization of Artificial Intelligence: Consequences for the Politics of Environmentalism." *Globalizations* 18（2）, pp. 285–99.

Dean, J.（2009）. *Democracy and Other Neoliberal Fantasies: Communicative Capitalism and Left Politics*. Durham, NC: Duke University Press.

Deleuze, G., and Guattari, F.（1987）. *A Thousand Plateaus: Capitalism and Schizophrenia*. Translated by B. Massumi. Minneapolis: University of Minnesota Press.（ジル・ドゥルーズ、フェリックス・ガタリ『千のプラトー』宇野邦一、豊崎光一訳、河出書房新社、1994年）

Dent, N.（2005）. *Rousseau*. London: Routledge.

Deplazes, A., and Huppenbauer, M.（2009）. "Synthetic Organisms and Living Machines." *Systems and Synthetic Biology* 3（55）. Available at: https://doi.org/10.1007/s11693-009-9029-4

Derrida, J.（1976）. *Of Grammatology*. Translated by G. C. Spivak. Baltimore, MD: Johns Hopkins University Press.（ジャック・デリダ『グラマトロジーについて』上・下、足立和浩訳、現代思潮社、1972年）

Derrida, J.（1981）. "Plato's Pharmacy." In J. Derrida, *Dissemination*. Translated by B. Johnson. Chicago: University of Chicago Press, pp. 63–171.（ジャック・デリダ「プラトンのパルマコン」藤本一勇、立花史、郷原佳以訳／ジャック・デリダ『散種』法政大学出版局、2013 年収録）

Detrow, S.（2018）. "What Did Cambridge Analytica Do during the 2016 Election?" *NPR*, March 21. Available at: https://text.npr.org/595338116

Dewey, J.（2001）. *Democracy and Education*. Hazleton, PA: Penn State Electronic Classics Series.（ジョン・デューイ『経験と教育』市村尚久訳、講談社学術文庫、

2004 年）

Diamond, L. (2019). "The Threat of Postmodern Totalitarianism." *Journal of Democracy* 30(1), pp. 20-4.

Dignum, V. (2019). *Responsible Artificial Intelligence*. Cham: Springer.

Dixon, S. (2007). *Digital Performance: A History of New Media in Theater, Dance, Performance Art, and Installation*. Cambridge, MA: MIT Press.

Djeffal, C. (2019). "AI, Democracy and the Law." In: A. Sudmann (ed.), *The Democratization of Artificial Intelligence: Net Politics in the Era of Learning Algorithms*. Bielefeld: Transcript, pp. 255-83.

Donaldson, S., and Kymlicka, W. (2011). *Zoopolis: A Political Theory of Animal Rights*. New York: Oxford University Press. （スー・ドナルドソン、ウィル・キムリッカ『人と動物の政治共同体 「動物の権利」の政治理論』青木人志、成廣孝監訳、今泉友子、岩垣真人、打越綾子、浦山聖子、本庄萌訳、尚学社、2016 年）

Downing, L. (2008). *The Cambridge Introduction to Michel Foucault*. New York: Cambridge University Press.

Dubber, M., Pasquale, F., and Das, S. (2020). *The Oxford Handbook of Ethics of AI*. Oxford: Oxford University Press.

Dworkin, R. (2011). *Justice for Hedgehogs*. Cambridge, MA: Belknap Press.

Dworkin, R. (2020). "Paternalism." *Stanford Encyclopedia of Philosophy*. Available at: https://plato.stanford.edu/entries/paternalism/

Dyer-Witheford, N. (1999). *Cyber-Marx: Cycles and Circuits of Struggle in High-Technology Capitalism*. Urbana: University of Illinois Press.

Dyer-Witheford, N. (2015). *Cyber-Proletariat Global Labour in the Digital Vortex*. London: Pluto Press.

Dyer-Witheford, N., Kjosen, A. M., and Steinhoff, J. (2019). *Inhuman Power: Artificial Intelligence and the Future of Capitalism*. London: Pluto Press.

El-Bermawy, M. M. (2016). "Your Filter Bubble Is Destroying Democracy." *Wired*, November 18. Available at: https://www.wired.com/2016/11/filter-bubble-destroying-democracy/

Elkin-Koren, N. (2020). "Contesting Algorithms: Restoring the Public Interest in Content Filtering by Artificial Intelligence." *Big Data & Society* 7(2). Available at: https://doi.org/10.1177/2053951720932296

Eriksson, K. (2012). "Self-Service Society: Participative Politics and New Forms of Governance." *Public Administration* 90(3), pp. 685-98.

Eshun, K. (2003). "Further Considerations of Afrofuturism." *CR: The New Centennial Review* 3(2), pp. 287-302.

Estlund, D. (2008). *Democratic Authority: A Philosophical Framework*. Princeton: Princeton University Press.

Eubanks, V. (2018). *Automating Inequality: How High-Tech Tools Profile, Police, and Punish the Poor*. New York: St. Martin's Press. （ヴァージニア・ユーバンクス『格差の自動化』ウォルシュあゆみ訳、人文書院、2021 年）

Farkas, J. (2020). "A Case against the Post-Truth Era: Revisiting Mouffe's Critique of Consensus-Based Democracy." In: M. Zimdars and K. McLeod (eds.), *Fake News: Understanding Media and Misinformation in the Digital Age*. Cambridge, MA: MIT Press, pp. 45-54.

Farkas, J., and Schou, J. (2018). "Fake News as a Floating Signifier: Hegemony, Antagonism and the Politics of Falsehood." *Javnost - The Public* 25(3), pp. 298-314.

Farkas, J., and Schou, J. (2020). *Post-Truth, Fake News and Democracy: Mapping the Politics of Falsehood*. New York: Routledge.

Feenberg, A. (1991). *Critical Theory of Technology*. Oxford: Oxford University Press. (アンドリュー・フィーンバーグ『技術　クリティカル・セオリー』藤本正文訳、法政大学出版局、1995年)

Feenberg, A. (1999). *Questioning Technology*. London: Routledge. (アンドリュー・フィーンバーグ『技術への問い』直江清隆訳、岩波書店、2004年)

Ferrando, F. (2019). *Philosophical Posthumanism*. London: Bloomsbury Academic.

Floridi, L. (2013). *The Ethics of Information*. Oxford: Oxford University Press.

Floridi, L. (2014). *The Fourth Revolution*. Oxford: Oxford University Press. (ルチアーノ・フロリディ『第四の革命　情報圏（インフォスフィア）が現実をつくりかえる』春木良且、犬束　敦史監訳、先端社会科学技術研究所訳、新曜社、2017年)

Floridi, L. (2017). "Roman Law Offers a Better Guide to Robot Rights Than Sci-Fi." *Financial Times*, February 22. Available at: https://www.academia.edu/31710098/Roman_law_offers_a_better_guide_to_robot_rights_than_sci_fi

Floridi, L., and Sanders, J. W. (2004). "On the Morality of Artificial Agents." *Minds & Machines* 14(3), pp. 349-79.

Fogg, B. (2003). *Persuasive Technology: Using Computers to Change What We Think and Do*. San Francisco: Morgan Kaufmann. (B. J. フォッグ『実験心理学が教える人を動かすテクノロジ』高良理、安藤知華訳、日経BP社、2005年)

Ford, M. (2015). *The Rise of the Robots: Technology and the Threat of a Jobless Future*. New York: Basic Books. (マーティン・フォード『ロボットの脅威』松本剛史訳、日本経済新聞出版社、2015年)

Foucault, M. (1977). *Discipline and Punish: The Birth of the Prison*. Translated by A. Sheridan. New York: Vintage Books. (ミシェル・フーコー『監獄の誕生　監視と処罰』田村俶訳、新潮社、1977年)

Foucault, M. (1980). *Power/Knowledge: Selected Interviews and Other Writings 1972-1977*. Edited by C. Gordon, translated by C. Gordon, L. Marshall, J. Mepham, and K. Soper. New York: Pantheon Books.

Foucault, M. (1981). *History of Sexuality: Volume 1: An Introduction*. Translated by R. Hurley. London: Penguin. (ミシェル・フーコー『性の歴史Ⅰ　知への意志』渡辺守章訳、新潮社、1986年)

Foucault, M. (1988). "Technologies of the Self". In: L. H. Martin, H. Gutman, and P. H. Hutton (eds.), *Technologies of the Self: A Seminar with Michel Foucault*. Amherst: University of Massachusetts Press, pp. 16-49. (ミシェル・フーコー『自己のテクノ

ロジー　フーコー・セミナーの記録』田村俶、雲和子訳、岩波現代文庫、2004 年）

Frankfurt, H. (2000). "Distinguished Lecture in Public Affairs: The Moral Irrelevance of Equality." *Public Affairs Quarterly* 14(2), pp. 87–103.

Frankfurt, H. (2015). *On Inequality*. Princeton: Princeton University Press. （ハリー・G・フランクファート『不平等論　格差は悪なのか？』山形浩生訳、筑摩書房、2016 年）

Fuchs, C. (2014). *Social Media: A Critical Introduction*. London: Sage Publications.

Fuchs, C. (2020). *Communication and Capitalism: A Critical Theory*. London: University of Westminster Press.

Fuchs, C., Boersma, K., Albrechtslund, A., and Sandoval, M. (eds.) (2012). *Internet and Surveillance: The Challenges of Web 2.0 and Social Media*. London: Routledge.

Fukuyama, F. (2006). "Identity, Immigration, and Liberal Democracy." *Journal of Democracy* 17(2), pp. 5–20.

Fukuyama, F. (2018a). "Against Identity Politics: The New Tribalism and the Crisis of Democracy." *Foreign Affairs* 97(5), pp. 90–115.

Fukuyama, F. (2018b). *Identity: The Demand for Dignity and the Politics of Resentment*. New York: Farrar, Straus and Giroux. （フランシス・フクヤマ『IDENTITY（アイデンティティ）　尊厳の欲求と憤りの政治』山田文訳、朝日新聞出版、2019 年）

Gabriels, K., and Coeckelbergh, M. (2019). "Technologies of the Self and the Other: How Self-Tracking Technologies Also Shape the Other." *Journal of Information, Communication and Ethics in Society* 17(2). Available at: https://doi.org/10.1108/JICES-12-2018-0094

Garner, R. (2003). "Animals, Politics, and Justice: Rawlsian Liberalism and the Plight of Non-Humans." *Environmental Politics* 12(2), pp. 3–22.

Garner, R. (2012). "Rawls, Animals and Justice: New Literature, Same Response." *Res Publica* 18(2), pp. 159–72.

Gellers, J. C. (2020). "Earth System Governance Law and the Legal Status of Non-Humans in the Anthropocene." *Earth System Governance* 7. Available at: https://doi.org/10.1016/j.esg.2020.100083

Giebler, H., and Merkel, W. (2016). "Freedom and Equality in Democracies: Is There a Trade-Off?" *International Political Science Review* 37(5), pp. 594–605.

Gilley, B. (2016). "Technocracy and Democracy as Spheres of Justice in Public Policy." *Policy Sciences* 50(1), pp. 9–22.

Gitelman, L., and Jackson, V. (2013). "Introduction." In L. Gitelman (ed.), *"Raw Data" Is an Oxymoron*. Cambridge, MA: MIT Press, pp. 1–14.

Goodin, R. E. (2003). *Reflective Democracy*. Oxford: Oxford University Press.

Gorwa, R., Binns, R., and Katzenbach, C. (2020). "Algorithmic Content Moderation: Technical and Political Challenges in the Automation of Platform Governance." *Big Data & Society* 7(1). Available at: https://doi.org/10.1177/2053951719897945.

Granka, L. A. (2010). "The Politics of Search: A Decade Retrospective." *The*

Information Society Journal 26(5), pp. 364-74.

Gray, C. H. (2000). *Cyborg Citizen: Politics in the Posthuman Age*. London: Routledge.

Gunkel, D. (2014). "A Vindication of the Rights of Machines." *Philosophy & Technology* 27(1), pp. 113-32.

Gunkel, D. (2018). *Robot Rights*. Cambridge, MA: MIT Press.

Habermas, J. (1990). *Moral Consciousness and Communicative Action*. Translated by C. Lenhart and S. W. Nicholson. Cambridge, MA: MIT Press.（ユルゲン・ハーバーマス『道徳意識とコミュニケーション言語』三島憲一、中野敏男、木前利秋訳、岩波書店、2000 年）

Hacker, P. (2018). "Teaching Fairness to Artificial Intelligence: Existing and Novel Strategies against Algorithmic Discrimination under EU Law." *Common Market Law Review* 55(4), pp. 1143-85.

Haggerty, K., and Ericson, R. (2000). "The Surveillant Assemblage." *British Journal of Sociology* 51(4), pp. 605-22.

Han, B.-C. (2015). *The Burnout Society*. Stanford: Stanford University Press.（ビョンチョル・ハン『疲労社会』横山陸訳、花伝社、2021 年）

Harari, Y. N. (2015). *Homo Deus: A Brief History of Tomorrow*. London: Harvill Secker.（ユヴァル・ノア・ハラリ『ホモ・デウス　テクノロジーとサピエンスの未来』上・下、柴田裕之訳、河出書房新社、2018 年）

Haraway, D. (2000). "A Cyborg Manifesto." In: D. Bell and B. M. Kennedy (eds.), *The Cybercultures Reader*. London: Routledge, pp. 291-324.

Haraway, D. (2003). *The Companion Species Manifesto: Dogs, People, and Significant Otherness*. Chicago: Prickly Paradigm Press.（ダナ・ハラウェイ『伴侶種宣言　犬と人との「他者性」』永野文香訳、以文社、2013 年）

Haraway, D. (2015). "Anthropocene, Capitalocene, Plantationocene, Chthulucene: Making Kin." *Environmental Humanities* 6, pp. 159-65.（ダナ・ハラウェイ「人新世、資本新世、植民新世、クトゥルー新世：類縁関係をつくる」高橋さきの訳／『現代思想』青土社、2017 年 12 月号、99-109. 掲載）

Haraway, D. (2016). *Staying with the Trouble: Making Kin in the Chthulucene*. Durham, NC: Duke University Press.

Hardt, M. (2015). "The Power to Be Affected." *International Journal of Politics, Culture, and Society* 28(3), pp. 215-22.

Hardt, M., and Negri, A. (2000). *Empire*. Cambridge, MA: Harvard University Press.（アントニオ・ネグリ、マイケル・ハート『〈帝国〉　グローバル化の世界秩序とマルチチュードの可能性』水嶋一憲、酒井隆史、浜邦彦、吉田俊実訳、以文社、2003 年）

Harvey, D. (2019). *Marx, Capital and the Madness of Economic Reason*. London: Profile Books.（デヴィッド・ハーヴェイ『経済的理性の狂気　グローバル経済の行方を〈資本論〉で読み解く』大屋定晴監訳、佐藤隆、塩田潤、下門直人、永島昂、中村好孝、新井田智幸、原民樹、三浦翔、森原康仁訳、作品社、2019 年）

Hegel, G. W. F. (1977). *Phenomenology of Spirit*. Translated by A. V. Miller. Oxford: Oxford University Press.（G. W. F. ヘーゲル『精神現象学』上・下、熊野純彦訳、ち

くま学芸文庫、2018 年)

Hegel, G. W. F. (2008). *Outlines of the Philosophy of Right*. Translated by T. M. Knox. Oxford: Oxford University Press. (G. W. F. ヘーゲル『法の哲学　自然法と国家学の要綱』上・下、上妻精、佐藤康邦、山田忠彰訳、岩波文庫、2021 年)

Heidegger, M. (1977). *The Question Concerning Technology and Other Essays*. Translated by W. Lovitt. New York: Garland Publishing. (マルティン・ハイデガー『技術への問い』関口浩訳、平凡社ライブラリー、2013 年)

Helberg, N., Eskens, S., van Drunen, M., Bastian, M., and Moeller, J. (2019). "Implications of AI-Driven Tools in the Media for Freedom of Expression." Institute for Information Law (IViR). Available at: https://rm.coe.int/coe-ai-report-final/16809 4ce8f

Heyes, C. (2020). "Identity Politics." *Stanford Encyclopedia of Philosophy*. Available at: https://plato.stanford.edu/entries/identity-politics/

Hildebrandt, M. (2015). *Smart Technologies and the End (s) of Law: Novel Entanglements of Law and Technology*. Cheltenham: Edward Elgar Publishing.

Hildreth, R. W. (2009). "Reconstructing Dewey on Power." *Political Theory* 37 (6), pp. 780–807.

Hill, K. (2020). "Wrongfully Accused by an Algorithm." *The New York Times*, 24 June.

Hobbes, T. (1996). *Leviathan*. Oxford: Oxford University Press. (トマス・ホッブズ『リヴァイアサン』上・下、加藤節訳、ちくま学芸文庫、2022 年)

Hoffman, M. (2014). *Foucault and Power: The Influence of Political Engagement on Theories of Power*. London: Bloomsbury.

Hughes, J. (2004). *Citizen Cyborg: Why Democratic Societies Must Respond to the Redesigned Human of the Future*. Cambridge, MA: Westview Press.

ILO (International Labour Organization) (2017). *Global Estimates of Modern Slavery*. Geneva: International Labour Office. Available at: https://www.ilo.org/global/publications/books/WCMS_575479/lang--en/index.htm （国際労働機関「現代奴隷制の世界推計　アライアンス 8.7」ILO 駐日事務所、https://www.ilo.org/wcmsp5/groups/public/--asia/--ro-bangkok/--ilo-tokyo/documents/publication/wcms_615274.pdf）

Israel, T. (2020). *Facial Recognition at a Crossroads: Transformation at our Borders & Beyond*. Ottawa: Samuelson-Glushko Canadian Internet Policy & Public Interest Clinic. Available at: https://cippic.ca/uploads/FR_Transforming_Borders-OVERVIEW. pdf

Javanbakht, A. (2020). "The Matrix Is Already There: Social Media Promised to Connect Us, But Left Us Isolated, Scared, and Tribal." *The Conversation*, November 12. Available at: https://theconversation.com/the-matrix-is-already-here-social-media-promised-to-connectus-but-left-us-isolated-scared-and-tribal-148799

Jonas, H. (1984). *The Imperative of Responsibility: In Search of an Ethics for the Technological Age*. Chicago: University of Chicago Press. (ハンス・ヨナス『責任という原理　科学技術文明のための倫理学の試み』加藤尚武監訳、東信堂、2000 年)

Kafka, F. (2009). *The Trial*. Translated by M. Mitchell. Oxford: Oxford University

Press.（フランツ・カフカ『審判』辻瑆訳、岩波文庫、1966 年）

Karppi, T., Kähkönen, L., Mannevuo, M., Pajala, M., and Sihvonen, T. (2016). "Affective Capitalism: Investments and Investigations." *Ephemera: Theory & Politics in Organization* 16(4), pp. 1–13.

Kennedy, H., Steedman, R., and Jones, R. (2020). "Approaching Public Perceptions of Datafication through the Lens of Inequality: A Case Study in Public Service Media." *Information, Communication & Society*. Available at: https://doi.org/10.1080/1369118X.2020.1736122

Kinkead, D., and Douglas, D. M. (2020). "The Network and the Demos: Big Data and the Epistemic Justifications of Democracy." In: K. McNish and J. Gailliott (eds.), *Big Data and Democracy*. Edinburgh: Edinburgh University Press, pp. 119–33.

Kleeman, S. (2015). "Woman Charged with False Reporting after Her Fitbit Contradicted Her Rape Claim." *Mic*.com, June 25. Available at: https://www.mic.com/articles/121319/fitbit-rape-claim

Korinek, A., and Stiglitz, J. (2019). "Artificial Intelligence and Its Implications for Income Distribution and Unemployment." In: A. Agrawal, J. Gans, and A. Goldfarb (eds.), *The Economics of Artificial Intelligence: An Agenda*. Chicago: University of Chicago Press, pp. 349–90.

Kozel, S. (2007). *Closer: Performance, Technologies, Phenomenology*. Cambridge, MA: MIT Press.

Kurzweil, R. (2005). *The Singularity Is Near: When Humans Transcend Biology*. New York: Viking.（レイ・カーツワイル『シンギュラリティーは近い（エッセンス版） 人類が生命を超越するとき』、井上健監訳、小野木明恵、野中香方子、福田実訳、NHK 出版、2016 年）

Kwet, M. (2019). "Digital Colonialism Is Threatening the Global South." *Al Jazeera*, March 13. Available at: https://www.aljazeera.com/indepth/opinion/digital-colonialism-threatening-global-south-190129140828809.html

Laclau, E. (2005). *On Populist Reason*. New York: Verso.（エルネスト・ラクラウ『ポピュリズムの理性』澤里岳史、河村一郎訳、明石書店、2018 年）

Lagerkvist, A. (ed.) (2019). *Digital Existence: Ontology, Ethics and Transcendence in Digital Culture*. Abingdon: Routledge.

Lanier, J. (2010). *You Are Not a Gadget: A Manifesto*. New York: Borzoi Books.（ジャロン・ラニアー『人間はガジェットではない』井口耕二訳、早川書房、2010 年）

Larson, J., Mattu, S., Kirchner, L., and Angwin, J. (2016). "How We Analyzed the COMPAS Recidivism Algorithm." *ProPublica*, May 23. Available at: https://www.propublica.org/article/how-weanalyzed-the-compas-recidivism-algorithm

Lash, S. (2007). "Power after Hegemony." *Theory, Culture & Society* 24(3), pp. 55–78.

Latour, B. (1993). *We Have Never Been Modern*. Translated by C. Porter. Cambridge, MA: Harvard University Press.（ブルーノ・ラトゥール『虚構の「近代」 科学人類学は警告する』川村久美子訳、新評論、2008 年）

Latour, B. (2004). *Politics of Nature: How to Bring the Sciences into Democracy*.

Translated by C. Porter. Cambridge, MA: Harvard University Press.

Lazzarato, M. (1996). "Immaterial Labor." In: P. Virno and M. Hardt (eds.), *Radical Thought in Italy: A Potential Politics*. Minneapolis: University of Minnesota Press, pp. 142-57.

Lazzarato, M. (2014). *Signs and Machines: Capitalism and the Production of Subjectivity*. Translated by J. D. Jordan. Los Angeles: Semiotext(e).（マウリツィオ・ラッツァラート『記号と機械　反資本主義新論』杉村昌昭、松田正貴訳、2015 年）

Leopold, A. (1949). *A Sand County Almanac*. New York: Oxford University Press.（アレド・レオポルド『野生のうたが聞こえる』新島義昭訳、講談社学術文庫、1997 年）

Liao, S. M. (ed.) (2020). *Ethics of Artificial Intelligence*. New York: Oxford University Press.

Lin, P., Abney, K., and Jenkins, R. (eds.) (2017). *Robot Ethics 2.0*. New York: Oxford University Press.

Llansó, E. J. (2020). "No Amount of 'AI' in Content Moderation Will Solve Filtering's Prior-Restraint Problem." *Big Data & Society* 7(1). Available at: https://doi.org/10.1177/2053951720920686

Loizidou, E. (2007). *Judith Butler: Ethics, Law, Politics*. New York: Routledge.

Lukes, S. (2019). "Power, Truth and Politics." *Journal of Social Philosophy* 50(4), pp. 562-76.

Lyon, D. (1994). *The Electronic Eye*. Minneapolis: University of Minnesota Press.

Lyon, D. (2014). "Surveillance, Snowden, and Big Data: Capacities, Consequences, Critique." *Big Data & Society* 1(2). Available at: https://doi.org/10.1177/2053951714541861

MacKenzie, A. (2002). *Transductions: Bodies and Machines at Speed*. London: Continuum.

MacKinnon, R., Hickok, E., Bar, A., and Lim, H. (2014). "Fostering Freedom Online: The Role of Internet Intermediaries." Paris: United Nations Educational, Scientific and Cultural Organization (UNESCO). Available at: http://www.unesco.org/new/en/communication-and-information/resources/publications-and-communication-materials/publications/full-list/fostering-freedom-online-therole-of-internet-intermediaries/

Magnani, L. (2013). "Abducing Personal Data, Destroying Privacy." In: M. Hildebrandt and K. de Vries (eds.), *Privacy, Due Process, and the Computational Turn*. New York: Routledge, pp. 67-91.

Mann, S., Nolan, J., and Wellman, B. (2002). "Sousveillance: Inventing and Using Wearable Computing Devices for Data Collection in Surveillance Environments." *Surveillance & Society* 1(3), pp. 331-55.

Marcuse, H. (2002). *One-Dimensional Man: Studies in the Ideology of Advanced Industrial Society*. London: Routledge.（ヘルベルト・マルクーゼ『一次元的人間　先進産業社会におけるイデオロギーの研究』（現代思想選 3）生松敬三、三沢謙一訳、河出書房新社、1974 年）

Martínez-Bascunán, M. (2016). "Misgivings on Deliberative Democracy: Revisiting the

Deliberative Framework." *World Political Science* 12(2), pp. 195-218.

Marx, K. (1977). *Economic and Philosophic Manuscripts of 1844*. Translated by M. Milligan. Moscow: Progress Publishers.（カール・マルクス『経済学・哲学草稿』長谷川宏訳、光文社古典新訳文庫、2010 年）

Marx, K. (1990). *Capital: A Critique of Political Economy*. Vol. 1. Translated by B. Fowkes. London: Penguin.（カール・マルクス『資本論』一～九、向坂逸郎訳、岩波文庫、1969-70 年）

Massumi, B. (2014). *What Animals Teach Us about Politics*. Durham, NC: Duke University Press.

Matzner, T. (2019). "Plural, Situated Subjects in the Critique of Artificial Intelligence." In: A. Sudmann (ed.), *The Democratization of Artificial Intelligence: Net Politics in the Era of Learning Algorithms*. Bielefeld: Transcript, pp. 109-22.

McCarthy-Jones, S. (2020). "Artificial Intelligence Is a Totalitarian's Dream – Here's How to Take Power Back." *Global Policy*, August 13. Available at: https://www.globalpolicy journal.com/blog/13/08/2020/artificial-intelligence-totalitarians-dream-heres-how-take-power-back

McDonald, H. P. (2003). "Environmental Ethics and Intrinsic Value." In: H. P. McDonald (ed.), *John Dewey and Environmental Philosophy*. Albany: SUNY Press, pp. 1-56.

McKenzie, J. (2001). *Perform or Else: From Discipline to Performance*. New York: Routledge.

McNay, L. (2008). *Against Recognition*. Cambridge: Polity.

McNay, L. (2010). "Feminism and Post-Identity Politics: The Problem of Agency." *Constellations* 17(4), pp. 512-25.

McQuillan, D. (2019). "The Political Affinities of AI." In: A. Sudmann (ed.), *The Democratization of Artificial Intelligence: Net Politics in the Era of Learning Algorithms*. Bielefeld: Transcript, pp. 163-73.

McStay, A. (2018). *Emotional AI: The Rise of Empathic Media*. London: Sage Publications.

Miessen, M., and Ritts, Z. (eds.) (2019). *Para-Platforms: On the Spatial Politics of Right-Wing Populism*. Berlin: Sternberg Press.

Mill, J. S. (1963). *The Subjection of Women*. In: J. M. Robson (ed.), *Collected Works of John Stuart Mill*. Toronto: Routledge.（J. S. ミル『女性の解放』大内兵衛、大内節子訳、岩波文庫、1957 年）

Mill, J. S. (1978). *On Liberty*. Indianapolis: Hackett Publishing.（J. S. ミル『自由論』関口正司訳、岩波文庫、2020 年）

Miller, D. (2003). *Political Philosophy: A Very Short Introduction*. Oxford: Oxford University Press.（デイヴィッド・ミラー『はじめての政治哲学』山岡龍一、森達也訳、岩波現代文庫、2019 年）

Mills, C. W. (1956). *The Power Elite*. New York: Oxford University Press.（C・ライト・ミルズ『パワー・エリート』鵜飼信成、綿貫譲治訳、ちくま学芸文庫、2020 年）

Moffitt, B. (2016). *Global Rise of Populism: Performance, Political Style, and Representation.* Stanford: Stanford University Press.

Moore, J. W. (2015). *Capitalism in the Web of Life: Ecology and the Accumulation of Capital.* London: Verso.（ジェイソン・W・ムーア『生命の網のなかの資本主義』山下範久監訳、滝口良訳、東洋経済新報社、2021 年）

Moore, P. (2018). *The Quantified Self in Precarity: Work, Technology and What Counts.* New York: Routledge.

Moravec, H. (1988). *Mind Children: The Future of Robot and Human Intelligence.* Cambridge, MA: Harvard University Press.

Morozov, E. (2013). *To Save Everything, Click Here: Technology, Solutionism, and the Urge to Fix Problems That Don't Exist.* London: Penguin.

Mouffe, C. (1993). *The Return of the Political.* London: Verso.（シャンタル・ムフ『政治的なるものの再興』千葉真、土井美徳、田中智彦、山田竜作訳、日本経済評論社、1998 年）

Mouffe, C. (2000). *The Democratic Paradox.* London: Verso.（シャンタル・ムフ『民主主義の逆説』葛西弘隆訳、以文社、2006 年）

Mouffe, C. (2005). *On the Political: Thinking in Action.* London: Routledge.（シャンタル・ムフ『政治的なものについて　闘技的民主主義と多元主義的グローバル秩序の構築』酒井隆史監訳、篠原雅武訳、明石書店、2008 年）

Mouffe, C. (2016). "Democratic Politics and Conflict: An Agonistic Approach." *Politica Comun* 9. Available at: http://dx.doi.org/10.3998/pc.12322227.0009.011

Murray, D. (2019). *The Madness of the Crowds: Gender, Race and Identity.* London: Bloomsbury.（ダグラス・マレー『大衆の狂気　ジェンダー・人種・アイデンティティ』山田美明訳、徳間書店、2022 年）

Nass, A. (1989). *Ecology, Community and Lifestyle: Outline of an Ecosophy.* Edited and translated by D. Rothenberg. Cambridge: Cambridge University Press.（アルネ・ネス『ディープ・エコロジーとは何か　エコロジー・共同体・ライフスタイル』斎藤直輔、開龍美訳、文化書房博文社、1997 年）

Nemitz, P. F. (2018). "Constitutional Democracy and Technology in the Age of Artificial Intelligence." *SSRN Electronic Journal* 376(2133). Available at: https://doi.org/10.2139/ssrn.3234336

Nguyen, C. T. (2020). "Echo Chambers and Epistemic Bubbles." *Episteme* 17(2), pp. 141–61.

Nielsen, K. (1989). "Marxism and Arguing for Justice." *Social Research* 56(3), pp. 713–39.

Niyazov, S. (2019). "The Real AI Threat to Democracy." *Towards Data Science,* November 15. Available at: https://towardsdatascience.com/democracys-unsettling-future-in-the-age-of-ai-c47b1096746e

Noble, S. U. (2018). *Algorithms of Oppression: How Search Engines Reinforce Racism.* New York: New York University Press.

Nozick, R. (1974). *Anarchy, State, and Utopia.* New York: Basic Books. Nussbaum, M.

(2000). *Women and Human Development: The Capabilities Approach.* Cambridge: Cambridge University Press.（ロバート・ノージック『アナーキー・国家・ユートピア　国家の正当性とその限界』嶋津格訳、木鐸社、1994 年）

Nussbaum, M. (2006). *Frontiers of Justice: Disability, Nationality, Species Membership.* Cambridge, MA: Harvard University Press.（マーサ・C. ヌスバウム『正義のフロンティア　障碍者・外国人・動物という境界を越えて』神島裕子訳、法政大学出版局、2012 年）

Nussbaum, M. (2016). *Anger and Forgiveness: Resentment, Generosity, Justice.* New York: Oxford University Press.

Nyholm, S. (2020). *Humans and Robots: Ethics, Agency, and Anthropomorphism.* London: Rowman & Littlefield.

O'Neil, C. (2016). *Weapons of Math Destruction: How Big Data Increases Inequality and Threatens Democracy.* New York: Crown Books.（キャシー・オニール『あなたを支配し、社会を破壊する、AI・ビッグデータの罠』久保尚子訳、インターシフト、2018 年）

Ott, K. (2020). "Grounding Claims for Environmental Justice in the Face of Natural Heterogeneities." *Erde* 151 (2-3), pp. 90-103.

Owe, A., Baum, S. D., and Coeckelbergh, M. (forthcoming). "How to Handle Nonhumans in the Ethics of Artificial Entities: A Survey of the Intrinsic Valuation of Nonhumans."

Papacharissi, Z. (2011). *A Networked Self: Identity, Community and Culture on Social Network Sites.* New York: Routledge.

Papacharissi, Z. (2015). *Affective Publics: Sentiment, Technology, and Politics.* Oxford: Oxford University Press.

Parikka, J. (2010). *Insect Media: An Archaeology of Animals and Technology.* Minneapolis: University Of Minnesota Press.

Pariser, E. (2011). *The Filter Bubble.* London: Viking.（イーライ・パリサー『フィルターバブル　インターネットが隠していること』井口耕二訳、ハヤカワ文庫 NF、2016 年）

Parviainen, J. (2010). "Choreographing Resistances: Kinaesthetic Intelligence and Bodily Knowledge as Political Tools in Activist Work." *Mobilities* 5 (3), pp. 311-30.

Parviainen, J., and Coeckelbergh, M. (2020). "The Political Choreography of the Sophia Robot: Beyond Robot Rights and Citizenship to Political Performances for the Social Robotics Market." *AI & Society.* Available at: https://doi.org/10.1007/s00146-020-0110 4-w

Pasquale, F. A. (2019). "Data-Informed Duties in AI Development" 119 Columbia Law Review 1917 (2019), U of Maryland Legal Studies Research Paper No. 2019-14. Available at SSRN: https://ssrn.com/abstract=3503121

Pessach, D., and Shmueli, E. (2020). "Algorithmic Fairness." Available at: https://arxiv.org/abs/2001.09784

Picard, R. W. (1997). *Affective Computing.* Cambridge, MA: MIT Press.

Piketty, T., Saez, E., and Stantcheva, S. (2011). "Taxing the 1%: Why the Top Tax Rate Could Be over 80%." *VOXEU/CEPR*, December 8. Available at: https://voxeu.org/article/taxing-1-why-toptax-rate-could-be-over-80

Polonski, V. (2017). "How Artificial Intelligence Conquered Democracy." *The Conversation*, August 8. Available at: https://theconversation.com/how-artificial-intelligence-conquered-democracy-77675

Puschmann, C. (2018). "Beyond the Bubble: Assessing the Diversity of Political Search Results." *Digital Journalism* 7(6), pp. 824–43.

Radavoi, C. N. (2020). "The Impact of Artificial Intelligence on Freedom, Rationality, Rule of Law and Democracy: Should We Not Be Debating It?" *Texas Journal on Civil Liberties & Civil Rights* 25(2), pp. 107–29.

Ranciere, J. (1991). *The Ignorant Schoolmaster*. Translated by K. Ross. Stanford: Stanford University Press.（ジャック・ランシエール『無知な教師　知性の解放について』梶田裕、堀容子訳、法政大学出版局、2011 年）

Ranciere, J. (1999). *Disagreement*. Translated by J. Rose. Minneapolis: University of Minnesota Press.（ジャック・ランシエール『不和あるいは了解なき了解　政治の哲学は可能か』松葉祥一、大森秀臣、藤江成夫訳、インスクリプト、2005 年）

Ranciere, J. (2010). *Dissensus*. Translated by S. Corcoran. New York: Continuum.

Rawls, J. (1971). *A Theory of Justice*. Oxford: Oxford University Press.（ジョン・ロールズ『正義論』川本隆史、福間聡、神島裕子訳、紀伊國屋書店、2010 年改訂版）

Rawls, J. (2001). *Justice as Fairness: A Restatement*. Cambridge, MA: Harvard University Press.（ジョン・ロールズ『公正としての正義　再説』田中成明、亀本洋、平井亮輔訳、岩波現代文庫、2020 年）

Regan, T. (1983). *The Case for Animal Rights*. Berkeley: University of California Press.

Rensch, A. T.-L. (2019). "The White Working Class Is a Political Fiction." *The Outline*, November 25. Available at: https://theoutline.com/post/8303/white-working-class-political-fiction?zd=1&zi=oggsrqmd

Rhee, J. (2018). *The Robotic Imaginary: The Human and the Price of Dehumanized Labor*. Minneapolis: University of Minnesota Press.

Ricoeur, P. (1978). "The Metaphor Process as Cognition, Imagination, and Feeling." *Critical Inquiry* 5(1), pp. 143–59.

Rieger, S. (2019). "Reduction and Participation." In: A. Sudmann (ed.), *The Democratization of Artificial Intelligence: Net Politics in the Era of Learning Algorithm*. Bielefeld: Transcript, pp. 143–62.

Rivero, N. (2020). "The Pandemic is Automating Emergency Room Triage." *Quartz*, August 21. Available at: https://qz.com/1894714/covid-19-is-boosting-the-use-of-ai-triage-in-emergency-rooms/

Roden, D. (2015). *Posthuman Life: Philosophy at the Edge of the Human*. London: Routledge.

Rolnick, D., Donti, P. L., Kaack, L. H., et al. (2019). "Tackling Climate Change with Machine Learning." Available at: https://arxiv.org/pdf/1906.05433.pdf

Rolston, H. (1988). *Environmental Ethics: Duties to and Values in the Natural World*. Philadelphia: Temple University Press.

Ronnow-Rasmussen, T., and Zimmerman, M. J. (eds.). (2005). *Recent Work on Intrinsic Value*. Dordrecht: Springer Netherlands.

Rousseau, J.-J. (1997). *Of the Social Contract*. In: V. Gourevitch (ed.), *The Social Contract and Other Later Political Writings*. Cambridge: Cambridge University Press, pp. 39–152.（ジャン＝ジャック・ルソー『社会契約論』中山元訳、光文社古典新訳文庫、2008 年）

Rouvroy, A. (2013). "The End(s) of Critique: Data-Behaviourism vs. Due-Process." In: M. Hildebrandt and K. de Vries (eds.), *Privacy, Due Process and the Computational Turn: The Philosophy of Law Meets the Philosophy of Technology*. London: Routledge, pp. 143–67.

Rowlands, M. (2009). *Animal Rights: Moral Theory and Practice*. Basingstoke: Palgrave.

Saco, D. (2002). *Cybering Democracy: Public Space and the Internet*. Minneapolis: University of Minnesota Press.

Sætra, H. S. (2020). "A Shallow Defence of a Technocracy of Artificial Intelligence: Examining the Political Harms of Algorithmic Governance in the Domain of Government." *Technology in Society* 62. Available at: https://doi.org/10.1016/j.techsoc.2020.101283.

Sampson, T. D. (2012). *Virality: Contagion Theory in the Age of Networks*. Minneapolis: University of Minnesota Press.

Sandberg, A. (2013). "Morphological Freedom – Why We Not Just Want It, but Need It." In: M. More and M. Vita-More (eds.), *The Transhumanist Reader*. Malden, MA: John Wiley & Sons, pp. 56–64.

Sartori, G. (1987). *The Theory of Democracy Revisited*. Chatham, NJ: Chatham House Publishers.

Sattarov, F. (2019). *Power and Technology*. London: Rowman & Littlefield.

Saurette, P., and Gunster, S. (2011). "Ears Wide Shut: Epistemological Populism, Argutainment and Canadian Conservative Talk Radio." *Canadian Journal of Political Science* 44(1), pp. 195–218.

Scanlon, T. M. (1998). *What We Owe to Each Other*. Cambridge, MA: Harvard University Press.

Segev, E. (2010). *Google and the Digital Divide: The Bias of Online Knowledge*. Oxford: Chandos.

Sharkey, A., and Sharkey, N. (2012). "Granny and the Robots: Ethical issues in Robot Care for the Elderly." *Ethics and Information Technology* 14(1), pp. 27–40.

Simon, F. M. (2019). "'We Power Democracy': Exploring the Promises of the Political Data Analytics Industry." *The Information Society* 35(3), pp. 158–69.

Simonite, T. (2018). "When It Comes to Gorillas, Google Photos Remains Blind." *Wired*, January 11. Available at: https://www.wired.com/story/when-it-comes-to-gorillasgoogle-photos-remains-blind/

Singer, P. (2009). *Animal Liberation*. New York: HarperCollins. (ピーター・シンガー『動物の解放』戸田清訳、人文書院、2011 年改訂版)

Solove, D. J. (2004). *The Digital Person: Technology and Privacy in the Information Age*. New York: New York University Press.

Sparrow, R. (2021). "Virtue and Vice in Our Relationships with Robots." *International Journal of Social Robotics* 13(1), pp. 23-9.

Stark, L., Greene, D., and Hoffmann, A. L. (2021). "Critical Perspectives on Governance Mechanisms for AI/ML Systems." In: J. Roberge and M. Castell (eds.), *The Cultural Life of Machine Learning: An Incursion into Critical AI Studies*. Cham: Palgrave Macmillan, pp. 257-80.

Stiegler, B. (1998). *Technics and Time, 1: The Fault of Epimetheus*. Translated by R. Beardsworth and G. Collins. Stanford: Stanford University Press. (ベルナール・スティグレール『技術と時間 1　エピメテウスの過失』西兼志訳、法政大学出版局、2009 年)

Stiegler, B. (2019). *The Age of Disruption: Technology and Madness in Computational Capitalism*. Translated by D. Ross. Cambridge: Polity.

Stilgoe, J., Owen, R., and Macnaghten, P. (2013). "Developing A Framework for Responsible Innovation." *Research Policy* 42(9), pp. 1568-80.

Strubell, E., Ganesh, A., and McCallum, A. (2019). "Energy and Policy Considerations for Deep Learning in NLP." Available at: https://arxiv.org/abs/1906.02243

Suarez-Villa, L. (2009). *Technocapitalism: A Critical Perspective on Technological Innovation and Corporatism*. Philadelphia: Temple University Press.

Sudmann, A. (ed.) (2019). *The Democratization of Artificial Intelligence: Net Politics in the Era of Learning Algorithms*. Bielefeld: Transcript.

Sun, T., Gaut, A., Tang, S., Huang, Y., El Shereif, M., Zhao, J., Mirza, D., Belding, E., Chang, K.-W., and Wang, W. Y. (2019). "Mitigating Gender Bias in Natural Language Processing: Literature Review." In: A. Korhonen, D. Traum, and L. Marquez (eds.), *Proceedings of the 57th Annual Meeting of the Association of Computational Linguistics*, pp. 1630-40. Available at: https://www.aclweb.org/anthology/P19-1159. pdf

Sun, X., Wang, N., Chen, C.-y., Ni, J.-m., Agrawal, A., Cui, X., Venkataramani, S., El Maghraoui, K., Srinivasan, V. (2020). "Ultra-Low Precision 4-Bit Training of Deep Neutral Networks." In: H. Larochelle, M. Ranzato, R. Hadsell, M. F. Balcan, and H. Lin (eds.), *Advances in Neural Information Processing Systems 33 Pre-Proceedings*. Proceedings of the 34th Conference on Neutral Information Processing Systems (NeurIPS 2020), Vancouver, Canada. Available at: https://proceedings.neurips.cc/paper/2020/file/13b919438259814cd5be8cb45877d577-Paper.pdf

Sunstein, C. R. (2001). *Republic.com*. Princeton: Princeton University Press.

Susser, D., Roessler, B., and Nissenbaum, H. (2019). "Technology, Autonomy, and Manipulation." *Internet Policy Review* 8(2). https://doi.org/10.14763/2019.2.1410

Swift, A. (2019). *Political Philosophy*. Cambridge: Polity. (2019 年の 4th Edition は未翻訳。以下は、2011 年の 2nd Edition の翻訳。アダム・スウィフト『政治哲学への招待 自由や平等のいったい何が問題なのか？』有賀誠、武藤功訳、風行社、2011 年)

Tangerman, V. (2019). "Amazon Used an AI to Automatically Fire Low-Productivity Workers." *Futurism*, April 26. Available at: https://futurism.com/amazon-ai-fire-workers

Thaler, R. H., and Sunstein, C. R. (2009). *Nudge: Improving Decisions about Health, Wealth, and Happiness*. Revised edition. London: Penguin. (リチャード・セイラー、キャス・サン・スティーン『実践 行動経済学 健康、富、幸福への聡明な選択』遠藤真美訳、日経 BP、2009 年)

Thompson, N., Harari, Y. N., and Harris, T. (2018). "When Tech Knows You Better Than You Know Yourself." *Wired*, April 10. Available at: https://www.wired.com/story/artificial-intelligence-yuval-noah-harari-tristan-harris/

Thorseth, M. (2008). "Reflective Judgement and Enlarged Thinking Online." *Ethics and Information Technology* 10, pp. 221-31.

Titley, G. (2020). *Is Free Speech Racist?* Cambridge: Polity.

Tocqueville, A. (2000). *Democracy in America*. Translated by H. C. Mansfield and D. Winthrop. Chicago: University of Chicago Press. (アレクシ・ド・トクヴィル『アメリカのデモクラシー』第一巻上・下、第二巻上・下、松本礼二訳、岩波文庫、2005-08 年)

Tolbert, C. J., McNeal, R. S., and Smith, D. A. (2003). "Enhancing Civic Engagement: The Effect of Direct Democracy on Political Participation and Knowledge." *State Politics and Policy Quarterly* 3(1), pp. 23-41.

Tschakert, P. (2020). "More-Than-Human Solidarity and Multispecies Justice in the Climate Crisis." *Environmental Politics*. Available at: https://doi.org/10.1080/0964401 6.2020.1853448

Tufekci, Z. (2018). "Youtube, the Great Radicalizer." *The New York Times*, March 10.

Turkle, S. (2011). *Alone Together: Why We Expect More from Technology and Less from Each Other*. New York: Basic Books. (シェリー・タークル『つながっているのに孤独』渡会圭子訳、ダイヤモンド社、2018 年)

Umbrello, S., and Sorgner, S. (2019). "Nonconscious Cognitive Suffering: Considering Suffering Risks of Embodied Artificial Intelligence." *Philosophies* 4(2). Available at: https://doi.org/10.3390/philosophies4020024

UN (United Nations) (1948). *Universal Declaration of Human Rights*. Available at: https://www.un.org/en/about-us/universal-declarationof-human-rights

UN (United Nations) (2018). "Promotion and Protection of the Right to Freedom of Opinion and Expression." Seventy-third session, August 29. Available at: https://www.undocs.org/A/73/348

UNICRI (United Nations International Crime and Justice Research Institute) and INTERPOL (International Criminal Police Organization) (2019). *Artificial Intelligence and Robotics for Law Enforcement*. Turin and Lyon: UNICRI and

INTERPOL. Available at: https://www.europarl.europa.eu/cmsdata/196207/UNICRI% 20%20Artificial%20intelligence%20and%20robotics%20for%20law%20enforcement.pdf

Vallor, S. (2016). *Technology and the Virtues*. New York: Oxford University Press.

van den Hoven, J. (2013). "Value Sensitive Design and Responsible Innovation." In: R. Owen, J. Bessant, and M. Heintz (eds.), *Responsible Innovation: Managing the Responsible Emergence of Science and Innovation in Society*. London: Wiley, pp. 75-83.

van Dijk, J. (2020). *The Network Society*. Fourth edition. London: Sage Publications.

Van Parijs, P. (1995). *Real Freedom for All*. Oxford: Clarendon Press. (P. V. パリース『ベーシック・インカムの哲学　すべての人にリアルな自由を』後藤玲子、齊藤拓訳、勁草書房、2009 年)

Varela, F., Thompson, E. T., and Rosch, E. (1991). *The Embodied Mind: Cognitive Science and Human Experience*. Cambridge, MA: MIT Press. (フランシスコ・ヴァレラ、エヴァン・トンプソン、エレノア・ロッシュ『身体化された心　仏教思想からのエナクティブ・アプローチ』田中靖夫訳、工作舎、2001 年)

Véliz, C. (2020). *Privacy Is Power: Why and How You Should Take Back Control of Your Data*. London: Bantam Press.

Verbeek, P.-P. (2005). *What Things Do: Philosophical Reflections on Technology, Agency, and Design*. University Park: Pennsylvania State University Press.

Vidal, J. (2011). "Bolivia Enshrines Natural World's Rights with Equal Status for Mother Earth." *The Guardian*, April 10. Available at: https://www.theguardian.com/ environment/2011/apr/10/bolivia-enshrinesnatural-worlds-rights

von Schomberg, R. (ed.) (2011). *Towards Responsible Research and Innovation in the Information and Communication Technologies and Security Technologies Fields*. Luxembourg: Publication Office of the European Union. Available at: https://op.europa. eu/en/publication-detail/-/publication/60153e8a-0fe9-4911-a7f4-1b530967ef10

Wahl-Jorgensen, K. (2008). "Theory Review: On the Public Sphere, Deliberation, Journalism and Dignity." *Journalism Studies* 9(6), pp. 962-70.

Walk Free Foundation. (2018). *The Global Slavery Index*. Available at: https://www. globalslaveryindex.org/resources/downloads/

Wallach, W., and Allen, C. (2009). *Moral Machines*. New York: Oxford University Press. (ウェンデル・ウォラック、コリン・アレン『ロボットに倫理を教える――モラル・マシーン――』、岡本慎平、久木田水生訳、名古屋大学出版会、2019 年)

Warburton, N. (2009). *Free Speech: A Very Short Introduction*. Oxford: Oxford University Press. (ナイジェル・ウォーバートン『「表現の自由」入門』森村進、森村たまき訳、岩波書店、2015 年)

Webb, A. (2019). *The Big Nine: How the Tech Titans and Their Thinking Machines Could Warp Humanity*. New York: Hachette Book Group. (エイミー・ウェブ『BIG NINE 巨大ハイテク企業と AI が支配する人類の未来』稲垣みどり訳、光文社、2020 年)

Webb, M. (2020). *Coding Democracy: How Hackers Are Disrupting Power, Surveillance, and Authoritarianism*. Cambridge, MA: MIT Press.

Westlund, A. (2009). "Rethinking Relational Autonomy." *Hypatia* 24(4), pp. 26-49.

Winner, L. (1980). "Do Artifacts Have Politics?" *Daedalus* 109(1), pp. 121-36.

Winner, L. (1986). *The Whale and the Reactor*. Chicago: University of Chicago Press.

Wolfe, C. (2010). *What Is Posthumanism?* Minneapolis: University of Minnesota Press.
（ケアリー・ウルフ「言語・表象・種　認知科学　対　脱構築」三松幸雄訳／『思想』第 1088号、p. 196-222、岩波書店、2014年）

Wolfe, C. (2013). *Before the Law: Humans and Other Animals in a Biopolitical Frame*. Chicago: University of Chicago Press.

Wolfe, C. (2017). "Posthumanism Thinks the Political: A Genealogy of Foucault's *The Birth of Biopolitics*." *Journal of Posthuman Studies* 1(2), pp. 117-35.

Wolff, J. (2016). *An Introduction to Political Philosophy*. Third edition. Oxford: Oxford University Press.（ジョナサン・ウルフ『政治哲学入門』坂本知宏訳、晃洋書房、 2000年／1996年、1st Edition の翻訳）

Yeung, K. (2016). "'Hypernudge': Big Data as a Mode of Regulation by Design." *Information, Communication & Society* 20(1), pp. 118-36.

Young, I. (2000). *Inclusion and Democracy*. Oxford: Oxford University Press.

Zimmermann, A., Di Rosa, E., and Kim, H. (2020). "Technology Can't Fix Algorithmic Injustice." *Boston Review*, January 9. Available at: http://bostonreview.net/science-nature-politics/annette-zimmermann-elena-di-rosa-hochan-kim-technology-cant-fix-algorithmic

Zolkos, M. (2018). "Life as a Political Problem: The Post-Human Turn in Political Theory." *Political Studies Review* 16(3), pp. 192-204.

Zuboff, S. (2015). "Big Other: Surveillance Capitalism and the Prospects of an Information Civilization." *Journal of Information Technology* 30(1), pp. 75-89.

Zuboff, S. (2019). *The Age of Surveillance Capitalism: The Fight for a Human Future at the New Frontier of Power*. London: Profile Books.（ショシャナ・ズボフ『監視資本主 義　人類の未来を賭けた闘い』野中香方子訳、東洋経済新報社、2021年）

索　引

256

訳者代表

直江清隆（なおえ・きよたか）
東北大学大学院文学研究科教授

AIの政治哲学

令和 5 年 6 月 30 日　発　行

訳者代表　　直　江　清　隆

発 行 者　　池　田　和　博

発 行 所　　丸善出版株式会社
〒101-0051　東京都千代田区神田神保町二丁目17番
編集：電話(03)3512-3264／FAX(03)3512-3272
営業：電話(03)3512-3256／FAX(03)3512-3270
https://www.maruzen-publishing.co.jp

組版印刷・創栄図書印刷株式会社／製本・株式会社 松岳社

ISBN 978-4-621-30825-7　C 1010　　　　　Printed in Japan